AF599731

Así hablaba Zaratustra

Así hablaba Zaratustra

Friedrich Nietzsche

Traducción: Alaric Dukass

© Plutón Ediciones X, s. l., 2012

Décima Sexta Edición: 2025

Diseño de cubierta: Alejandro Díaz
Maquetación: Saul Rojas

Edita: Plutón Ediciones X, s. l.,

E-mail: contacto@plutonediciones.com
http://www.plutonediciones.com

Impreso en España / Printed in Spain

Queda rigurosamente prohibida, sin la autorización escrita de los titulares del «Copyright», bajo las sanciones establecidas en las leyes, la reproducción parcial o total de esta obra por cualquier medio o procedimiento, comprendidos la reprografía y el tratamiento informático, y la distribución de ejemplares de ella mediante alquiler o préstamo públicos.

I.S.B.N anterior: 978-84-15089-36-0

I.S.B.N: 979-13-87952-05-1
Depósito Legal: B-19076-2025

Estudio Preliminar

Nietzsche escribió la primera parte de su largo poema *Así hablaba Zaratustra* (o *Así habló*, según el tiempo del verbo que se escoja para la traducción) entre el 1 y el 10 de febrero de 1883. Por lo menos así nos lo da a entender él mismo, confesando que su gestación se había realizado anteriormente durante meses. Se encuentra en Rapallo, cerca de Génova, a donde va para enviar el manuscrito a Leipzig para su publicación. Allí se entera de la muerte de su en otro tiempo amigo, el gran compositor Richard Wagner. Sin pausa, escribe la segunda parte que publica en septiembre y pronto, en enero de 1884, una tercera, que dará a luz en enero de 1884. Finalmente, la cuarta parte la publicará en edición privada, en 1885, y por último, en 1892 saldría todo el poema completo a cargo de su hermana, perdida la razón de su autor.

Justificación y significado de la obra

¿Por qué escogió la figura de este profeta persa semi legendario? Porque, según él, fue el primero en advertir que la auténtica rueda que hace que las cosas se muevan es la lucha entre el bien y el mal. La trasposición de la moral a la metafísica, como fuerza, causa, fin en sí. Si dicho profeta creó ese error, la moral, él tiene que ser el primero en reconocerlo y autosuperarse por su veracidad. Nietzsche construye entonces *el anillo del eterno retorno* sobre cuatro pensamientos: el superhombre, la muerte de Dios, la voluntad de poder y el eterno retorno de lo idéntico. Todo ello constituye uno de los grandes ensayos más anticristianos que se hayan escrito desde el siglo XVIII, como exponemos en *El*

Anticristo, el lector es bien libre de tomar partido en uno u otro sentido. Fue durante los intermedios de salud, entre los enormes achaques de su autor, físicos y mentales, que Nietzsche dio a luz el poema y se le ocurrió crear un personaje profético y errante, reflejo de Heráclito o de Empédocles y contrafigura de Jesús, en especial, según el Evangelio de San Juan (al que recuerda el águila o la serpiente del Paraíso).

Es así como comienza el preámbulo del larguísimo poema: A los treinta años, el profeta se fue a la montaña y allí gozó de su espíritu y de su soledad otros diez, sin cansarse, hasta que quiso volver a predicar la sabiduría a los hombres...

Por el camino se encuentra a un eremita que ignora todavía que *"Dios había muerto"*. Cuando llega a la ciudad y, al encontrar al pueblo reunido en el mercado, cae en el error de todos los profetas: *Hablar a todos y no hablar a nadie.*

Sus oyentes se burlan de él. Sin embargo, el profeta les ha enseñado la doctrina del *superhombre.*

El autor se opone a todas las corrientes igualitarias, humanas y democráticas de la época. Afirma, por encima de todo, la poderosa individualidad. El bien máximo es la misma vida, que culmina en la voluntad de poder. El hombre debe superarse, terminar en algo que esté por encima de él, como está por encima del mono, es *el superhombre.* El autor toma sus modelos en los personajes renacentistas, sin escrúpulos y sin moral, pero con magníficas condiciones de fuerza, de impulsos y de energía, concibiendo una nueva idea de la moral que ya Maquiavelo había esbozado en sus obras.

Ya entonces el florentino escribiría en sus *Discursos* que *"el mal estriba en habernos desviado de la antigua grandeza, haciéndonos víctimas de una educación ligada a la religión que trasladándonos el fin último a otro mundo, enseña a despreciar este y glorifica la humildad y la abnegación, colocando la vida contemplativa por encima de la vida práctica, haciendo al hombre débil y enseñándole a soportar las injurias".*

Y considera todo eso como una falsa interpretación del cristianismo debido a la cobardía humana, proclamando firmemente como antítesis el poder de la voluntad. Max Stirner en su obra *El Único y su propiedad*, es un claro antecedente del Superhombre, al entronizar el Súper-Yo, que domina el Único, atribuyéndole el dominio de todo lo que su voluntad quiera y relegando al montón de las cosas inútiles cuantas ideas e instituciones han servido de guía de la humanidad hasta él.

Al darse cuenta de que ha fracasado en su mensaje y enterrar a un acróbata que había sufrido un accidente mientras realizaba su peligrosa profesión, nada despreciable para el profeta, por lo que tendrá el honor de ser enterrado por sus propias manos. Vuelve a la palestra. Se decide entonces *cantar solo para los eremitas solitarios o en pareja, para quienes deseen escucharle con el objetivo de abrumarlos con mi felicidad.*

La primera parte se inicia con un discurso sobre las tres transformaciones: cómo el espíritu se convierte en camello, el camello en león, y por último, el león en niño. Sin embargo, el tema central de esta parte es la *muerte de Dios para que ese peso deje de abrumar al hombre y pueda conquistar no el otro mundo, sino este, que es el suyo.* Para él las virtudes son auténticas adormideras, como enemigos son los que intentan sustraerse al cuerpo y su tierra y predican la muerte como liberación. El profeta advierte al final: *Solo cuando todos hayáis renegado de mí, volveré a vosotros.*

Al iniciarse la segunda parte, Zaratustra aguarda en la montaña a que la semilla plantada por él fructifique. Entonces sueña que su doctrina está siendo tergiversada. Parte en busca de sus discípulos y desarrolla el tema de *la voluntad de poder*, ataca por ello a los compasivos, a los sacerdotes, los virtuosos, los sabios famosos, la chusma... Todos abominan de la vida y su esencia, y se hallan dominados por el espíritu de venganza. La tercera parte, según su primitivo plan de la obra, tenía que ser la última, así como la resolución de los enigmas planteados en la segunda: *el pensamiento del eterno retorno.*

Nietzsche parte de la pérdida de la fe en un Dios que ha muerto y el rechazo de un alma inmortal. La vida actual, la vida presente, solicita siempre más, hasta la eternidad en el placer retornará una y otra vez. Recuerda con ello la *ley del eterno retorno* del filósofo griego Heráclito (ss. VI - V a. C.) y la *rueda del destino* de los brahamanes indios. Cuando se hallen realizadas todas las combinaciones posibles de los elementos del mundo, quedará todavía un tiempo indefinido por delante y entonces se iniciará de nuevo el ciclo y así indefinidamente. Todo lo que sucede en el mundo, sucederá una y otra vez del mismo modo con todo lo despreciable y vil. Pero el hombre puede ir cambiando estas cosas por medio de transmutaciones de todos los valores y encaminarse así a su fin último que no es sino el *superhombre.* Es necesario aceptar y desear la vida, no una sola vez, sino infinitas veces.

En la cuarta parte añadida, el profeta se ha retirado una vez más a su cueva y sus cabellos se han tornado blancos. Entonces se enfrasca en captar nuevos discípulos en las más altas sierras. Se trata de los *hombres superiores,* que son atraídos por el canto de felicidad del maestro. Adviene la última tentación: su compasión por ellos... El apóstol les da la bienvenida y celebra con ellos un remedo de satírica comunión, así como la denominada *fiesta del asno,* que era con dicho animal como motejaban a los primeros cristianos los paganos. Finalmente, llegan los que realmente aguarda, el riente león y la bandada de palomas. Los *hombres superiores* se atropellan, huyendo atemorizados.

Así habló Zaratustra y abandonó su cueva, ardiente y fuerte como un sol matinal que procede de oscuras montañas.

Quizás sea ello el símbolo más enigmático, cargado de significado.

Conclusiones finales

Teniendo en cuenta los muchos valores que posee la obra y a pesar de su causticidad por el tema de su sociedad actual más o menos impregnada de cristianismo. *Así hablaba Zaratustra* no deja de ser una de las obras maestras de la literatura universal escritas en alemán. Él mismo lo pensaba así, argumentando que su mensaje atravesaba milenios para transformarse en el más elevado que existe, "*el auténtico libro del aire de las alturas — todo él hecho "hombre" yace a enorme distancia por debajo de él, es también el libro más profundo, nacido de la riqueza más íntima de la verdad, un poco inagotable, al que ningún cubo sube o desciende sin subir lleno de oro y de bondad*". Los lectores que inicien la lectura de esta magna obra se darán cuentas pronto de que otro libro quiere ser su antítesis: la Biblia, tanto en el sentido ideológico y doctrinal como en el literario. La Biblia alemana, conocida por Nietzsche desde los primeros años de su vida y realizada por otro inconformista como él: Martin Lutero. Gran filólogo, asimiló pronto su vocabulario y construcción sintáctica influyendo poderosamente en la redacción del *Así hablaba...*, añadiendo además, gran número de palabras nuevas, en gran parte no incorporadas al alemán ordinario, debido a su peculiar fuerza de expresión, únicamente utilizables en ciertos momentos de tensión o trance arrebatado por su ardiente pensamiento dionisíaco (derivado del dios griego Dionisos, símbolo del arrebato místico, de la vid y el vino (—en contraposición al pensamiento apolíneo, del dios Apolo, de carácter más pausado—).

Nietzsche propugnaba así una *Moral nueva* —situada *más allá del bien y del mal* (como reza uno de los títulos de sus obras)—, nociones estas que suelen ahogar el profundo deseo de gozar al máximo que el hombre experimenta en todos los planos, desde el sensible hasta el de la creatividad espiritual, especialmente el artístico, que él valoraba muchísimo. Sin embargo, hay que aceptar el hecho de que no todos los hombres (como ocurre con los animales) poseen esa vitalidad dionisíaca, lo cual fuerza la distinción entre los *Señores* (ricos en vitalidad) y los *esclavos* (infradotados) y, rompiendo con la tradición igualitarista y racionalista que descubre lo mismo en Sócrates que en Cristo y en los enciclopedistas promotores, según él, de los equivocados ideales de la Revolución Francesa, se atreve a ensalzar la *voluntad de poder* de los *señores, su legítimamente avasalladora vitalidad* (los mejores o más fuertes tienen más derechos, clara alusión a Darwin). Nietzsche se cree llamado a desenmascarar el engaño de la igualdad humana y del valor de las pretendidas virtudes socráticas y cristianas (el amor indiscriminado a todos, la mesura, la resignación, etc.), engaño tramado, según él, por los *esclavos* para no ser aplastados por los *señores.* Realizada esta *inversión de valores,* se allanará el camino para la llegada del *superhombre,* vitalidad pura, infinita... que sustituirá al endeble hombre actual y que, desde luego, eliminará toda esperanza en un Dios que a su juicio no existe o se ha esfumado (muerto dirá textualmente).

Primera parte

Prólogo de Zaratustra

I

A la edad de treinta años[1], Zaratustra abandonó su patria y el lago de su patria y marchó a la montaña. Gozó allí de su espíritu y su soledad y no se cansó de ello por espacio de diez años. Al fin cambió de parecer, y un día se levantó al romper la aurora ofreció su rostro al sol y le habló de la siguiente manera:

«¡Qué sería tu felicidad, radiante astro, si no tuvieses a aquellos para los que brillas!

Desde hace diez años subes a mi caverna, te hubieras cansado de tu luz y de este camino si no hubiese sido por mí, mi águila y mi serpiente.

Todas las mañanas te esperábamos y recogíamos lo que te sobraba: bendiciéndote por ello.

Mira que estoy harto de mi sabiduría como la abeja que ha acumulado demasiada miel; siento necesidad de manos que hacia mí se tiendan.

Quisiera dar y repartir, hasta que los sabios de entre los hombres se regocijen de nuevo con su necedad y los pobres, con su riqueza.

A tal fin, tengo que bajar a los abismos; como tú lo haces durante la noche, cuando te hundes debajo del mar llevando luz incluso al mundo subterráneo, ¡oh, astro colmado de riquezas!

Tengo que hundirme en mi ocaso, como tú, para conseguir contacto de los hombres.

¡Bendíceme, pues, ojo sereno, capaz de ver sin envidia hasta una dicha demasiado grande!

---

1 Como en tantos pasajes, este es una trasposición del Evangelio. A los treinta años Jesús inicia su vida pública. Zaratustra (o Zarathustra) se retira a la montaña para meditar diez años antes de dedicarse a la predicación.

¡Bendice la copa que ansía desbordarse, para que el agua se derrame de ella cual oro y esparza a todas partes el reflejo de tu gloria!

Mira que esta copa desea vaciarse y Zaratustra, volver a ser hombre».

Así se inició el descenso de Zaratustra.

2

Descendió Zaratustra solo de la montaña, sin encontrar a nadie. Pero cuando llegó a los bosques se le cruzó en el camino un anciano que había salido de su bendita cabaña de ermitaño para buscar raíces en el bosque. Y el anciano dijo a Zaratustra:

«No me eres desconocido, caminante; hace años pasaste por aquí. Atendías por Zaratustra, pero has cambiado.

Entonces llevabas tus cenizas a la montaña; ¿pretendes ahora llevar tu fuego a los valles? ¿No temes al castigo que se impone al incendiario?

Sí, eres Zaratustra. Tu mirar es puro y no se asoma asco a tu boca. ¿No caminas como si bailases?

Has cambiado, Zaratustra; te has hecho niño. Te has despertado, Zaratustra. ¿Qué quieres hacer entre los dormidos?

Vivías en soledad como en alta mar, y el mar te alimentaba. ¡Ay de ti!, ¿te propones subir a tierra? ¡Ay de ti!, ¿te propones arrastrar de nuevo tu cuerpo por ti mismo?».

Le respondió Zaratustra: «Yo amo a los hombres».

«¿Y por qué me habré retirado yo al bosque y a la soledad? —dijo el santo—. ¿Es que no lo hice por amar demasiado a los hombres?

Ahora, amo a Dios; a los hombres ya no los amo. El hombre se me antoja una cosa demasiado imperfecta. El amor a los hombres me mataría».

Zaratustra le replicó: «¿Acaso he hablado yo de amor? Llevo un presente a los hombres».

«No les des nada —dijo el santo—. Antes bien quítales algo de lo suyo y ayúdales a llevarlo. Así les hará el mejor bien; ¡con tal que te haga bien a ti!

Y si te empeñas en darles algo, no les des más que una limosna, ¡y que la mendiguen!».

«Yo no doy limosna —repuso Zaratustra—; no soy lo bastante pobre para hacer eso».

Se rio el santo de Zaratustra y dijo: «¡Pues no te será fácil hacerles aceptar tus riquezas! Desconfían de los solitarios y no creen que vengamos a hacerle presentes.

El ruido de nuestros pasos solitarios les parece sospechoso y así, cuando mucho antes de salir el sol, acostados en cama, oyen a alguien caminar en la calle, se preguntan: "¿A dónde irá ese ladrón?"

¡No te juntes con los hombres, sino quédate en el bosque! ¡Antes que con los hombres, júntate con los animales! ¿Por qué no quieres ser como yo: oso entre osos y pájaro entre pájaros?».

«¿Y qué hace un santo en el bosque?», interrogó Zaratustra.

Le contestó el santo: «Compongo canciones y las canto; y mientras las compongo, río, lloro y canturreo entre dientes; así alabo al Dios que es mi Dios.

Cantando, llorando, riendo y canturreando entre dientes alabo a mi Dios. A ver, ¿qué es lo que nos traes como presente?».

Al oír estas palabras Zaratustra se despidió del santo, diciéndole: «¿Qué podría ofrecerte yo? ¡Pero ya es hora de que me vaya, no sea que te quite nada!».

Y así se separaron el anciano y el hombre, riendo como dos chiquillos.

Cuando Zaratustra estaba de nuevo solo, habló a su corazón: «¿Será posible? ¡Ese viejo santo en su bosque no se ha enterado aún de que *Dios ha muerto!*».

3

Cuando Zaratustra alcanzó la ciudad más próxima, situada cerca de los bosques, encontró la plaza llena de gente, pues se había tenido noticia que actuaría un volatinero. Y Zaratustra se dirigió a la muchedumbre y habló de esta manera:

«*Yo os enseño el superhombre.* El hombre es algo que debe ser superado. ¿Qué habéis hecho vosotros para superarlo?

Hasta ahora, todos los seres han originado algo superior a ellos mismos; ¿y vosotros queréis ser el reflujo de este gran flujo y retornar hasta la animalidad, antes que superar al hombre?

¿Qué es el mono para el hombre? ¡Burla o penosa vergüenza! Así también el hombre ha de ser para el superhombre burla o penosa vergüenza.

Habéis evolucionado del gusano al hombre, y hay en vosotros todavía mucho del gusano. En un tiempo fuisteis monos, y todavía el hombre es más mono que ningún mono.

Y hasta el más sabio de vosotros no es más que un ser híbrido, mitad planta, mitad fantasma. ¿Acaso os enseño a llegar a ser fantasmas o plantas?

¡Yo os enseño lo que es el superhombre!

El superhombre es el sentido de la tierra. Que vuestra voluntad diga: ¡el superhombre debe ser el sentido de la tierra!

¡Os animo, hermanos, a que *permanezcáis fieles a la tierra* y no creáis a los que os anuncian esperanzas supraterrenales! Son envenenadores, conscientes o inconscientes.

Desprecian la vida, llevan dentro de sí el germen de la muerte y están ellos mismos envenenados. La tierra está harta de ellos, ¡muéranse pues de una vez!

Tiempos hubo en que pecar contra Dios era el pecado más grave; pero Dios murió, y con él murieron también esos pecadores. Ahora, lo más grave es pecar contra la tierra y poner las entrañas de los inescrutable por encima de la tierra.

Tiempos hubo en que el alma abominaba del cuerpo, y en aquel entonces esta abominación era lo supremo. Lo quería ella flaco, repugnante y raquítico. Así entendía escaparse de él y de la tierra.

¡Ah!, pero esa alma era aún flaca, asquerosa y raquítica; ¡y la crueldad era su placer!

Y decid, hermanos: ¿qué expresa vuestro cuerpo acerca de vuestra alma? ¿No es vuestra alma pobreza e inmundicia y contento despreciable?

En verdad os digo que el hombre es un rico impuro. Hay que ser un mar para poder recoger un río impuro sin ensuciarse.

Yo os enseño el superhombre: él es este mar, en él puede desembocar vuestro gran desprecio.

¿Qué es lo más grande que os es dable experimentar? ¡La hora del gran desprecio! ¡La hora en que estéis asqueados incluso de vuestra felicidad, como también de vuestra sensatez y vuestra virtud!

La hora en que digáis: "¿Qué importa mi felicidad? Es pobreza e inmundicia y contento vil. ¡Pero mi felicidad debía justificar la existencia misma!"

La hora en que digáis: "¿Qué importa mi sensatez? ¿Acaso apetece el saber como al león su alimento? ¡Es pobreza e inmundicia y contento despreciable!"

La hora en que digáis: "¿Qué importa mi virtud? Nunca aún me ha excitado. ¡Qué harto estoy de mi bien y de mi mal! ¡Todo es pobreza e inmundicia y contento vil!"

La hora en que digáis: "¿Qué importa mi justicia? No veo que yo sea carbón ardiente. ¡Pero el justo es carbón ardiente!"

La hora en que digáis: "¿Qué importa mi compasión? ¿No es la compasión la cruz en que es clavado quien ama a los hombres? Pero mi compasión no es una crucifixión."

¿Habéis hablado así alguna vez? ¿Habéis gritado así alguna vez? ¡Ojalá os hubiera oído yo gritar así!

No vuestro pecado, sino vuestra cordura clama al cielo; ¡vuestra cordura, incluso en el pecar, clama al cielo!

¿Dónde está el rayo cuya lengua de fuego os ha de lamer? ¿Dónde está la demencia que os ha de ser insuflada?

Yo os enseño el superhombre: ¡él es este rayo y esta demencia!».

Tras hablar de esta manera Zaratustra, uno del gentío gritó: «¡Estamos cansados de oír al saltimbanqui: ahora lo queremos ver!».

Y todo el mundo se rio de Zaratustra. Y el volatinero, dándose por aludido, inició su actuación.

4

Miró Zaratustra al gentío, maravillado. Luego habló de esta guisa:

«El hombre es una cuerda tensada entre el animal y el *superhombre*... una cuerda tensada sobre un abismo.

Un peligroso cruzar, un peligroso mirar hacia atrás, un peligroso estremecerse y pararse.

Lo que tiene de grande el hombre es el ser puente y no fin; lo que puede amarse en el hombre es el ser *tránsito* y *hundimiento.*

Amo a los que no saben vivir sino encaminados al hundimiento, pues son los que procuran salvar el abismo.

Amo a los hombres del gran desprecio, pues son los hombres de la grande reverencia y del deseo de alcanzar la otra orilla.

Amo a los que no buscan en trasmundos un motivo para desaparecer y sacrificarse, sino que lo hacen por la tierra, para que surja en ella el superhombre.

Amo al que vive para conocer y quiere conocer para que advenga alguna vez el superhombre; y quiere así hundirse.

Amo al que trabaja e inventa para levantarle la casa al superhombre y preparar para él la tierra, los animales y las plantas; pues así quiere su propio fracaso.

Amo al que ama a su virtud, pues la virtud es voluntad de hundirse y una flecha del deseo.

Amo al que no retiene para sí una gota de espíritu, sino que quiere ser en un todo el espíritu de su virtud; así cruza como espíritu el puente.

Amo al que hace de su virtud su afán y fatal destino; pues por su virtud quiere seguir con vida y no quiere vivir más.

Amo al que no quiere poseer muchas virtudes. Una virtud es más virtud que dos virtudes, pues es más nudo del que queda prendido el fatal destino.

Amo a aquel cuya alma se disipa, que no pide gratitud y no devuelve; pues siempre… se da entero.

Amo al que, cuando lo favorece la suerte de los dados, pregunta avergonzado: "¿Seré un jugador tramposo?"; pues quiere desaparecer.

Amo al que adelanta palabras de oro a sus actos y siempre cumple más de lo que ha prometido; pues quiere hundirse.

Amo al que justifica a las generaciones futuras y redime a las pasadas, pues quiere sucumbir a la humanidad presente.

Amo al que castiga a su dios porque lo ama, pues lo ha de perder la cólera de su dios.

Amo a aquel cuya alma es profunda aun en la herida y que es susceptible de sucumbir a cualquier experiencia trivial; pues cruza de buen grado el puente.

Amo a aquel cuya alma está repleta, así que se olvida de sí mismo y todas las cosas están dentro de él; pues todas las cosas lo hunden.

Amo al que tiene el espíritu libre y el corazón libre; pues su pensamiento no es sino la entraña de su corazón, mas su corazón lo echa a pique.

Amo a todos los que son cual gruesas gotas que una por una caen de la negra nube sobre los hombres; pues anuncian el rayo y como anunciadores se hunden.

Yo soy el anunciador del rayo y soy cual gruesa gota que cae de la negra nube; y este rayo se llama *superhombre*».

5

Después que Zaratustra se expresó así, volvió a pasar, mudo, la mirada sobre la multitud. «Ahí están riéndose de mí —dijo para sus adentros—. No me entienden, yo no soy la boca que sabe llegar a esos oídos.

¿Acaso hay que destrozarles el oído para que aprendan a oír con los ojos? ¿Hay que aturdirlos con las estridencias de bombos y de exhortadores a penitencia? ¿O es que solo creen al que balbucea?

Tienen algo de lo que están orgullosos. ¿Cómo le llaman a aquello de lo que se enorgullecen? Cultura, le llaman; es lo que les distingue de los cabreros.

De ahí que no les guste la palabra "desprecio" aplicada a ellos. Voy a llamar, pues, a su orgullo.

Voy a hablarles, pues, de lo más despreciable: del *último hombre*».

Y Zaratustra se dirigió al gentío y le habló como sigue:

«Ya es tiempo de que el hombre se fije su meta. Ya es tiempo de que el hombre plante el germen de su suprema esperanza.

Todavía su suelo está lo bastante rico para ello. Pero un día este suelo estará pobre y blando y ningún árbol alto podrá ya crecer en él.

¡Ay, día llegará en que el hombre ya no disparará más allá del hombre la flecha de su deseo y la cuerda de su arco ya no sabrá vibrar!

Hay que llevar dentro de sí un caos para poder producir una estrella rodante. Yo os digo que lleváis todavía caos dentro de vosotros.

¡Ay, día llegará en que el hombre ya no engendrará estrellas! ¡Ay, llegará el día del hombre más despreciable que ya no puede despreciarse a sí mismo!

¡Os muestro *el último hombre*!

"¿Qué es amor? ¿Qué es creación? ¿Qué es anhelo? ¿Qué es estrella?" —así pregunta el último hombre, parpadeando.

La tierra se ha vuelto pequeña, y sobre ella se mueve a saltitos el último hombre que todo lo empequeñece. Su especie es indestructible, como el pulgón; el último hombre es el que vive más tiempo.

"Hemos inventado la felicidad" —dicen los últimos hombres, temblorosos.

Han abandonado las zonas donde la vida era dura, pues necesitan del calor. Aman todavía al prójimo y se frotan unos contra otros, pues necesitan del calor.

La enfermedad y la desconfianza se les antojan un pecado. Se fijan muy mucho dónde ponen el pie. ¡Es un infeliz quien todavía tropieza con piedras y con hombres!

Un poco de veneno de tanto en tanto, para soñar sueños placenteros; y mucho veneno en el postrer trance, para que sea dulce la muerte.

Se trabaja todavía, para pasar el tiempo. Pero se cuida de que no fatigue el pasatiempo.

No se es ya ni pobre ni rico —lo uno y lo otro es molesto—. Nadie quiere ya gobernar, nadie quiere ya obedecer: lo uno y lo otro es cargante.

¡He aquí un rebaño sin pastor! Todos apetecen lo mismo, todos son iguales; quien disiente del sentir general se recluye voluntariamente en el manicomio.

"Antes, todo el mundo estaba loco" —dicen los más sutiles, entre gesticulaciones y guiños.

Son gente lista que está al tanto de todo lo pasado y no se cansa de polemizar. Se pelean todavía, pero no tardan en reconciliarse, no sea que se resienta la digestión.

Tienen aún su pequeño placer para el día y su pequeño placer para la noche, pero rinden culto a la salud.

"Hemos inventado la felicidad" —dicen los últimos hombres, parpadeando».

Y así terminó el primer discurso de Zaratustra, que se conoce también como «el discurso preliminar», pues lo interrumpió el clamor y regocijo del gentío.

«¡Danos, oh, Zaratustra, este último hombre —gritaron—; haz de nosotros este último hombre y en cambio tú puedes quedarte con el superhombre!».

Y todo el mundo rio y chasqueó la lengua. Zaratustra, sombrío, dijo para sus adentros:

«No me entienden; yo no soy la boca que sabe llegar a esos oídos.

Será que he vivido demasiado tiempo en la montaña y escuchado demasiado a los ríos y los árboles, así que ahora les hablo como un cabrero cualquiera.

Impasible y clara como la montaña en las horas de la mañana es mi alma. Pero ellos creen que soy frío y me complazco en chanzas espantosas.

Y ahora me miran y se burlan, y burlándose de mí me odian. Es la suya una risa congelada».

6

Entonces, ocurrió algo que dejó heladas todas las lenguas y dilató de terror todas las pupilas. El volatinero había iniciado su actuación; habiendo salido de una puertecilla, echaba a andar sobre la cuerda tendida entre dos torres encima de la plaza y el gentío. Pero cuando llevaba recorrida la mitad del camino, volvió a abrirse la puertecilla y salió un hombre estrafalario, una especie de bufón, quien con paso rápido fue tras el otro.

«¡Vamos, paticojo! —le gritó con desagradable voz—. ¡Vamos, remolón, pelmazo, monigote, si no quieres que te pise los talones! ¿Qué estás haciendo aquí entre las torres? ¡Debieran encerrarte en la torre, que dificultas el paso a otro más capaz que tú!».

Y la distancia que lo separaba del otro se iba acortando por instantes. Pero cuando ya estaba tan solo a un paso de él, sucedió lo terrible, que paralizó todas las lenguas y dilató de espanto todas las pupilas. Gritó como un poseso y, pegando un salto, pasó al que le obstruía el camino. Este, al verse así derrotado por su rival, perdió la cabeza y la cuerda; arrojó el balancín y más rápidamente que él mismo, se precipitó a la plaza en un remolino de brazos y piernas. Entonces, el gentío semejó un mar agitado por la tempestad: huyó la gente en todas direcciones, atropellándose unos a otros, sobre todo allí donde iba a estrellarse el cuerpo.

Solo Zaratustra no se movió de su sitio, y junto a él se estrelló el cuerpo maltrecho y deshecho, pero todavía vivo. Al rato, el accidentado recobró el conocimiento y vio a Zaratustra arrodillado a su lado.

«¿Qué estás haciendo aquí? —le dijo al fin—. Bien sabía yo que el diablo me echaría la zancadilla. Ahora me lleva al infierno, ¿pretendes acaso impedírselo?».

«Por mi honor, amigo mío —respondió Zaratustra—, no hay nada de eso de lo que me estás hablando; no existe ni el diablo ni el infierno. Tu alma estará muerta aún antes que tu cuerpo. ¡No temas más nada!».

El hombre lo miró con recelo.

«Si dices la verdad —dijo—, no pierdo nada al perder la vida. Casi no soy más que un animal al que han enseñado a bailar a fuerza de pegarme y escatimarme la comida».

«Oh, no —repuso Zaratustra—: has hecho del peligro tu profesión, no hay nada despreciable en esto. Ahora mueres víctima de tu profesión, por esto voy a enterrarte con mis propias manos».

Ya no respondió el moribundo; pero agitó la mano, como buscando la de Zaratustra en señal de gratitud.

7

Entretanto, se iniciaba el atardecer y la plaza se envolvía en oscuridad; entonces, la gente se dispersó, pues hasta la curiosidad y el espanto terminan por fatigarse. Zaratustra, empero, permaneció sentado en el suelo junto al muerto; abstraído en pensamientos, había perdido la noción del tiempo. Cuando era ya noche cerrada y un viento frío soplaba sobre el hombre solitario, se levantó y dijo para sus adentros:

«¡Bonita pesca hizo hoy Zaratustra! ¡En vez de hombres, pescó un cadáver!

Terrible y todavía carente de sentido es la existencia humana; cualquier bufón es susceptible de mudarla en desgracia.

Quiero enseñar a los hombres el sentido de su existencia, qué es el superhombre, el rayo que se descarga del negro nubarrón conocido como hombre.

Pero estoy todavía lejos de ellos y mi sentido no habla a sus sentidos. Soy para los hombres todavía mitad loco, mitad cadáver.

Negra es la noche, y negros son los caminos de Zaratustra[2]. ¡Ven, compañero frío e inerte! Voy a llevarte al lugar donde te daré sepultura con mis propias manos».

8

Después que hubo dicho esto para su interior, Zaratustra cargó el cadáver a cuestas y se puso en camino. Y cuando aún no había dado cien pasos, se le acercó furtivamente un hombre —era el bufón de la torre—, susurrándole al oído.

«Huye de esta ciudad, Zaratustra —dijo—, que aquí son muchos los que te aborrecen. Te aborrecen los buenos y justos llamándote su enemigo y detractor; y te aborrecen los fieles del credo justo denunciándote como un peligro para la gente. Por suerte para ti, se rieron de ti; y en verdad que hablaste como un bufón. Por fortuna para ti, te juntaste con el muerto; rebajándote así, te salvaste hoy. Pero ahora márchate de esta ciudad o si no, mañana salto por encima de ti... un vivo por encima de un muerto».

2 Esta frase recuerda una cita de Lutero: "oscuros son los caminos del sin-Dios"

Tras haber hablado así a Zaratustra, desapareció el hombre, y Zaratustra prosiguió su camino por las calles oscuras.

Cuando llegó a la puerta de la ciudad se le cruzaron en el camino los sepultureros; le acercaron las antorchas a la cara, lo reconocieron y mofaron de él.

«¡Mirad a Zaratustra llevándose el cadáver! —gritaron—. ¡Hace muy bien Zaratustra en meterse a sepulturero, que nuestras manos son demasiado limpias como para tocar esta carne del diablo! ¿Pretende Zaratustra acaso hurtarle el bocado? ¡Adelante, pues, y buen provecho! ¡Con tal que el diablo no sea ladrón más listo que Zaratustra! ¡Los arrastrará a los dos! ¡Se los comerá a los dos!». Y todos se rieron a mandíbula batiente y juntaron las cabezas.

Zaratustra calló y prosiguió su camino. Cuando hubo caminado por espacio de dos horas, pasando junto a bosques y pantanos, estaba cansado de oír los aullidos de los lobos hambrientos y a él mismo le entraba hambre. Se detuvo, pues, ante una casa solitaria donde ardía una vela detrás de una ventana.

«Me asalta el hambre cual salteador —dijo para sus adentros— en pleno bosque y pantano, y en plena noche me asalta mi hambre.

Tiene mi hambre caprichos raros. Muchas veces se me presenta después de la comida y hoy no se me presentó en todo el día... ¿dónde se habrá escondido?».

Llamó Zaratustra a la puerta de la casa y salió a abrir un viejo con la vela en la mano.

«¿Quién viene a esta casa de un desvelado?», preguntó el viejo.

«Un vivo y un muerto —contestó Zaratustra—. Dame algo de comer y beber, pues olvidé hacerlo durante la jornada. Quien alimenta al hambriento, dice la sabiduría, recrea su propia alma».

Volvió a entrar el viejo en la casa, pero regresó al punto ofreciendo a Zaratustra pan y vino.

«Esta no es tierra propicia para los hambrientos —dijo—, por eso vivo aquí. Animales y hombres recurren a mí, el ermitaño. Mas invita a comer y beber a tu compañero, que él está más agotado que tú».

Respondió Zaratustra: «Mi compañero está muerto, difícilmente podré persuadirlo».

«No me importa —dijo el viejo con grosería—, quien llama a mi puerta debe aceptar lo que yo le ofrezco. ¡Comed y bebed, y buen viaje!».

Caminó Zaratustra de nuevo por espacio de dos horas, siguiendo contento el camino y a la luz de las estrellas; pues estaba acostumbrado a caminar en la noche y le gustaba mirar la cara a todo lo dormido. Pero al rayar el alba se encontraba en lo más espeso de un bosque donde ya no había ni rastro del sendero. Entonces depositó al muerto a cierta altura del suelo, en el tronco hueco de un árbol, deseoso de protegerlo contra los lobos, y se tendió en el suelo alfombrado de musgo. Y enseguida se durmió, físicamente cansado, pero con el espíritu tranquilo y sereno.

9

Durmió Zaratustra por espacio de mucho tiempo y no solo la aurora, sino también la mañana, pasó sobre su rostro. Al fin abrió los ojos; sorprendido, adentró la mirada en la quietud del bosque y en su propio interior. Luego se levantó rápidamente, como el navegante que de pronto divisa tierra firme, y lanzó gritos de júbilo, pues acababa de revelársele una nueva verdad. Y dijo para su interior:

«He llegado a la conclusión de que necesito compañeros vivos, no compañeros muertos y cadáveres que llevo conmigo a donde me plazca.

Necesito compañeros vivos que me sigan porque quieren seguirse a sí mismos a donde se me antoje.

Me doy cuenta de que no he de hablar a la gente, sino a compañeros. ¡No ha de ser Zaratustra pastor y perro de rebaño!

Apartar a muchos del rebaño, tal es mi cometido. Odioso les debo ser a la gente y al rebaño. Quiere Zaratustra que los pastores lo tilden de ladrón.

Digo pastores porque ellos mismos se llaman los buenos y justos. Digo pastores porque ellos mismos se llaman los fieles del credo justo.

¡Mirad a los buenos y justos! ¿Quién provoca su odio más enconado? El que rompe las tablas de sus valores, el despreciador, el corruptor, esto es, el hombre creador.

El hombre creador busca compañeros, no cadáveres ni tampoco rebaños ni adeptos de credos. Busca el hombre creador a los que creen junto con él, a los que inscriben valores nuevos en tablas nuevas.

El hombre creador busca compañeros y a quienes le ayuden a levantar la cosecha, pues todo en él ha germinado. Faltándole las cien hoces, arranca espigas con hastío.

El hombre creador busca compañeros y a quienes sepan aguzar sus hoces. Serán denunciados como hombres que destruyen y repudian el bien y el mal. Sin embargo, serán los que cosechen y se alegren con la labor cumplida.

Busca Zaratustra a quienes creen, cosechen y se alegren junto con él. ¡Qué tiene que ver él con rebaños y pastores y cadáveres!

¡Adiós, primer compañero mío! Te he dado adecuada sepultura en el tronco hueco de este árbol, te he protegido bien contra los lobos.

Ha llegado la hora de separarme de ti. Entre aurora y aurora he descubierto una nueva verdad.

No he de ser pastor, ni sepulturero. No hablaré más a la gente, por última vez he hablado a un muerto.

Voy a juntarme con los que crean, con los que cosechan, con los que celebran la obra cumplida. Voy a mostrarles el arco iris y todos los peldaños del superhombre.

Voy a cantar mi canción a los solitarios, y a quien pueda todavía oír lo extraordinario le voy a llenar el corazón de mi felicidad.

Voy a encaminarme a mi objetivo. Despejaré mi camino de los indecisos y remolones. ¡Así mi marcha habrá de ser su marcha fúnebre!».

10

Así habló Zaratustra para su corazón cuando el sol estaba en el cenit. Entonces miró hacia arriba con aire interrogador, pues había oído resonar en lo alto el grito de un ave. Y vio a un águila trazar círculos amplios en el éter y, colgada de ella, una serpiente, pero no como presa sino como amiga, pues iba arrollada al pescuezo del águila.

«¡Mis animales! —exclamó Zaratustra, lleno de extraordinaria alegría—. El animal más orgulloso y el más sabio bajo el sol han salido para averiguar si Zaratustra vive todavía. ¡Ah!, ¿vivo todavía?

Más peligroso me ha resultado vivir entre los hombres que entre los animales. Recorre Zaratustra caminos peligrosos. ¡Guíenme, pues, mis animales!».

Hablado que hubo así Zaratustra, le vinieron a la memoria las palabras del santo que vivía en el bosque; dio un suspiro y dijo para su interior:

«¡Si yo fuera más sabio por naturaleza, como mi serpiente!

¡Pero es pedir lo imposible! ¡Pido fuera sabio por naturaleza, como mi serpiente!

¡Pero esto es pedir lo imposible! ¡Pido, pues, a mi orgullo que siempre vaya del brazo con mi sensatez!

Y cuando me abandone mi sensatez —le gusta, ¡ay!, levantar el vuelo—, ¡que mi orgullo vuele siquiera del brazo con mi locura!».

Así se inició el ocaso de Zaratustra.

Los discursos de Zaratustra

De las tres transformaciones

«Os menciono las tres transformaciones del espíritu: la del espíritu en camello, la del camello en león y la del león en niño.

Muchas cosas pesadas hay para el espíritu fuerte, sufrido y reverente; desea su fuerza lo pesado, lo más pesado.

"¿Qué es pesado?", pregunta el espíritu sufrido, y se arrodilla cual el camello, ansioso de llevar pesada carga.

"¿Qué es lo más pesado?, ¿oh, héroes?", pregunta el espíritu paciente, "para que yo cargue con ello y goce de mi fuerza."

¿No es esto humillarse uno para herir su soberbia? ¿Le llamarías necio para burlarse de su sabiduría?

¿O es esto: apartarse uno de su causa en el instante en que triunfa? ¿Subir a altas cimas para tentar al tentador?

¿O es esto: alimentarse con las bellotas y de los hierbajos del conocimiento y, en aras de la verdad, pasar hambre del alma?

¿O es esto: estar enfermo y repudiar a los que vienen a consolar, y trabar amistad con las palomas, que nunca oyen lo que uno quiere?

¿O es esto: zambullirse en agua turbia, si es el agua de la verdad, y no esquivar el contacto de frías ranas y sapos calientes?

¿O es esto: amar a los que lo desprecian a uno y dar la mano al fantasma que quiere meter miedo?

Con todo esto carga el espíritu sufrido; como el camello cargado se interna en el desierto, se interna él en su desierto.

Pero en pleno desierto tiene lugar la segunda metamorfosis: la del espíritu en león ansioso de conquistar libertad y ser señor en su propio desierto.

Va en busca de su amo último, decidido a enfrentarse con él y su dios último, a luchar por la victoria con el gran dragón.

¿Quién es el gran dragón que el espíritu ya no quiere reconocer como su amo y dios? "¡Tú debes!", se llama el gran dragón. Pero el espíritu del león proclama: "¡Yo quiero!"

"¡Tú debes!" está tendido en su camino, reluciente de oro, un monstruo en cuyas escamas brilla con brillo de oro. "¡Tú debes!".[3]

Valores milenarios refulgen en estas escamas, y el más formidable de todos los dragones proclama: "Todo valor de las cosas refulge en mi cuerpo.

Todo valor está establecido ya de una vez por todas y yo soy todo valor establecido", dice el dragón; "no ha de haber más ¡Yo quiero!"

Hermanos, ¿para qué es necesario el león en el espíritu? ¿Por qué no basta la bestia sufrida que se resigna, sumisa y reverente?

Crear valores nuevos —he aquí algo que ni aún el león es capaz de realizar, pero conquistar libertad para nueva obra— esto sí que puede realizar.

Conquistar libertad, y un santo, ¡no!, incluso ante el deber: para esto, hermanos, es necesario el león.

Arrogarse el derecho de establecer valores nuevos, he aquí lo más terrible para todo espíritu sufrido y reverente; esto se le antoja robo y cosa propia de la fiera salvaje.

A él, que en un tiempo veneraba el "¡Tú debes!" como lo más sagrado, le toca ahora encontrar hasta en lo más sagrado falacia y arbitrariedad, para que se robe la emancipación de su amor. Para este robo es necesario el león.

Pero decid, hermanos, ¿de qué empresa superior a las fuerzas del león será capaz el niño? ¿Por qué tiene que transformarse en niño el león salvaje?

Es el niño inocencia y olvido, un nuevo comienzo, un juego, una rueda que echa a girar espontáneamente, un movimiento inicial, un santo decir ¡sí!

---

3 Divisa de la ética Kantiana que en principio habría entusiasmado a Nietzsche, quien quiere arrebatarle su santidad por impedir la libre creación de otros nuevos valores. Nietzsche ve el origen cristiano de la moral Kantiana y más todavía en el Yahvé judío, el más prepotente de los dragones.

Para el juego de la creación, hermanos, se requiere un santo decir ¡sí! El espíritu quiere hacer ahora *su* propia voluntad; perdido para el mundo, se conquista ahora *su* propio mundo.

Os he mencionado las tres transformaciones del espíritu: la del espíritu en camello, la del camello en león y la del león en niño».

Así hablaba Zaratustra. Residía a la sazón en la ciudad que se llama "La Vaca Multicolor".[4]

De las cátedras de la virtud

Le fue alabado a Zaratustra un sabio que sabía decir cosas agudas acerca del sueño[5] y la virtud, señalándose que su habilidad le valía muchos honores y premios y que todos los jóvenes acudían a escuchar su palabra. Por lo cual Zaratustra acudió a su vez a escucharle a la par de todos los jóvenes. Y el sabio habló como sigue:

«¡Débese al sueño honor y respeto! ¡Esto es lo principal! ¡Y no busquéis el trato con todos los que duermen mal y pasan la noche en vela!

Hasta el ladrón siente respeto por el sueño, siempre se desliza por la noche sin hacer ruido. El vigilante nocturno, en cambio, desconoce el respeto; irrespetuoso pasea con su trompeta.

No es poco arte el dormir, necesario es haber estado despierto durante toda la jornada.

Diez veces por día debes dominarte, da esto un buen cansancio y es opio del alma.

Diez veces por día debes reconciliarte contigo mismo, pues el dominarse es cosa amarga y el irreconciliado duerme mal.

Diez veces debes encontrar la verdad por día; de lo contrario andas aun de noche en pos de la verdad y tu alma no se ha saciado.

Diez veces por día debes reír y alegrarte; de lo contrario te molesta de noche el estómago, el padre de la gran desazón.

4 Lugar no localizado en la geografía Zaratustriana.

5 "El sueño de los justos" del que habla la Biblia. Nietzsche lo critica.

Pocos saben que hay que poseer todas las virtudes para dormir bien. ¿Levantaré contra mi prójimo falso testimonio? ¿Cometeré adulterio?

¿Codiciaré la mujer de mi prójimo?... Todo esto conspiraría contra el sueño tranquilo.

Y aunque uno posea todas las virtudes, debe también saber mandar a paseo incluso las virtudes en el momento adecuado.

¡No sea que se peleen tales mujercitas! ¡A causa de ti, desdichado! Paz con Dios y el prójimo; así lo requiere el sueño tranquilo. ¡Y paz también con el diablo del prójimo! O si no, el diablo anda a sus anchas de noche en tu casa.

Debes honrar y obedecer a la autoridad, aun a la equivocada; así lo requiere el sueño tranquilo. ¿Qué culpa tienes tú de que el poder guste de andar en piernas torcidas?

El mejor pastor es el que lleva su oveja a pastar a la pradera más lozana; así conviene al sueño tranquilo.

No deseo muchos honores ni grandes tesoros, que no conviene al hígado. Pero se duerme mal sin una buena reputación y un pequeñito "tesoro".

Prefiero unos pocos allegados a las malas compañías; pero deben saber ir y venir oportunamente, así conviene al sueño tranquilo.

Me gustan también mucho los pobres de espíritu, pues promueven el sueño. Bienaventurados son, máxime si no se les contradice.

Así transcurre la jornada del hombre virtuoso. Cuando después llega la noche, me cuido mucho de llamar al sueño. ¡No ha de ser llamado el sueño, que es el amo de las virtudes!

Paso revista a cuanto he hecho y pensado durante la jornada. Rememorando la paciente mansedumbre de las vacas, me pregunto: ¿cuáles han sido mis diez dominios de mí mismo?

¿Y cuáles han sido las diez reconciliaciones y las diez verdades y las diez carcajadas con que se recreó mi corazón?

Mientras así reflexiono, mecido por cuarenta pensamientos, acude de pronto, sin haber sido llamado, el sueño, el dueño de las virtudes.

Golpeados por el sueño, se cierran mis ojos. Tocada por el sueño, mi boca se queda abierta.

Con paso silencioso se acerca el más grato de los ladrones y me roba mis pensamientos, dejándome hecho un mentecato.

Pero he aquí que ya me tumbo y me quedo dormido».

Al oír Zaratustra hablar así al sabio, se rio en su interior, pues había tenido una revelación. Y dijo para sus adentros:

«Se me antoja un necio este sabio con sus cuarenta pensamientos, pero creo que en eso de dormir no hay quien lo supere.

¡Dichosos son los que viven cerca de este sabio! Un sueño así es contagioso, contagia aun a través de gruesos muros.

Incluso en su cátedra reside un conjuro. Y no en vano los jóvenes han acudido a escuchar la palabra de este predicador de la virtud.

Su sabiduría predica: estar despierto para dormir bien. Y por cierto que si la vida careciese de sentido y hubiese que elegir alguna sinrazón, esta se me aparecería también a mí como la más digna de ser escogida.

Ahora comprendo con lucidez lo que en un tiempo se buscaba ante todo al buscar maestros de la virtud. ¡Se buscaba sueño tranquilo, fruto de virtudes adormecedoras!

Para todos esos celebrados sabios de las cátedras, la sabiduría consistía en el dormir no perturbado por sueños, no conocían otro sentido mejor de la vida.

Aún en la actualidad existen, sin duda, algunos predicadores de la virtud como este, y no todos tan sinceros como él; pero ha pasado su hora.

He aquí que ya se echan a dormir.

Bienaventurados son los soñolientos, pues no tardarán en dormirse».

Así habló Zaratustra.

DE LOS TRASMUNDISTAS[6]

En otro tiempo también Zaratustra volcó su ilusión más allá del hombre, como todos los trasmundistas. El mundo se me aparecía entonces como la obra de un dios sufriente y atormentado.

«Ensueño y ficción de un Dios se me antojaba entonces el mundo... vaho multicolor ante los ojos de un divino descontento.

El bien y el mal, el placer y el dolor, el yo y el tú, se me antojaban humo multicolor ante ojos creadores. Ansioso de apartar la mirada de sí mismo, me parecía, el Creador había creado el mundo.

Ebrio deleite es para el que sufre, distraer la mirada de su sufrimiento y perderse. Ebrio deleite y un perderse, se me antojaba en un tiempo el mundo.

Este mundo, eternamente imperfecto, imagen imperfecta de una eterna contradicción, ebrio placer de su creador imperfecto se me antojaba en un tiempo el mundo.

Así forjé yo en un tiempo mi ilusión más allá del hombre, como todos los trasmundistas. ¿En verdad más allá del hombre?

¡Ay!, hermanos, ese dios creado por mí era producto y demencia humana, como todos los dioses.

Era hombre; y un pobre pedazo de hombre y "yo" por añadidura. De mi propia ceniza y brasa me salía ese fantasma, ¡no me venía, por cierto, del más allá!

¿Qué sucedió entonces, hermanos? Me sobrepuse a mí mismo, a mis padecimientos; llevé mi propia ceniza a la montaña y creé una llama más brillante. ¡Y he aquí que se *retiró* de mí el fantasma!

Creer en tales fantasmas sería ahora sufrimiento para mí y angustia para el curado, sería ahora para mí sufrimiento y humillación. Así hablo a los trasmundistas.

---

6 Hinterweltler, en alemán, término inventado por Nietzsche y que también utiliza en *Humano, demasiado humano*, con el significado de "más allá del mundo material".

Todos los trasmundos se han originado en el sufrimiento y la impotencia, y en esa fugaz felicidad ebria que solo experimenta el que más sufre.

Un cansancio ansioso de conseguir de un *solo* salto, de un salto mortal, la meta postrera; un pobre cansancio ignorante que ya no quería ni siquiera querer, ha creado todos los dioses y trasmundos.

Ciertamente os digo, hermanos, que el cuerpo, desesperando de la tierra, sentía hablar el vientre del Ser.

Y entonces quería derribar las murallas últimas para alcanzar "el otro mundo".

Sin embargo, bien oculto está a los hombres "el otro mundo"; ese mundo deshumanizado, inhumano, que es una nada celestial; y el vientre del Ser no habla a los hombres, como no sea como hombre.

Difícil de demostrar y difícil de hacer hablar es en verdad todo Ser. A ver, hermanos, ¿no es la cosa más inaudita la mejor demostrada?

Sí, el yo, con su contradicción y confusión, es el que más sinceramente habla de su ser; ese yo que crea, quiere y valora; ese yo que es el criterio y valor de las cosas.

Y este ser sincero, el yo, habla del cuerpo y lo quiere incluso cuando sueña y se forja ilusiones y bate con un aleteo de alas rotas.

Aprende el yo a hablar cada vez con mayor sinceridad; y a medida que aprende, ensalza y honra el cuerpo y la tierra.

Una nueva voluntad me ha sido enseñada por mi yo, la enseño ahora a los hombres: ¡No esconder ya la cabeza en la arena de las cosas celestiales, sino llevarla bien erguida, una cabeza terrena que establezca el sentido de la tierra!

Enseño a los hombres una voluntad nueva: ¡Afirmar y aprobar la senda que el hombre ha recorrido a ciegas y ya no apartarse de él furtivamente como los enfermos y los débiles!

Enfermos y débiles despreciaban el cuerpo y la tierra e inventaban las cosas celestiales y las gotas de sangre redentora; ¡pero incluso estos dulces y pérfidos venenos los extraían del cuerpo y de la tierra!

Ansiaban escaparse de su miseria, pero las estrellas quedaban demasiado lejos. Entonces, suspiraban: "¡Si hubiera caminos celestiales por donde evadirse a otro Ser y felicidad!" ¡Y se inventaban sus caminos falsos y sus brebajes sangrientos!

Librados de su cuerpo y de esta tierra se tenían entonces esos ingratos. Y, sin embargo, ¿a quién debían la voluptuosidad y el espasmo de su éxtasis? ¡A su cuerpo y a esta tierra!

Indulgente es Zaratustra con los enfermos. No se enfada por su manera de consolarse y su ingratitud. ¡Que sanen y se dominen y se labren un cuerpo superior!

No está enojado Zaratustra tampoco con el convaleciente cuando mira de reojo su ilusión y a medianoche ronda la tumba de su Dios; pero todavía sus lágrimas son para mí enfermedad y cuerpo enfermo.

Muchos enfermizos ha habido en todas las épocas entre los que sueñan y andan en busca de Dios; odian enconadamente al hambre del conocimiento[7] y a esa virtud más reciente que se llama probidad.[8]

Viven ellos vueltos hacia pasados oscuros; en aquellos tiempos, en verdad, la ilusión y la fe eran cosa muy distinta: el desenfreno de la razón era semejanza con Dios, y la duda, pecado.

Conozco muy bien a esos semejantes a Dios, quieren que se crea en ellos y que se tenga la duda por pecado. Muy bien sé también en qué creen ellos mismos más que en ninguna otra cosa.

En verdad no en trasmundos y en gotas de sangre redentora, ellos también creen en el cuerpo más que en ninguna otra cosa y a su propio cuerpo le consideran como la cosa en sí.

Pero le consideran como una cosa enfermiza y quisieran mudar la piel. Por eso escuchan a los predicadores de la muerte y predican, a su vez, trasmundos.

Más vale, hermanos, que escuchéis la voz del cuerpo sano, que es una voz más sincera y pura.

---

7 Con la muerte de Dios.

8 Que es la decisión de no encubrirla.

Más sincero y puro es el lenguaje del cuerpo sano, limpio y perfecto; él habla del sentido de la tierra».

Así habló Zaratustra.

De los abominadores del cuerpo

«He aquí lo que tengo que decir a los abominadores del cuerpo. No quiero que cambien de parecer y doctrina, sino tan solo que digan adiós a su propio cuerpo… y así enmudezcan para siempre.

"Yo soy cuerpo y alma" —afirma el niño—. ¿Y por qué no hemos de hablar como los niños?

Pero el que razona con lucidez y sabe, dice: "Yo soy cuerpo, nada más que cuerpo; y alma no es sino una palabra que designa algo propio del cuerpo."

Es el cuerpo una magna razón, una pluralidad gobernada por *un solo* sentido, guerra y paz, rebaño y pastor.

Instrumento de tu cuerpo es también tu pequeña razón, hermano, que llamas "espíritu" —humilde instrumento y juguete de tu gran razón—.

Dices "yo", y te enorgulleces de esta palabra. Pero más grande —aunque te resistas a creerlo— es tu cuerpo y su gran razón, que no dicen "yo" pero que constituyen el "yo".

Lo que percibe el sentido y conoce el espíritu nunca tiene su fin en sí mismo. Pero el sentido y el espíritu quisieran hacerte creer que son el fin de todas las cosas, tal es su altivez.

Instrumento y juguete son el sentido y el espíritu, detrás de ellos está el propio ser. El propio ser mira *también* con los ojos de los sentidos y escucha *también* con los oídos del espíritu.

En todo momento, mira y escucha el propio ser; compara, domina, conquista y destruye. Señorea y es también el dominador del yo.

Detrás de tus pensamientos y sentimientos, hermano, está un poderoso señor, un sabio desconocido que se llama el propio ser. Mora en tu cuerpo. *Es* tu cuerpo.

Hay más razón en tu cuerpo que en tu más profunda sabiduría. ¿Y quién sabe para qué tu cuerpo necesita precisamente de tu más profunda sabiduría?

Tu propio ser se ríe de tu yo y sus aspavientos. "¿Qué son para mí estos saltos y vuelos del pensamiento?", dice para sí: "Rodeos que conducen igual a mi fin. Yo manejo el yo y le sugiero sus conceptos."

Dice el propio ser al yo: "¡Siente aquí dolor!". Y entonces el yo sufre y trata de encontrar una manera de poner término a su sufrimiento. Y por ello para tal fin *debe* pensar.

Dice el propio ser al yo: "¡Siente aquí placer!". Y entonces el yo se alegra, reflexiona sobre cómo seguir gozando a menudo y precisamente para tal fin *debe* pensar.

He aquí lo que he de decir a los abominadores del cuerpo: su desprecio se origina en su aprecio. ¿Cuál es el origen del aprecio y del desprecio, del valor y de la voluntad?

El propio ser, creador, se forjó el aprecio y el desprecio, el placer y el dolor. El cuerpo creador se forjó el espíritu como brazo de su voluntad.

Hasta con vuestra estupidez y desprecio, ¡oh, despreciadores del cuerpo!, estáis al servicio de vuestro propio ser. Yo os digo que vuestro propio ser mismo quiere morir y se aparta de la vida.

No es ya capaz de hacer lo que ansía por sobre todas las cosas: superarse creando. Esto es lo que ansía por sobre todas las cosas, tal es todo su fervor.

Pero ahora vuestro propio ser ya no puede satisfacer este anhelo, de ahí que quiere perecer, ¡oh, despreciadores del cuerpo!

Vuestro propio ser quiere perecer, ¡y por eso os habéis convertido en despreciadores del cuerpo! Pues ya no sois capaces de superaros a vosotros mismos creando.

Por eso despreciáis ahora la vida y la tierra. Un resentimiento inconsciente se esconde en la mirada exasperada de vuestro desprecio.

¡Yo no os sigo, oh, despreciadores del cuerpo! ¡Vosotros no sois puentes lanzados hacia el superhombre!».

Así habló Zaratustra.

De las virtudes y las pasiones

«Si posees una virtud, hermano, y es virtud muy tuya, no la compartes con nadie.

Claro que quieres llamarla por un nombre y acariciarla, tirarle de las orejas y divertirte con ella; ¡y hete aquí compartiendo su nombre con la gente y convertido con tu virtud en pueblo y rebaño!

Más vale que digas: "Inexplicable e inefable es lo que tortura y embriaga mi alma y es aun el hambre de mis entrañas".

Tu virtud debe estar por encima de la intimidad de los nombres; y cuando tengas que hablar de ella, no te avergüences de hacerlo balbuceando.

Di, pues, balbuceando: "Este es mi propio bien, lo amo; así me gusta, así quiero yo el bien.

No lo quiero como mandamiento de un dios, ni como regla o necesidad humana. No ha de indicarme el camino de tierras sobrenaturales y paraísos.

Una virtud terrenal es lo que yo amo. Hay en ella poca sensatez y menos razón colectiva.

Tal pájaro construyó en mí su nido, por eso la amo con afecto. Ahora empolla en mí sus huevos de oro."

Así debes balbucear y ensalzar tu virtud.

En un tiempo tenías pasiones y las tachabas de malas. Ahora ya no tienes más que tus virtudes, originadas de tus pasiones.

Enderezaste tus pasiones hacia tu meta suprema, entonces se convirtieron en tus virtudes.

Y aunque seas un hombre irascible, o lascivo, o aferrado a la fe, o vengativo, todas tus pasiones terminaron por convertirse en virtudes y todos tus demonios en ángeles.

Antaño tenías sabuesos feroces en tu perrera; pero terminaron por convertirse en pájaros y dulces aves cantoras.

Con tus venenos elaboraste tu bálsamo. Ordeñaste tu vaca "Aflicción" y ahora bebes la dulce leche de su ubre.

Y nada malo proviene ya de ti, como no sea lo malo que proviene de la lucha de tus virtudes.

Si tienes suerte, hermano, posees una sola virtud; así cruzas más fácilmente el puente.

Honroso, pero duro, es poseer muchas virtudes; y más de uno se fue al desierto y se suicidó por estar cansado de ser batalla y campo de batalla de virtudes.

¿Son malas la guerra y la batalla, hermano? Son un mal necesario; son necesarias la mutua rivalidad, desconfianza y en calumnia de tus virtudes.

¡Mira con cuánta porfía cada una de tus virtudes aspira a lo supremo! Reivindica ella tu espíritu entero para que la pregone; tu fuerza entera en el repudiar, odiar y amar.

Cada virtud está celosa de las restantes, y los celos son cosa terrible. También las virtudes pueden sucumbir a los celos.

Quien se halla cercado por las llamas de los celos acaba por enderezar contra sí mismo, como el escorpión, el aguijón venenoso.

¡Ay, hermano! ¿Nunca viste a una virtud calumniarse a sí misma e inocularse su propio veneno?

El hombre es algo que debe ser superado; por eso debes amar a tus virtudes, pues perecerás a ellas».

Así habló Zaratustra.

DEL PÁLIDO DELINCUENTE

«¿Qué no queréis dar muerte, oh, jueces y sacrificadores, hasta que la víctima no haya asentido con la cabeza? Mirad, el pálido delincuente ha asentido con la cabeza; su mirada delata su gran desprecio.

"Mi yo es algo que debe ser superado, mi yo se me antoja el gran desprecio del hombre" —así delata esta mirada.

El haberse condenado a sí mismo fue su instante supremo, ¡no permitáis al enaltecido volver a la bajeza!

A quien así sufre de sí mismo solo lo redime la muerte rápida.

Vuestro asesinato, ¡oh, jueces!, ha de ser un acto de compasión, no de venganza. Y cuidad de que dando muerte justifiquéis la vida.

No basta con que os reconciliéis con el hombre al que habéis condenado. Vuestra tristeza debe ser amor al superhombre, así justificaréis el que vosotros sigáis viviendo.

Debéis decir "enemigo", no "malvado". Debéis decir "enfermo", no "bribón". Debéis decir "insensato", no "pecador".

Si confesases, ¡oh, juez salpicado de sangre!, cuanto llevas cometido con el pensamiento, todo el mundo gritaría: "¡fuera esta porquería, esa venenosa víbora!"

Pero una cosa es el pensamiento, otra la acción y otra la imagen de la acción. No gira entre ellos la rueda de la fortuna.

Una imagen hace palidecer a ese hombre pálido. Estuvo a la altura de su acción cuando la cometió; pero una vez que la hubo cometido, no soportó su imagen.

Desde entonces vivía obsesionado por lo que había realizado. Demencia le llamo a esto, la excepción se convertía para él en la norma.

Una línea trazada en el suelo hipnotiza a la gallina; en la misma forma, un solo hecho retiene la atención del criminal. Demencia posterior al crimen le llamo a esto.

¡Escuchad, oh, jueces! Hay aún otra demencia, una anterior al crimen. ¡Ay, no os habéis adentrado lo suficiente en esa alma!

Dice el juez salpicado en sangre: "¿Por qué asesinó ese criminal? Se proponía robar." Pero yo os digo: su alma ansiaba sangre, no botín; ¡ansiaba el hombre la ebriedad del cuchillo!

Pero su pobre razón no comprendió esta locura y le persuadió. "¡Qué importa la sangre! —le dijo—. ¿No vas a aprovechar la oportunidad siquiera para robar o tomarte una venganza?"

Y el hombre se dejó persuadir por su pobre razón, sus palabras pesaban sobre él cual plomo. Y agregó el robo al asesinato, para no avergonzarse de su demencia.

Y ahora pesa sobre él el plomo de su culpa y su pobre razón está otra vez paralizada y aniquilada.

Si pudiese sacudir la cabeza, sacudiría su carga. Pero no hay quien sacuda esta cabeza.

¿Qué es ese hombre? Una colección de enfermedades que a través del espíritu se proyectan por el mundo en busca de botín.

¿Qué es ese hombre? Una maraña de feroces serpientes que rara vez saben convivir en paz, así que cada cual se va al mundo en busca de botín.

¡Mirad ese pobre cuerpo! Esa pobre alma le interpretó sus tormentos y apetitos; se los interpretó como sed de sangre y ebriedad de matar.

El que ahora enferma se siente sorprendido por el mal que ahora es lo malo, quiere hacer sufrir por lo mismo que a él mismo lo hace sufrir. Pero hubo otros tiempos y otros males y otros bienes.

En un tiempo era mala la duda, y la afirmación de sí mismo. En aquel entonces el enfermo era acusado de hereje o bruja; como hereje o bruja sufría y ansiaba hacer sufrir.

Pero no entra esto en vuestros oídos, me decís que el hombre perjudica a vuestros buenos. ¡Y qué me importan vuestros buenos!

En vuestros buenos hay mucho que me da asco, y por cierto que no me refiero a lo que tienen de malo. ¡Ojalá los atacara una demencia que los perdiese como se perdió ese pálido criminal!

¡Ojalá su demencia se llamara verdad o lealtad o justicia! Pero tienen su virtud para vivir largo tiempo y abandonados a un contento vil.

Yo soy un agarradero encima de la corriente y, quien pueda, que se agarre a mí. Pero no soy vuestra muleta».

Así habló Zaratustra.

Del leer y escribir

«De todo lo escrito, solo amo lo que uno ha escrito con su sangre. Escribe con sangre y sabrás que la sangre es espíritu.

No es fácil entender la sangre ajena, odio a los ociosos que matan el tiempo leyendo.

Quien conoce al lector ya no hace más nada por él. Cuando haya transcurrido un siglo más de lectores, el espíritu mismo empezará a oler mal.

El que todo el mundo tenga una oportunidad de aprender a leer corrompe a la larga no solo las plumas, sino también los pensamientos.

En un tiempo el espíritu fue Dios, luego se hizo hombre, y ahora hasta se ha hecho pueblo.

Quien escribe con sangre, y escribe sentencias, no ha de ser leído, sino aprendido de memoria.

En la montaña, el camino más corto es de cumbre en cumbre; pero para eso hay que tener las piernas largas. Las sentencias han de ser cumbres; y aquellos a quienes van dirigidas, hombres de talla elevada.

El aire enrarecido y diáfano, el peligro en acecho y el espíritu lleno de alegre malicia... ¡dígase si es magnífica la combinación!

Busco la compañía de duendes, pues soy valiente. El valor que ahuyenta los fantasmas se procura trasgos, pues el valor quiere reír.

Ya no tengo nada en común con vosotros; esta nube que veo debajo de mí, esta lobreguez y pesadez de que me río —he aquí el nubarrón del que se descargará vuestra tempestad—.

Vosotros miráis hacia arriba cuando ansiáis elevaros; yo miro hacia abajo, pues estoy elevado.

¿Cuál de vosotros puede reír y estar elevado a la vez?

Quien escala las más altas montañas se ríe de todas las tragedias, reales o imaginarias.

Impávidos, burlones y violentos nos quiere nuestra sabiduría; es mujer y ama solo a los guerreros.

Decís: “La vida es una carga muy pesada”. Pero, ¿para qué tenéis a la mañana vuestro orgullo y al atardecer vuestra resignación?

La vida es una carga plomiza, ¡vamos, nada de ternura! Todos somos unos asnos y burras mansitos y sufridos.

¿Qué tenemos en común nosotros con el capullo de rosa que tiembla porque le ha caído encima una gota de rocío?

Lo cierto es que amamos la vida, no porque estemos acostumbrados a la vida, sino porque estamos acostumbrados a amar.

Hay siempre un poco de demencia en el amor. Pero también hay siempre un poco de razón en la demencia.

Y yo, que soy amigo de la vida, creo que las mariposas, las pompas de jabón y los hombres de naturaleza afín son los que mejor saborean la felicidad.

Viendo revolotear a esas ágiles y delicadas almas locuelas, llora y canta Zaratustra.

Yo solo creería en un dios que supiera bailar.

Y cuando vi a mi diablo, lo encontré grave, serio, profundo y solemne, era el espíritu plomizo; a través de él caen todas las cosas.

No la ira, sino la risa, mata. ¡Ea! ¡Aplastemos el espíritu plomizo!

He aprendido a andar, desde entonces “me dejo correr”. He aprendido a volar, desde entonces no espero a que me empujen para desplazarme.

Ahora soy etéreo, ahora vuelo, ahora me veo debajo de mí, ahora un dios baila a través de mí».

Así habló Zaratustra.

Del árbol de la montaña[9]

Zaratustra se había dado cuenta de que un joven rehuía su trato. Una noche, en circunstancias en que recorría solo las montañas que circundan la ciudad llamada "La Vaca Manchada", encontró de súbito a este joven sentado al pie de un árbol, con la mirada cansada por honda tristeza, fija en el valle abajo. Posó Zaratustra la mano en el tronco del árbol y dijo:

«Por más que me esforzase, no sería capaz de sacudir este árbol. En cambio el viento, que no vemos, lo zarandea y dobla a su antojo. Manos invisibles son las que más nos zarandean y maltratan».

Se levantó el joven, sobresaltado, y dijo: «Oigo la voz de Zaratustra, cuando justamente pensaba en él».

Le respondió Zaratustra: «¿Y esto te sobresalta? Ocurre con el hombre lo que con el árbol. Cuando más aspira a las alturas y la claridad, tanto más profundamente se adentran sus raíces en la tierra, hacia las profundidades y la oscuridad, hacia el mal».

«¡Eso es hacia el mal! —exclamó el joven—. ¿Cómo lograste descubrir mi alma?».

Zaratustra sonrió y dijo: «Almas hay que uno no descubre, a menos que antes las invente».

«¡Eso es, hacia el mal! —volvió a exclamar el joven—. Has dicho la verdad, Zaratustra. Desconfío de mí y desconfían de mí al intentar superarme. Cambio demasiado rápido. Mi hoy desmiente mi ayer. Muchas veces salto peldaños conforme subo… esto no me lo perdona ningún peldaño.

Cuando llego arriba, siempre me encuentro solo. Nadie me habla y me hace temblar el frío de la soledad. ¿Qué estoy buscando en las alturas?

Aumenta mi desprecio a la vez que mi anhelo; cuanto más alto subo, desprecio al que sube; ¿qué anda buscando en las alturas?

9 Recuerda la conversación de Jesús con el joven rico del Evangelio de San Mateo y cómo Jesús encontró algunos de sus primeros discípulos debajo de un árbol (Evangelio de San Juan).

¡Qué vergüenza me da mi subir y tropezar! ¡Cómo me burlo de mi jadeo! ¡Con qué empecinamiento odio al que vuela! ¡Qué cansado estoy en las alturas!».

Se calló el joven. Zaratustra miró con detenimiento el árbol a cuyo pie se hallaban y dijo:

«Este árbol se levanta solitario aquí en la falda de la montaña, irguiendo su copa muy por encima de los hombres y los animales.

Y si quisiese hablar, no tendría a nadie que lo comprendiese, de tan alto que ha crecido.

Ahora aguarda —¿qué es lo que aguarda?—. Vive demasiado cerca del imperio de las nubes, ¿aguarda quizás el primer rayo?».

Hablado que hubo de esta forma Zaratustra, el joven, dibujando un ademán con viveza, exclamó: «¡Sí, Zaratustra, dices la verdad! ¡Ansiaba yo mi perdición al aspirar a las alturas, y tú eres el rayo que esperaba! ¡Mira en qué estado me encuentro desde que te presentaste ante nosotros! ¡La envidia de ti me ha carcomido!».

Así habló el joven, llorando a lágrima viva. Zaratustra le puso el brazo alrededor de los hombros y juntos echaron a andar.

Tras caminar un trecho, Zaratustra le habló como sigue: «Mi corazón está desgarrado. Aun más claramente que tus palabras, me revelan tus ojos el peligro que corres.

Aún no eres libre, buscas todavía la libertad. De tanto buscar y rebuscar no duermes y estás destrozado.

Aspiras a las libres alturas, tu alma anhela alcanzar el mundo de las estrellas. Mas también tus malos instintos ansían la libertad.

Tus perros salvajes ansían libertad; ladran de alegría en su perrera cuando tu espíritu trata de forzar todas las prisiones.

Todavía eres un prisionero empeñado en conquistar la libertad; ah, muy lista se les torna el alma a prisioneros así, pero también astuta y mala.

Incluso el que ha liberado su espíritu tiene que purificarse. Queda en él todavía mucho encierro y podredumbre, tiene que limpiarse los ojos.

Sí, conozco muy bien tu peligro. ¡Pero por mi amor y esperanza te conjuro a que no renuncies a tu amor y tu esperanza!

Te sientes todavía noble, y te reconocen nobleza incluso los que te detestan y te lanzan miradas hostiles. Has de saber que el noble estorba a todo el mundo.

También a los buenos les obstaculiza el noble; y aunque lo llamen bueno, así es como pretenden eliminarlo.

El noble se propone crear cosas nuevas y una virtud nueva. Pero el bueno se aferra a lo viejo y pretende conservarlo.

Pero el peligro que acecha al noble no es de volverse bueno, sino de llegar a adoptar una actitud insolente, descarada y destructiva.

He conocido a hombres nobles, ¡ay!, que perdieron sus más altas esperanzas; y entonces se aplicaron a calumniar todas las más altas esperanzas.[10]

Entonces llevaban una vida desvergonzada, entregados a efímeros placeres y vivían al día.

Decían: "El espíritu también es voluptuosidad". Entonces se le quebraron las alas a su espíritu, ahora anda arrastrándose por el suelo y roe y ensucia todo.

En un tiempo ambicionaron ser héroes, ahora son unos libertinos y el héroe los atosiga y horroriza.

¡Por mi amor y esperanza te conjuro a que no repudies al héroe que hay en tu alma! ¡Permanece fiel a tu más alta esperanza!».

Así habló Zaratustra.

De los predicadores de la muerte[11]

«Hay predicadores de la muerte; y está llena la tierra a quienes debe predicarse la renuncia a la vida.

10 Nietzsche establece la diferencia entre lo que llama "nobleza" y lo que llama "bondad". La caracterización del noble y del peligro que le amenaza.

11 Contra los sacerdotes en general, eclesiásticos o no.

Abundan en la tierra los superfluos; la vida está echada a perder por tanta humanidad superflua. ¡Ojalá que mediante la "vida de ultratumba" se les induzca a renunciar a esta vida!

Se les llama "los amarillos" o "los negros" a los predicadores de la muerte. Pero os los voy a mostrar también en otros colores.

Ahí están los terribles, que llevan dentro de sí el animal de presa y tienen que elegir entre el desenfreno o el despedazamiento de sí mismos. Y aun su desenfreno es despedazamiento de sí mismos.

Esos terribles ni siquiera han llegado a ser hombres. ¡Que prediquen la renuncia a la vida y se vayan ellos mismos a la otra!

Ahí están los tuberculosos del alma, no bien nacidos ya empiezan a morir y anhelan doctrinas de cansancio y renunciamiento.

Ansían la muerte y debiéramos respaldar esta ansia. ¡Cuidado con resucitar a esos muertos y tocar esos ataúdes andantes!

A la vista de un enfermo, o un anciano, o un cadáver, dicen: "Está refutada la vida".

Sin embargo, ellos mismos están refutados, y sus ojos, que perciben *únicamente* un aspecto de su existencia.

Inversos en gruesa melancolía y ávidos de los pequeños incidentes que acarrean la muerte, se pasan la vida en actitud de espera, apretando los dientes.

O bien se hartan de golosinas como los niños y se burlan de su infantilismo: se asen del pelo de paja que es su vida y se burlan de que continúen asidos de un pelo.

Su sabiduría reza: "Seguir con vida es una majadería, pero hay que ver hasta dónde llega la estupidez humana. ¡Y esto es precisamente lo más estúpido que tiene la vida!"

Hay quienes dicen: "¡Vivir es sufrir!", y no mienten. ¡Acabad, pues, con vuestra vida! ¡Acabad pues con la vida que no es más que sufrimiento!

Y vuestra virtud debe gobernarse por estos mandamientos: ¡Te arrancarás la vida! ¡Te hurtarás a la vida!

"La voluptuosidad es un pecado", dicen unos predicando la muerte, "¡apartémonos y no engendremos hijos!"

"Dar a luz es una experiencia penosa", dicen otros, "¿a qué dar aún a luz? ¡Solo nacen seres desgraciados!". Y ellos también son predicadores de la muerte.

Y hay quienes dicen: "Hace falta la compasión. ¡Tomad todo lo que poseo! ¡Tomad todo lo que soy! ¡Así me ataría menos la vida!"

Si fuesen con sinceridad gente compasiva, le quitarían al prójimo el gusto por vivir. Su verdadera bondad sería su perversidad.

Pero ansían librarse de la vida y no les importa que con sus cadenas y regalos aten a ella aún más al prójimo.

Y también vosotros, cuya vida es actividad frenética sin pausa e inquietud, ¿no estáis muy cansados de la vida? ¿No sois terreno propicio para la prédica de la muerte?

Todos los que sois amigos de la actividad frenética sin pausa y de lo rápido, lo nuevo y lo extraño, no os soportáis a vosotros mismos y vuestra diligencia es triste sino y afán de olvidaros de vuestra propia persona.

Si tuvieseis más fe en la vida, os abandonaríais menos al instante. ¡No tenéis contenido suficiente para esperar, ni siquiera para la pereza!

Por todas partes suena la voz de los que predican la muerte, y abundan en la tierra a quienes debe predicarse la muerte.

O la "vida de ultratumba", para mí es lo mismo, con tal que se vayan pronto de este mundo».

Así habló Zaratustra.

De la guerra y los guerreros

«Nuestros mejores enemigos no han de ser indulgentes con nosotros, ni tampoco los seres que amamos con amor entrañable. ¡Os voy a decir, pues, la verdad!

¡Hermanos guerreros! Os amo con amor entrañable; siempre he sido, y soy, vuestro igual. Y soy también vuestro mejor enemigo. ¡Os voy a decir, pues, la verdad!

Yo sé del odio y la envidia que anidan en vuestros corazones. No sois lo bastante grandes para no saber de odios y envidias. ¡Sed, pues, lo suficientemente grandes para no avergonzaros de tales sentimientos!

Y ya que no podéis ser santos varones del conocimiento, sed por lo menos sus guerreros, que son los compañeros y precursores de tal santidad.

Veo muchos soldados, ¡si viera muchos guerreros! "Uniforme" se llama lo que llevan puesto, ¡ojalá no escondieran bajo él la uniformidad![12]

Habéis de ser hombre que en todo momento vayan en busca de un enemigo —de *vuestro* enemigo—. Y algunos de vosotros conocéis el odio a primera vista.

¡Buscad vuestro enemigo! ¡Librad vuestra guerra por vuestros pensamientos! ¡Y si sucumbe vuestra convicción, vuestra probidad ha de celebrar esta derrota!

¡Amad la paz como medio para nuevas guerras! ¡Y amad la paz breve más que la larga!

A vosotros no os aconsejo el trabajo, sino la lucha. A vosotros no os aconsejo la paz, sino el triunfo. ¡Vuestro trabajo debe ser luchar, y vuestra paz, el triunfo!

Solo armado con arco y flecha es como se puede callar y estarse quieto, de lo contrario se parlotea y regaña. ¡Vuestra paz debe ser el triunfo!

¿Que la buena causa santifica hasta la guerra? Yo os digo que la buena guerra santifica todas las causas.

La guerra y la valentía han hecho más cosas grandes que el amor al prójimo. No vuestra compasión, sino vuestra valentía ha salvado hasta ahora a los que se hallaban en peligro.

Preguntáis: "¿Qué es bueno?". Ser valientes es bueno. Dejad que las niñas digan: "Es bueno lo que es bonito y conmovedor".

12 Nietzsche expone aquí la diferencia conceptual y valorativa entre "soldado" y "guerrero".

Os tachan de hombres sin corazón, pero tenéis un corazón auténtico y me gusta el pudor de vuestra cordialidad. Vosotros os avergonzáis de vuestra plenitud y los demás de su miseria.

¿Sois feos? ¡Bueno, hermanos, cubríos con lo sublime, que es el manto de la fealdad!

Y cuando vuestra alma crece, se vuelve orgullosa, y en vuestra sublimidad hay perversidad. Os conozco.

En la perversidad, el arrogante coincide con el débil. Pero no se entienden. Os conozco.

Solo debéis tener enemigos aborrecibles, no enemigos que despreciar. Debéis estar orgullosos de vuestros enemigos; así, los triunfos de vuestro enemigo serán también triunfos vuestros.

La rebeldía es la distinción del esclavo. ¡Vuestra distinción debe ser la obediencia! ¡Vuestro mismo mandar ha de ser un obedecer!

El buen guerrero prefiere el "tú debes" al "yo quiero". Y cuanto os es amado debéis hacéroslo mandar.

Vuestro amor a la vida debe ser amor a vuestra suprema esperanza. ¡Y vuestra suprema esperanza debe ser la concepción suprema de la vida!

Y vuestra concepción suprema de la vida la debéis hacer guiar por mí. He aquí su fórmula: El hombre es algo que debe ser superado.

¡Vivid pues vuestra vida hecha de obediencia y guerra! ¡Qué importa la vida larga! ¡El guerrero no espera que se tengan consideraciones con él!

¡Yo no tengo consideraciones con vosotros; os amo profundamente, hermanos guerreros!».

Así habló Zaratustra.

Del nuevo ídolo

«En otros lugares hay todavía pueblos y rebaños, pero ya no entre nosotros hermanos; aquí hay Estados.

¿Qué es el Estado? ¡Prestad atención! Que voy a hablaros de la muerte de los pueblos.

Llámase Estado el más frío de todos los monstruos fríos. Y miente fríamente, siendo su mentira esta: "Yo, el Estado, soy el pueblo".

¡Mentira! Hombres creadores crearon los pueblos y suspendieron sobre ellos una fe y un amor, así sirvieron a la vida.

Aniquiladores son quienes arman trampas para atrapar multitudes y las llaman Estado: suspenden sobre ellas una espada y cien concupiscencias.

En cualquier lugar donde haya todavía pueblos, no entienden el Estado y lo odian teniéndolo por mal de ojo y un atentado contra las costumbres y derechos.

Advertid esto: cada pueblo habla su propio lenguaje del bien y del mal, que el vecino no entiende; se ha inventado su propio lenguaje en las normas y costumbres.

Mas el Estado miente en todos los lenguajes del bien y del mal; cuanto dice es mentira —y cuanto posee, a título ilegítimo lo posee—.

Todo en él es falso, con dientes robados muerde el mordaz. Hasta sus entrañas son falsas.

Torre de Babel del bien y del mal —tomad nota de este dato como signo del Estado—. ¡Sugiere este signo la voluntad de morir! ¡Hace señas este signo a los predicadores de la muerte!

Nacen demasiados hombres. ¡Para los superfluos ha sido inventado el Estado!

¡Mirad cómo atrae al montón de los superfluos! ¡Cómo los traga, los masca y los machaca!

Ruge el monstruo: "Nada más grande que yo existe sobre la tierra, soy el dedo ordenador de Dios". ¡Y no solo los que tienen las orejas largas y la vista corta lo adoran!

¡Ay, también a vosotros, oh, almas grandes, os susurra él al oído sus sombrías mentiras! ¡Ay, adivina los corazones generosos propensos a la amorosa prodigalidad!

¡Adivina él también a vosotros que habéis vencido al antiguo Dios! La lucha os ha fatigado, y ahora todavía vuestro cansancio sirve al nuevo ídolo.

Ansía el nuevo ídolo rodearse de héroes y hombres de honor. ¡Le gusta al frío monstruo entrar en calor al sol de las conciencias honradas!

Está dispuesto a daros todo con tal que le rindáis culto; así, compra el brillo de vuestra virtud y el gallardo mirar de vuestros ojos orgullosos.[13]

¡Pretende valerse de vosotros para atraer al montón de los mediocres! ¡Ay, ha ideado una treta diabólica, un caballo de Troya de la muerte, magníficamente enjaezado con honores de púrpura![14]

¡Ah, se ha inventado una matanza que se ensalza como vida, gratísima a todos los predicadores de la muerte!

Yo denomino Estado adonde se envenenan todos los buenos y los malos; donde se pierden todos, los buenos y los malos; donde el suicidio lento de todos se llama "la vida".

¡Mirad a esos mediocres! Roban las obras de los inventores y los tesoros de los sabios; ¡ilustración le llaman a su robo, y todo les resulta enfermedad y achaque!

¡Mirad a esos mediocres! Constantemente están enfermos, se les derrama la bilis y le llaman a eso "diario". Se devoran unos a otros y ya no pueden ni siquiera digerirse.

¡Mirad a esos superfluos! Se hacen ricos y, sin embargo, se empobrecen. Codician poder y, antes que nada, la palanqueta del poder: mucho dinero —¡pobres de ellos!—.

¡Mirad cómo trepan esos ágiles monos! Trepan atropellándose unos a otros y se hunden así en el fango y las profundidades insondables.

Se precipitan todos hacia el trono; tal es su demencia, ¡como si la fortuna estuviese sentada en el trono! Muchas veces el fango está sentado en el trono, y muchas veces el trono está asentado en el fango.

Dementes y frenéticos y monos trepadores me parecen todos ellos. Su ídolo, el frío monstruo, despide mal olor; esos idólatras todos despiden hedor.

13 Recuerda el becerro de oro y la tentación de Cristo para adorar al diablo.

14 El Imperio Germánico, pero también el fascismo hitleriano, cosa que descontentó a sus seguidores. También se ha hablado de una premonición de la "sociedad de consumo".

¿Pensáis acaso asfixiaros, hermanos, en el vaho de sus bocas y concupiscencias? Más vale que rompáis los cristales y saltéis por las ventanas.

¡Huid del mal olor! ¡Huid del vaho de esos sacrificios humanos!

Todavía está abierta la tierra a las almas grandes. Todavía están desiertos muchos asientos de eremitas donde sopla la brisa de mares sosegados.

Todavía está abierta a las almas grandes una vida libre. Quien poco posee corre poco peligro de ser un poseso. ¡Loada sea la humilde pobreza!

Donde termina el Estado, empieza el hombre que no es superfluo ni mediocre, la canción de lo necesario, la melodía única e insustituible.

Donde termina el Estado, ¡mirad, hermanos! ¿No veis el arco iris y los puentes hacia el superhombre?».

Así habló Zaratustra.

DE LOS TÁBANOS EN LA PLAZA

«¡Cobíjate, amigo mío, en tu soledad! Te veo anonadado por las estridencias de los grandes y te han dejado maltrecho los aguijones de los mediocres.

El bosque y la roca son buenos compañeros para tu silencio. Semeja de nuevo el árbol frondoso que amas: mudo y alerta se levanta sobre el mar.

Donde acaba la soledad empieza la plaza, y donde empieza la plaza, comienzan también las estridencias de los grandes comediantes y los zumbidos de las moscas venenosas.

En este mundo, las mejores cosas no valen nada si no viene uno a representarlas. Grandes hombres llama la gente a los que las representan.

No comprende la gente lo grande, esto es, lo creador; mas se entusiasma con todos los que ponen en escena y representan cosas grandes.

Gira el mundo —imperceptiblemente— en torno de los inventores de valores nuevos. Pero la gente y la fama giran alrededor de los actores.

Tiene el actor espíritu, pero la conciencia de su espíritu no es de fiar. Siempre cree en aquello con que logra mejor hacer creer… ¡en él!

Mañana abrazará un nuevo credo y pasado mañana otro más nuevo aún. Tiene los sentidos agudos y el olfato versátil, como la gente.

Derribar es demostrar para él. Enloquecer para él es convencer. Y la sangre la tiene por el argumento más positivo.

La verdad que solo entra en los oídos delicados, la califica él de mentira y ligereza. Solo cree en dioses que hagan ruido en el mundo.

Abundan en la plaza los bufones solemnes —y la gente se pavonea de sus grandes hombres, que son para ella los hombres del momento—.

Pero el tiempo los apremia, de ahí que te apremien. Exigen también de ti una afirmación o negación. ¡Ay! ¿Pretendes situarte entre el pro y el contra?

¡No envidies a esos incondicionales que presionan, amante de la verdad! Nunca la verdad se ha colgado del brazo con un incondicional.

A causa de esos violentos vuelve a tu caverna. Solo en la plaza se asalta con ¿sí? o ¿no?

Lenta es la experiencia de todos los pozos profundos, tardan mucho en saber lo que ha caído a su fondo.

Todo lo grande se desenvuelve alejado de la plaza y la fama, alejado de la plaza y la fama han vivido siempre los inventores de nuevos valores.

¡Refúgiate, amigo mío, en tu soledad, te veo cubierto de picaduras de tábanos venenosos! ¡Refúgiate allá donde sopla un viento frío y fuerte!

¡Refúgiate en tu soledad! Has vivido demasiado cerca de los superfluos y miserables. ¡Huye de su venganza invisible! ¡Desean vengarse de ti!

¡No levantes el brazo contra ellos! Son incontables y no te toca ser tabanero.

Innumerables son esos mediocres y miserables, y más de un soberbio edificio ha sucumbido a la acción de las gotas de lluvia y los abrojos.

Tú no eres de piedra, pero ya estás erosionado por muchas gotas. ¡Te vas a partir por la acción de muchas gotas!

Te veo agobiado por tábanos venenosos, sangrando de cien picaduras; y tu orgullo te impide enojarte siquiera.

Con todo candor se relamen en ellas de tu sangre, sedientas están de ella sus almas exangües —y así pican con toda inocencia—.

Pero tú, hombre intenso, sufres demasiado intensamente incluso de las heridas pequeñas; y antes de que te hayas repuesto, ya el mismo bicho venenoso vuelve a correr por tu mano.

Tu orgullo te impide matar a esos ávidos de sangre. ¡Pero cuidado con meterte en el fatal trance de tener que cargar con toda su venenosa injusticia!

Zumban en torno a ti incluso cuando te adulan, su elogio es impertinencia. Buscan la proximidad de tu piel y sangre.

Te adulan como si fueses un dios o un demonio, se prosternan ante ti como si fueses un dios o un diablo. ¡Qué importa! No hacen más que adular y prosternarse.

Muchas veces se hacen amables. Pero tal ha sido siempre la listeza de los cobardes. ¡Ah, los cobardes son muy listos!

Sus almas mezquinas se ocupan mucho de ti. ¡Los tienes preocupados! Lo que mucho ocupa, termina por preocupar.

Te castigan por todas tus virtudes. En el fondo solo te perdonan tus equivocaciones.

Porque eres indulgente y ecuánime dices: "Ellos no tienen la culpa de su mediocridad". Su alma mezquina en cambio piensa: "Culpa es toda grandeza".

Incluso cuando eres indulgente con ellos se sienten despachados por ti, y te pagan tu amabilidad con hostilidad encubierta.

Tu orgullo callado los enfurece: se regocijan cuando por una vez eres lo suficientemente modesto para ser vanidoso.

Lo que le notamos a uno, lo inflamamos en él. ¡Cuidado, pues, con los superfluos!

Ante ti se sienten empequeñecidos, y su mediocridad es una brasa de venganza invisible.

¿No te diste nunca cuenta de cuántas veces enmudecían cuando te acercabas a ellos y cómo se les iba la fuerza cual humo de una hoguera en trance de extinguirse?

Amigo mío, eres la mala conciencia de tus prójimos, pues son indignos de ti. De modo que te odian y quisieran chupar tu sangre.

Tus prójimos siempre serán tábanos venenosos, lo que hay de grande en ti no puede por menos de hacerlos cada vez más semejantes individuos.

¡Refúgiate, amigo mío, en tu soledad y allá donde sopla un viento fuerte y frío! No te toca ser espantador de tábanos».

Así habló Zaratustra.

De la castidad

«Amo al bosque. Es trabajoso vivir en las ciudades pues hay allí demasiados lascivos.

¿No es preferible caer en manos de un asesino que ir a parar a los sueños de una mujer lasciva?

Y mirad a esos hombres, sus miradas dicen bien a las claras que no conocen nada mejor sobre la tierra que yacer con una mujer.

El fondo de su alma es fango, ¡y peor si su fango tiene espíritu!

¡Si al menos como animales fuerais perfectos! Pero el animal es inocente.

¿Acaso os aconsejo mortificar vuestros sentidos? Os aconsejo la inocencia de los sentidos.

¿Acaso os aconsejo la castidad? La castidad es en algunos una virtud, pero en muchos, poco menos que un vicio, una tortura.

Estos practican la continencia, sí; pero la perra sensualidad asoma envidiosa en todo lo que hacen.

Hasta las alturas de su virtud y los ámbitos fríos del espíritu los sigue esta bestia y su descontento.

¡Y hay que ver cuán amablemente la perra sensualidad sabe mendigar un pedazo de espíritu cuando se le niega un pedazo de carne!

¿Que os atraen las tragedias y todo lo que desgarra el corazón? Sin embargo, desconfío de vuestra perra.

A vuestros ojos asoma la crueldad, buscáis con avidez el espectáculo del sufrimiento. ¿No se habrá disfrazado vuestra concupiscencia de compasión?

No conviene la castidad a quien soporta mal la continencia; no sea que lo arrastre al infierno, esto es, al fango y a lascivia del alma.

¿Me refiero a cosas sucias? No se me antoja esto lo peor.

No cuando el agua de la verdad es sucia, sino cuando es poco profunda, le repugna al que lo sabe zambullirse en ella.

Os propongo esta parábola: no pocos que quisieron expulsar a su demonio fueron a parar ellos mismos dentro de los puercos.[15]

Hay hombres que son castos desde lo más hondo de sus almas: son más cordiales que vosotros y su risa es más fácil y frecuente que la vuestra.

Se ríen también de su castidad y preguntan: "¿Qué es la castidad?"

¿No es ella una estupidez? Pero esta estupidez ha venido sin que la hayamos llamado.

Ofrecimos a este huésped albergue y amor, ahora convive con nosotros. ¡Puede quedarse todo el tiempo que quiera!».

Así habló Zaratustra.

15 Alude al Evangelio de San Mateo, capítulo 8, en el episodio de los demonios y los cerdos.

Del amigo

«"Aquí siempre uno es demasiado —piensa el solitario—. ¡Siempre o por uno, a la larga son dos!"

Yo y Mí están siempre empeñados en vehemente diálogo, esto sería insoportable sin un amigo.

Siempre, para el solitario, el amigo es el tercero; el tercero el flotador que impide que se vaya al fondo el coloquio de dos.

Hay demasiadas honduras, ¡ay!, para todos los solitarios. Por eso ansían un amigo y ponerse a su altura.

Nuestra fe en otros revela lo que desearíamos creer en nosotros mismos. Nuestro deseo de amistad nos delata.

Y frecuentemente uno solo quiere saltar mediante el amor por encima de la envidia. Y muchas veces uno ataca, haciéndose un enemigo, para disimular que somos vulnerables.

"¡Sé al menos mi enemigo!" —así habla la veneración verdadera que no osa solicitar amistad.

Quien quiere tener un amigo, también tiene que querer luchar por él; y para luchar, hay que poder ser enemigo.

Debe honrarse en el amigo aun al enemigo. ¿Puedes aproximarte a tu amigo sin entregarte a él?

El amigo debe ser mejor enemigo. Resistiéndole es cuando tu corazón debe estar más cerca de él.

¿No quieres presentarte vestido ante tu amigo?

¿Pretendes honrar a tu amigo ofreciéndote tal cual eres? ¡Pero maldito lo que a él le satisface esto!

Quien se da tal cual, fastidia; ¡tenéis sobrados motivos para temer la desnudez! ¡Ah, si fueseis dioses sí podríais avergonzaros de vuestra indumentaria!

Nunca te adornarás bastante para tu amigo: pues has de ser para él una flecha y un anhelo apuntados al superhombre.

¿Viste alguna vez a tu amigo en momentos en que dormía para saber qué aspecto tiene? ¿Pues qué es en cualquier otro momento el rostro de tu amigo? Es tu propio rostro reflejado en un espejo grosero e imperfecto.

¿Viste alguna vez a tu amigo cuando dormía? ¿No te aterró el aspecto que tenía entonces? ¡Oh! Amigo mío, el hombre es algo que debe ser superado.

Un amigo debe ser maestro en el arte de adivinar y de callar. No has de empeñarte en ver todo. Su sueño debe revelarte lo que tu amigo hace despierto.

Tu compasión debe ser un adivinar, para andar seguro de que tu amigo no tiene inconveniente en querer tu caridad. Quizá le agrade en ti el ojo no quebrado y la mirada de la eternidad.

La compasión con el amigo debe esconderse bajo una máscara dura, has de romperte un diente con este bocado. Así será fina y dulce tu compasión.

¿Eres para tu amigo aire puro y soledad, pan y medicina? Hay quien no puede romper sus propias cadenas y, sin embargo, redime a su amigo.

¿Eres un esclavo? En tal caso, no puedes ser amigo. ¿Eres un tirano? Siendo así, no puedes tener amigos.

Demasiado tiempo se han escondido en la mujer un esclavo y un tirano. De ahí que la mujer no esté aún capacitada para la amistad, solo conoce el amor.

En el amor de la mujer hay injusticia y ceguera para todo lo que está al margen de él. Y aun en el amor lúcido de la mujer hay todavía asalto y relámpago y noche al lado de la luz.

La mujer no está aún capacitada para la amistad. Las mujeres son como felinos y pájaros; o, en el mejor caso, como vacas.[16]

La mujer no está aún capacitada para la amistad. Pero a ver, hombres, ¿cuál de vosotros está capacitado para la amistad?

¡Cuánta miseria la vuestra, hombres, y qué avaricia la de vuestra alma! Lo que vosotros dais a vuestro amigo lo doy yo a mi enemigo, y eso sin que sea más pobre.

Existe la camaradería, ¡ojalá exista la amistad!».

Así habló Zaratustra.

---

16 El machismo de Nietzsche, como el de su compatriota Schopenhauer, es insoportable. Menos mal que Nietzsche lo arregla preguntando: Pero a ver, hombres, ¿cuál de vosotros está capacitado para la amistad?

De las mil metas y la única meta

«Muchos países y pueblos ha conocido Zaratustra; así, descubrieron el bien y el mal de muchos pueblos. No ha encontrado Zaratustra sobre la tierra potencia más grande que el bien y el mal.

Ningún pueblo podría vivir sin antes haber valorado. Mas para sobrevivir, no debe valorar del mismo modo que el vecino.

He encontrado que mucho de lo que apreciaba tal pueblo, lo tenía tal otro por ridículo y maligno. He encontrado que mucho de lo que en tal país era tachado de malo, disfrutaba en tal otro de honores de púrpura.

Jamás se entendían los pueblos vecinos. Siempre los pueblos se sorprendían unos de la superstición y perfidia de otros.

Una tabla de valores está suspendida sobre cada pueblo. ¡Atención!: es la tabla de sus vencimientos de sí mismo. ¡Atención!: es la voz de su voluntad de poder.

Le parece encomiable lo que se le antoja difícil, lo imprescindible y difícil lo tiene por bueno, y lo que saca aún del trance más grave, lo raro y más difícil, lo tiene por santo.

Lo que le permite dominar y vencer y brillar, con espanto y envidia de su vecino, es para él lo sublime, lo primordial, supremo, el sentido de todas las cosas.

Una vez que conozcas, hermano, la necesidad y la tierra, el cielo y al vecino de tal pueblo, adivinas la ley de sus superaciones de sí mismo y por qué por esta gradería trepa en pos de su esperanza.

"Debes ser siempre el primero y sobresalir entre los demás. Tu alma celosa no debe amar a nadie más que al amigo". Esta idea hizo estremecer el alma de los griegos, así recorrieron la senda de la grandeza.

"Decir la verdad y manejar con destreza el arco y la flecha". Tal fue el precepto a la vez grato y arduo del pueblo del que proviene mi nombre (el persa), el nombre que me es a la vez grato y arduo.

"Honrarás a tu padre y a tu madre y los obedecerás incondicionalmente". Esta tabla de valores la suspendió sobre sí otro pueblo y así se hizo poderoso y eterno (el judío).

"Practica la lealtad y sacrifica por ella el honor y la sangre, hasta en aras de causas malas y peligrosas". Fijándose este precepto se dominó otro pueblo, y dominándose así se tornó grávido y henchido de grandes esperanzas (el alemán).

Los hombres mismos se han fijado todo su bien y mal. No lo recibieron, no lo hallaron; no les cayó, como voz, del cielo. ¡Solo el hombre, ansioso de sobrevivir, implantó su valor a las cosas! ¡Solo el hombre confirió a las cosas un sentido, un sentido para los hombres! Es el ser que valora.

Valorar es crear. ¡Escuchadlo, hombres creadores! El valorar mismo es el tesoro y la joya de todas las cosas valoradas.

Solo en cuanto se valora, existe valor. Si no se valorase, la nuez de la existencia estaría vacía. ¡Escuchadlo, nota de ello, hombres creadores!

Cambio de los valores, he aquí el cambio de los hombres creadores. Siempre aniquila quien ha de ser un creador.

Primero crearon los pueblos, solo más tarde los individuos; el individuo es la creación más reciente.

En un tiempo los pueblos suspendieron sobre sí una tabla del bien. El amor ansioso de mandar y el amor ansioso de obedecer crearon conjuntamente tales tablas.

Anterior al deleite del yo es el deleite en el rebaño, y mientras la buena conciencia se llame "rebaño" solo la mala conciencia dice "yo".

El astuto y frío yo que busca su satisfacción en la satisfacción colectiva no es el origen del rebaño, sino su decadencia.

Todo bien y mal ha sido creado por hombres amantes y creadores. En los nombres de todas las virtudes arden la llama del amor y la llama de la ira.

Muchos países y pueblos ha conocido Zaratustra. No ha encontrado Zaratustra sobre la tierra potencia más grande que las obras de los amantes, obras que se llaman "bien" y "mal".

Un monstruo es el poder de este elogiar y censurar. ¿Quién puede dominarlo, hermanos? ¿Quién sujeta esta bestia por sus mil cervices?

Mil metas ha habido hasta ahora, puesto que ha habido mil pueblos. Solamente falta la cadena que sujete las mil cervices, falta la meta única. Todavía la humanidad carece de meta.

A ver, hermanos, si a la humanidad le falta todavía meta, ¿no falta entonces ella misma todavía?».[17]

Así habló Zaratustra.

Del amor al prójimo

«Vosotros os apretujáis al prójimo, actitud que celebráis con hermosas palabras. Pero yo os digo que vuestro amor al prójimo es vuestro mal amor a vosotros mismos.

Os refugiáis en el prójimo huyendo de vosotros mismos y pretendéis hacer de esto una virtud, pero a mí no me engaña vuestro "altruismo".

El "tú" es anterior al "yo"; el "tú" está santificado, pero el "yo" todavía no. Así, el hombre corre hacia el prójimo.

¿Acaso os aconsejo amar al prójimo? ¡Antes bien os aconsejo huir del prójimo y amar lo más lejano! (El Superhombre).

Por encima del amor al prójimo está el amor a lo más lejano y por venir; yo antepongo el amor a los hombres, el amor a las cosas y los fantasmas.

Ese fantasma que corre delante de ti, hermano, es más bello que tú; ¿por qué no le das tu carne y tus huesos? Pero te asustas y corres a juntarte a tu prójimo.

No soportáis a vuestra propia persona y no os amáis lo suficiente; pretendéis inducir al prójimo al amor y hacer de su error vuestra justificación.

17 Tengamos en cuenta hoy las tres transformaciones: el camello "conoce la necesidad de un pueblo" y "la ley de sus superaciones"; el león "aniquila" dicha ley; el niño "crea" un nuevo bien y un nuevo mal. La meta será el Superhombre.

Ojalá no soportarais a tanto prójimo y sus vecinos; entonces tendríais que crear de vosotros mismos a vuestro amigo y su corazón ardiente.

Buscáis un testigo cuando queréis hablar bien de vosotros; y cuando lo habéis inducido a pensar bien de vosotros, vosotros mismos pensáis bien de vosotros.

No miente solo el que habla contrariando su propio saber, sino, sobre todo, el que habla contrariando su propio no saber. Y así habláis de vosotros en el trato con los hombres, mintiendo sobre vosotros a vuestro vecino.

Dice el necio: "El trato con los hombres echa a perder el carácter, sobre todo cuando se es un hombre sin carácter".

Unos van a juntarse al prójimo porque se buscan a sí mismos y otros, porque quisieran huir de sí mismos. Vuestro mal amor a vuestra propia persona convierte vuestra soledad en una cárcel.

Los lejanos sufren las consecuencias de vuestro amor al prójimo; y ya cuando os juntáis en número de cinco, un sexto tiene que morir.

No me gustan tampoco vuestras fiestas, he encontrado allí demasiados comediantes, e incluso los espectadores se comportaban con frecuencia como si fuesen comediantes.

Yo no os enseño el prójimo, sino el amigo. El amigo ha de ser para vosotros la fiesta de la tierra y un atisbo del Superhombre.

Os enseño el amigo y su corazón rebosante. Mas tiene que saber ser esponja quien quiere ser amado por corazones llenos a rebosar.

Os enseño el amigo en el que el mundo se encuentra ya acabado, una fuente llena del bien, el amigo que en todo momento está pronto a brindar un mundo completo.

Y así como se le desarrolló el mundo, se le arrolla de nuevo en anillos; como origen del bien en el mal, como origen de los fines en el azar.

Lo futuro y más lejano ha de ser la razón de ser de tu presente: en tu amigo debes amar al Superhombre como tu razón de ser.

Yo no os aconsejo el amor al prójimo, hermanos; os aconsejo el amor a lo más lejano».

Así habló Zaratustra.

De los caminos del hombre creador

«¿Te propones, hermano, retirarte a la soledad? ¿Te propones buscar el camino que te conduzca a ti mismo? Detente un poco y escúchame.

Dice el rebaño: "El que busca, fácilmente se pierde a sí mismo. Todo aislamiento es culpa". Y durante mucho tiempo formaste parte del rebaño.

También en ti seguirá hablando la voz del rebaño. Y cuando digas: "Mi conciencia ya no es la vuestra colectiva", tus palabras sonarán como quejas de lamento y de dolor.

Mira que este mismo dolor será un eco de esa conciencia colectiva, y en tu tribulación brillarán todavía los últimos reflejos de dicha conciencia.

Pero, ¿te propones recorrer el camino de tu tribulación, que es el camino que ha de conducirte a ti mismo? ¡Demuéstrame entonces tu derecho y fuerza para tentar empresa de esta envergadura!

¿Eres una fuerza nueva y un derecho nuevo? ¿Un movimiento originario? ¿Una rueda que gira por sí misma? ¿Eres capaz de obligar a las estrellas a rodar alrededor de ti?

¡Ay, abunda mucho la concupiscencia de lo alto! ¡Abundan mucho los aspavientos de los ambiciosos! ¡Demuéstrame que no figuras entre los codiciosos y los ambiciosos!

¡Ay, abundan los grandes pensamientos que no hacen más que cualquier fuelle: inflando vacían!

¿Te llamas libre? Me interesa tu idea dominante, no que te has escapado de un yugo determinado.

¿Eres uno de esos que *tienen derecho* a deshacer un yugo? Más de uno repudió su único valor al escapar de su servidumbre.

¿Libre de qué? ¡Qué le importa esto a Zaratustra! Tus ojos han de pregonar con gallardía: ¿libre *para qué?*

¿Eres capaz de prescribirte por ti mismo tu bien y tu mal y suspender sobre ti la ley de tu propia voluntad? ¿Eres capaz de ser tu propio juez y el guardián de tu propia ley?

¡Terrible es el estar a solas con el juez y guardián de la propia ley! Es como cuando una estrella es proyectada dentro del espacio pavoroso y el soplo helado de la soledad.

Por tu soledad, hoy sufres aún por la muchedumbre, hoy conservas todavía tu valor y tus esperanzas.

Pero llegará un día en que te fatigará la soledad, en que se curvará tu orgullo y gemirá tu valor. Llegará un día en que gritarás: "¡Estoy solo!"

Llegará el día en que habrás perdido de vista tu altura, tu bajeza la contemplarás cerca de ti, y tu misma sublimidad te espantará como si fuese un espectro. Llegará un día en que gritarás: "¡Todo es falso!"

¡Sentimientos hay empeñados en matar al hombre solitario! Si no lo consiguen, ¡ellos mismos tienen que morir! Pero, ¿eres capaz de ser un asesino?

¿Conoces ya, hermano, la palabra "desprecio"? ¿Y el sufrimiento de tu justicia que consiste en hacer justicia a los que te desprecian?

Obligas a muchos a cambiar de opinión respecto de ti, por eso están coléricos contigo. Te acercaste a ellos y sin embargo pasaste de largo, esto no te lo perdonan.

Te elevas por encima de ellos. Pero cuanto más alto subes, el ojo de la envidia te ve cada vez más pequeño. Y el odio más enconado se ceba en el que vuela.

"¡Cómo podríais vosotros ser justos conmigo!", debes escoger: "Elijo vuestra injusticia como la parte que me corresponde".

Arrojan injusticia e inmundicia al hombre solitario; pero no por eso has de brillar menos para ellos si quieres iluminarles, hermano.

¡Y cuidado con los buenos y justos! Están prontos a clavar en la cruz a quienes se inventan su propia virtud; odian al hombre solitario.

¡Cuidado también con la santa simplicidad! Repudia ella todo lo que no es ingenuo, y le gusta jugar con el fuego de las hogueras para quemar hombres.

¡Y cuidado, por último, con los asaltos de tu amor! Demasiado presto es el solitario en tender la mano al que encuentra en su camino.

Gentes hay a las que no debes tender la mano, sino la pata; y que tu pata tenga una garra con las uñas bien afiladas.

Pero el peor enemigo que pueda salirte al paso serás siempre tú mismo, tú mismo te acechas en cavernas y bosques.

¡Solitario sigues el camino que ha de conducirte a ti mismo! ¡Y por este camino pasas junto a ti mismo y tus siete demonios!

Te aparecerás a ti mismo como un hereje, un brujo, un adivino, un loco, un escéptico, un depravado y un malvado.

Debes tener la voluntad de consumirte en tu propia llama. ¡Cómo podrías renacer sin antes haber quedado reducido a ceniza!

¡Solitario, recorres el camino del creador! ¡Quieres crearte un Dios con tus siete demonios!

¡Solitario, recorres el camino del amante! Te amas a ti mismo, y así te desprecias como solo desprecian los que aman.

¡El enamorado desea crear, porque desprecia! ¡Qué sabe del amor quien no ha tenido que despreciar precisamente lo que amaba!

Vete a tu soledad, hermano, llevando contigo tu amar y tu crear; solo mucho más tarde te seguirá la justicia cojeando.

Retírate a tu soledad, hermano, llevando contigo mis lágrimas. Amo al que quiere superarse creando y así se encamina a su muerte».

Así habló Zaratustra.

DE LAS MUJERES VIEJAS Y JÓVENES

«¿Por qué te deslizas tan ocultamente por el crepúsculo, Zaratustra? ¿Y qué es lo que llevas escondido bajo el manto con tanto cuidado?

¿Es un tesoro que te han regalado? ¿Es una criatura que te ha nacido? ¿O es que tú mismo, amigo de los malos, andas ahora por los caminos de los que codician los bienes ajenos?».

«En efecto, hermano —respondió Zaratustra—, es un tesoro que me han regalado; se trata de una pequeña verdad la que traigo.

Pero es revoltosa como una criatura, y si no le tapo la boca, chilla que te chilla.

Cuando hoy, a la hora del ocaso, recorría solito mi camino, encontré a una vieja, que habló a mi alma como sigue:

"Mucho nos has hablado Zaratustra, incluso a nosotras las mujeres, pero jamás nos has hablado de la mujer."

Y le respondí: "Sobre la mujer ha de hablarse únicamente a los hombres".

"Háblame también a mí sobre la mujer —insistió ella—. Soy lo bastante vieja para olvidar al momento tus palabras."

Y accediendo al ruego de la vieja mujer le hablé como sigue:

"Todo en la mujer es un enigma, y todo en la mujer tiene una sola solución: el embarazo.

El hombre es para la mujer un medio, el fin es siempre el hijo. Pero, ¿qué es la mujer para el hombre?

Dos cosas quiere el hombre de verdad: el peligro y el juego. Por eso quiere a la mujer, que es el juguete más peligroso.

El hombre debe ser educado para la guerra y la mujer para reposo del guerrero, todo lo demás son zarandajas.

No quiere el guerrero los frutos demasiado dulces. Por eso quiere a la mujer: aun la mujer más dulce amarga.

Mejor que el hombre, entiende a los niños la mujer; pero el hombre es más niño que la mujer.

En el hombre de verdad hay un niño que quiere jugar. ¡Ea, mujeres, descubrid el niño que hay en el oponente masculino!

La mujer debe ser un juguete limpio y fino cual la piedra preciosa, adornado de las virtudes de un mundo por venir.

¡En vuestro amor, mujeres, debe brillar el rayo de una estrella! Vuestra esperanza ha de ser esta: '¡Qué de mis entrañas salga el superhombre!'

¡En vuestro amor debe haber valentía! ¡Con vuestro amor debéis hacer frente al que os infunde temor!

¡En vuestro amor debe estar vuestro honor! Poco sabe la mujer del honor; que vuestro honor sea amar siempre más de lo que sois amadas y no quedar nunca en retrasadas.

Debe temer el hombre a la mujer amante, no retrocede ella ante ningún sacrificio y fuera de su amor nada tiene valor para ella.

Debe temer el hombre a la mujer encolerizada de odio, pues en el fondo del alma el hombre es tan solo maligno, pero la mujer es mala.

¿A quién odia la mujer más enconadamente? —dijo el hierro al imán: 'A ti te odio más, pues atraes pero no eres lo suficientemente fuerte para retener junto a ti'.

La felicidad del hombre dice: yo quiero. La felicidad de la mujer dice: él quiere.

'¡En este instante el mundo ha alcanzado la perfección!' —así piensa toda mujer cuando obedece por amar de todo corazón.

Y la mujer debe obedecer y hallarle una profundidad a su superficie. El alma de la mujer es una superficie, una película movediza y agitada que sobrenada en aguas poco profundas.

El alma del hombre, en cambio, es profunda; su torrente se precipita por grutas subterráneas. La mujer presiente su fuerza, pero no la comprende."

Entonces, me dijo la vieja: "Muchas cosas hermosas dice Zaratustra, sobre todo para la gente joven.

Es curioso; poco conoce Zaratustra las mujeres, y sin embargo, lo que dice sobre ellas es muy cierto. ¿Será porque en la mujer nada es imposible? Acepta de mí en señal de gratitud, una pequeña verdad. ¡Seré lo suficientemente vieja para haberla averiguado!

Envuélvela bien y tápale la boca; o si no, pregonará esta pequeña verdad."

"¡Venga, mujer, tu pequeña verdad!", dije yo. Y la vieja habló como sigue:

"¿Vas a juntarte a mujeres? Pues, ¡no te olvides del látigo!"[18]».

Así habló Zaratustra.

DE LA PICADURA DE LA VÍBORA

Un día muy caluroso, Zaratustra se había dormido al pie de una higuera y cubriéndose la cara con los brazos una víbora le mordió en el cuello; así que Zaratustra se despertó lanzando un agudo grito de dolor. Cuando hubo apartado el brazo de la cara, miró la serpiente; entonces esta reconoció el mirar de Zaratustra y se retorció torpemente con ánimo de alejarse.

«¡No te vayas! —dijo Zaratustra—, que no te he dado aún mi agradecimiento. Me despertaste oportunamente, pues aún me queda un largo camino por recorrer».

«Te queda ya muy poco camino por recorrer —le contestó la víbora, con tristeza—. ¡Mi veneno mata!».

Se sonrió Zaratustra y dijo: «Jamás un dragón sucumbió al veneno de una serpiente. ¡Pero toma de nuevo tu veneno, que no eres lo suficientemente rica para regalármelo!».

Entonces, la víbora volvió a enroscársele al cuello y le lamió la mordedura.

Cuando Zaratustra contó lo ocurrido a sus discípulos, le preguntaron: «¿Y cuál es la moraleja de tu historia?».

Habló entonces Zaratustra de la siguiente forma:

«Los buenos y justos me acusan de destruir la moral, mi historia es inmoral.

18 Elogios a las virtudes de las mujeres y a sus cualidades se mezclan con el exasperante machismo nietzscheano.

Cuando tengáis un enemigo que os haya hecho mal, no paguéis el mal con el bien, pues tal conducta lo confundiría; sino demostrad que os ha hecho bien.

¡Antes que confundirlo, estad enojados con él! Y no me gusta que paguéis la maldición con la bendición. ¡Más vale que maldigáis al que os ha maldecido!

¡Y cuando se ha cometido con vosotros una gran injusticia, agregad rápidamente cinco pequeñas por vuestra parte! Terrible es el espectáculo del que lleva solo la carga de la injusticia.

¿No conocéis eso de que injusticia de muchos, justicia de todos? ¡Y debe cargar con la injusticia *aquel* capaz de llevar su carga!

Más humana que la renuncia a la venganza es la pequeña venganza. Y si el castigo no es también derecho y honor del transgresor, repudio también vuestro castigo.

Repudio vuestra fría justicia, a los ojos de vuestros jueces aparece siempre el verdugo y su frío acero.

¿Dónde se da la justicia que es amor comprensivo?

¡Inventad la justicia que absuelva a todo el mundo, menos a los que la juzgan!

Habéis de saber que en el que aspira a la justicia absoluta, hasta la mentira se torna en afabilidad con los hombres.

Pero, ¡cómo podría yo lograr la justicia absoluta! ¡Como podré dar a cada cual lo suyo! Básteme dar a cada cual lo mío.

Por último, hermanos, ¡cuidado con ser injustos con los eremitas! ¿Cómo se quiere que olvide un eremita, ya que no puede corresponder?

Es el eremita como un pozo profundo. Es fácil echarle piedras, pero una vez que han caído al fondo ya no hay manera de sacarlas.

¡Guardaos de agraviar al eremita! ¡Pero si lo hubierais agraviado, matadlo también!».

Así habló Zaratustra.

De los hijos y del matrimonio

«Voy a hacerte, hermano, una pregunta para ti solo. Cual una sonda la arrojo a tu alma para averiguar su profundidad.

Eres joven y esperas casarte y tener hijos. Pero, ¿tú tienes *derecho* a aspirar a la paternidad?

¿Eres el triunfador, el vencedor de ti mismo, el amo de tus sentidos, el señor de tus virtudes? Así te pregunto.

¿O traduce tu deseo el instinto animal y la necesidad física? ¿O la soledad? ¿O acaso tu descontento contigo mismo?

Quiero que tu victoria y tu libertad deseen un hijo. Debes erigir monumentos vivientes a tu victoria y tu liberación.

Debes superarte construyendo. Pero antes tú mismo debes ser un edificio bien construido en cuerpo y alma.

¡Tu procrear debe ser un crear algo superior a ti! ¡Para esto ha de valerte el matrimonio!

Debes crear un cuerpo superior, un movimiento inicial, una rueda que gire espontáneamente —debes crear un creador—.

Llamo yo al matrimonio la voluntad de dos de crear el uno que sea superior a los que lo crearon. Llamo yo al matrimonio el mutuo respeto reverente de dos que se saben impulsados por igual voluntad.

Tal debe ser el sentido y la verdad de tu matrimonio. Pero lo que el montón de los superfluos llama matrimonio, ¡ay!, ¿cómo he de llamarle yo a eso?

¡Ay, de esa pobreza a dúo del alma! ¡Ay, de esa suciedad a dúo del alma! ¡Ay, de ese contento vil o bienestar de dos!

A todo esto le llaman matrimonio, ¡y dicen que el cielo bendice su unión!

¡Pues yo repudio este cielo de los débiles! ¡Repudio a estos animales presos en la red celestial!

¡Y no quiero tampoco saber nada del dios que acude en mala hora a bendecir lo que no ha unido!

¡No os riais de tales matrimonios! ¿Para qué hijo no son sus padres cosa de llorar a lágrima viva?

Un hombre se me aparecía digno y a la altura del sentido de la tierra: pero cuando vi a su mujer, la tierra se me apareció como morada de gentes insensatas.

Quisiera que la tierra se estremeciera presa de convulsiones cuando se juntan un santo y una vaca.

Tal hombre se lanzó cual un héroe en pos de la verdad y terminó por conquistar una mentirilla engalanada, la llama su matrimonio.

Aquel otro era esquivo en el trato de los hombres y seleccionaba con arreglo a un gusto selecto. Pero de pronto perdió para siempre su buena compañía, le llama a esto matrimonio.

Muy expertos y listos se me aparecen ahora todos los compradores. Pero aún el más listo compra su mujer a ciegas.

Muchas locuras breves, he aquí lo que llamáis amor. Y vuestro matrimonio culmina muchas locuras breves en una larga estupidez.

Vuestro amor a la mujer y el amor de la mujer al hombre, ¡ojalá fuera compasión entre dioses dolientes que sufren en secreto! Pero en general se trata de dos animales que se encuentran.

Incluso vuestro mejor amor es tan solo alegría extasiada y ardor penoso. Es una antorcha que ha de guiar vuestro paso hacia caminos más elevados.

¡Un día vuestro amor ha de ser superación! ¡*Aprended* pues a amar! Para este fin habréis tenido que apurar el cáliz amorfo de vuestro amor.

Aun el mejor amor es un cáliz de amargura. ¡Así provoca anhelo del superhombre, así es como excita tu sed, hombre creador!

Sed para el hombre creador, flecha y anhelo apuntados hacia el Superhombre. Dime, hermano, ¿es esta la voluntad que te impulsa al matrimonio?

Santas son entonces tal voluntad y tal matrimonio».

Así habló Zaratustra.

DE LA MUERTE LIBRE

«Muchos mueren demasiado tarde y otros demasiado pronto. Todavía no está vigente la doctrina del "morir a tiempo".

Morir a tiempo, he aquí lo que enseña Zaratustra.

Claro que, ¿cómo se quiere que muera a tiempo quien nunca ha vivido a tiempo? Más valiera que no hubiera nacido. He aquí que Zaratustra aconseja a los débiles. Pero hasta los débiles dan importancia a su muerte. Aun la nuez más vacía quiere ser cascada.

Todos toman en serio la muerte, pero todavía la muerte no es una fiesta. Todavía los hombres no saben santificar las fiestas más bellas.

Yo os muestro la muerte bienhechora que se convierte en estímulo y solemne promesa de los vivos.

Muere su propia muerte, bienhechora el hombre, triunfante, rodeado de esperanzas y solemnes promesas.

Así debiera aprenderse a morir. ¡Y debiera no haber fiesta sin que un moribundo así no consagrase los juramentos de los vivos!

Morir así es lo mejor; o si no así, morir luchando y prodigando un alma grande.

Odiosa es al luchador y al triunfador por igual, vuestra muerte asquerosa que se acerca a escondidas como un ladrón —y sin embargo viene como dueña de vuestra vida—.

Os ensalzo la muerte mía, la muerte soberana que vendrá cuando a mí me plazca.

¿Y cuándo querré que venga? Quien tiene un objetivo y un heredero, quiere morir a tiempo por la meta y por el heredero.

Y por respeto reverente al objetivo y al heredero, no colgaré más coronas marchitas en el santuario de la vida.

No quiero asemejarme a los cordeleros, que estiran su hilo caminando para atrás.

Sí uno llega a tan viejo ya no es edad la suya ni para sus verdades y sus victorias; la boca desdentada ya no tiene derecho a decir todas las verdades.

Y el que apetezca la gloria debe despedirse a tiempo del honor y dominar el arte difícil de irse a tiempo.

Hay que dejar de ser bocado en el momento en que se alcanza la plena sazón, esto lo saben todos los que desean ser amados durante largo tiempo.

Existen, por cierto, manzanas agrias a las que toca aguardar hasta el día último del otoño; así que maduran, se ponen amarillas y se pudren a un tiempo.

En unos, lo primero que envejece es el corazón y en otros, el espíritu. Y hay quien ya en sus mocedades es un viejo, mas la juventud tardía significa una juventud larga.

A algunos se les malogra la vida, un gusano venenoso les roe el corazón. Vean, pues, que tanto mejor recibida les resulte la muerte.

Algunos no llegan a madurar y se pudren en pleno verano. De puro cobardes continúan suspendidos de su rama.

Demasiados viven, y demasiado tiempo están colgados de su rama. ¡Que se desate un temporal y arranque del árbol a todos esos podridos y carcomidos!

¡Que vengan predicadores de la muerte *rápida!* ¡No hay como ellos para aventar fuerte y sacudir los árboles de la vida! Pero solo oigo predicar la muerte lenta y la paciencia con las cosas terrenales.

¡Ah!, ¿predicáis la paciencia con las cosas terrenales? ¡Pues resulta que las cosas terrenales tienen demasiada paciencia con vosotros, malas víboras!

Prematuramente murió aquel hebreo al que rinden culto los predicadores de la muerte lenta, y desde entonces su muerte prematura ha resultado una fatalidad para todos.

Cuando ese hebreo, Jesús, todavía no conocía sino las lágrimas y la tristeza de los hebreos, amén del odio de los buenos y justos, lo arrebató el ansia de morir.

¡Ojalá se hubiera quedado en el desierto, lejos de los buenos y justos! Quizás hubiera aprendido a vivir y a amar la tierra, ¡y a reír!

¡En verdad os digo, hermanos, que murió demasiado pronto! ¡Él mismo se hubiera retractado de su doctrina si hubiese llegado a viejo como yo! ¡No le faltaba, por cierto, nobleza para retractarse!

Pero no había alcanzado todavía la madurez. Falto de madurez es el amor del joven, y también su odio a los hombres y a la tierra. Su ánimo y el ala de su espíritu están todavía atados y torpes.

El hombre maduro es más niño que el joven y hay en él menos tristeza; él entiende mejor de la muerte y de la vida.

Libre para la muerte y libre en la vida; pronto oímos al santo decir ¡no! cuando ya no es tiempo de decir ¡sí!: así entiende mejor de la muerte y de la vida.

Vuestro morir no debe ser una blasfemia al hombre y la tierra, he aquí lo que pido de la miel de vuestra alma.

En vuestra muerte deben aún brillar vuestro espíritu y vuestra virtud cual fuego vespertino que tiñe de oro la tierra; o si no, la muerte os ha salido mal.

Así quiero morir yo mismo para que vosotros, amigos míos, améis por mí a la tierra con un amor más entrañable; y quiero volver al seno de la tierra para descansar en la que me engendró.

Un blanco tenía Zaratustra y hacia él arrojó su pelota; ahora vosotros, amigos míos, recogéis la herencia de mi blanco y os arrojo la pelota de oro.

¡Nada me gusta tanto como veros lanzar, amigos míos, la pelota de oro! Así que permanezco todavía un poco sobre la tierra. ¡Perdonad!».

Así habló Zaratustra.

DE LA VIRTUD DADIVOSA

1

Cuando Zaratustra se hubo despedido de la ciudad con la que estaba encariñado, y que se llamaba "La Vaca Multicolor o Manchada", lo acompañaron muchos que se proclamaban sus discípulos. Llegaron así a una encrucijada y Zaratustra les manifestó que entonces quería caminar solo pues le gustaba andar en soledad. Sus discípulos le ofrecieron, a modo de recuerdo de despedida, un bastón cuyo puño de oro estaba labrado en forma de una serpiente arrollada al sol. Aceptó Zaratustra complacido el bastón y se apoyó en él, luego habló a sus discípulos como sigue:

«¿Cómo llegó el oro a ser el valor supremo? Porque no es raro e inútil y reluce con suave brillo, brindándose siempre.

Solo encuentro reflejo de la virtud suprema, el oro llegó a ser el valor supremo, cual oro reluce la mirada del hombre que brinda. Brillo de oro media entre la luna y el sol.

La virtud suprema no es vil ni útil, y resplandece con suave brillo. La virtud dadivosa es la virtud suprema.

Leo en vuestros corazones, mis discípulos: aspiráis como yo a la virtud dadivosa. ¿Qué tendríais en común con los gatos y los lobos?

Vuestra ansia es ser vosotros mismos ofrenda y dádiva, por esto no os cansáis de acumular todas las riquezas en vuestra alma.

Insaciable codicia vuestra alma tesoros y joyas, pues vuestra virtud es insaciable en su afán de regalar. Absorbéis todas las cosas, para que broten de vuestro caudal como dádivas de vuestro amor.

Tal amor ansioso de brindar llega a pillar todos los valores, pero sano y santo se me antoja este egoísmo.

Existe otro egoísmo, harto miserable y hambriento, siempre pronto a hurtar: el egoísmo de los enfermos, el egoísmo enfermo.

Con los ojos del ladrón mira él todo lo que brilla, con la avidez del hambriento clava su mirada en el que come bien y constantemente ronda la mesa de los generosos.

Tal codicia y degeneración invisibles dicen de enfermedad, de un cuerpo achacoso dice la avidez ladrona de este egoísmo.

¿Qué tenemos por malo y pésimo, hermanos? ¿No es la degeneración? Y donde falta el alma altruista sospechamos siempre la *degeneración*.

Nos elevamos del género humano hacia el supergénero. Sentimos horror al espíritu degenerador que dice: "Todo para mí".

Se eleva nuestro espíritu, así es símbolo de nuestro cuerpo, símbolo de una elevación. Símbolos de tales elevaciones son los nombres de las virtudes.

Atraviesa el cuerpo por la historia como un devenir y un luchar. Y el espíritu, ¿qué es para él? Heraldo, compañero y eco de sus luchas y sus triunfos.

Símbolos son todos los nombres del bien y el mal; no expresan, tan solo hacen señas. Solo el estúpido pretende arrancarles ciencia.

Prestad atención, hermanos, a toda hora en que vuestro espíritu quiere hablar a través de símbolos; tal es el origen de vuestra virtud.

En tales horas vuestro cuerpo está elevado y regenerado; su belleza extasía al espíritu, llevándole a crear y ponderar y amar y ser el bienhechor de todas las cosas.

Cuando vuestro corazón se desborda cual anchuroso río, bendición y peligro para el ribereño: tal es el origen de vuestra virtud.

Cuando estáis por encima de la alabanza y de la censura, y vuestra voluntad quiere dar órdenes a todas las cosas con voluntad de amante: tal es el origen de vuestra virtud.

Cuando despreciáis lo agradable y la molicie y huis de los débiles: tal es el origen de vuestra virtud.

Cuando sois portadores de *una única* voluntad soberana: tal es el origen de vuestra virtud.

¡Es ella un nuevo bien y mal! ¡Es ella una nueva y caudalosa corriente y la voz de fuente nueva!

Esta nueva virtud es el poder; es un pensamiento dominante y, arrollado a él, un alma sabia: un sol de oro y, arrollado a él, la serpiente del conocimiento».

2

Se calló Zaratustra unos instantes y fijó una mirada cariñosa en sus discípulos. Luego prosiguió hablando con voz transformada:

«¡Permaneced fieles a la tierra, hermanos, con las fuerzas de vuestra virtud! ¡Vuestro amor generoso y vuestro conocimiento deben servir el sentido de la tierra! Os lo ruego y a ello os conjuro.

¡No permitáis que alcen el vuelo, abandonando las cosas terrenales, y con sus alas golpeen contra paredes eternas! ¡Ay, en todo tiempo ha habido mucha virtud que volando se perdió!

¡Conducid, como yo, la virtud extraviada de vuelta a la tierra, de vuelta al cuerpo y a la vida; para que dé a la tierra su sentido, un sentido de humano!

De cien maneras así se perdieron y extraviaron hasta ahora el espíritu y la virtud. ¡Ay, todavía está alojada en nuestro cuerpo toda esta ilusión y aberración: en él se ha hecho carne y voluntad!

En mil formas así se ensayaron y perdieron hasta ahora el espíritu y la virtud. Sí, un ensayo ha sido el hombre. ¡Ay, cuánta ignorancia y error se han hecho carne en nosotros!

No solo la razón, sino también la locura de milenios se ha declarado en nosotros. Peligroso es ser heredero

Todavía combatimos paso a paso con el coloso Azar y la humanidad toda ha sido gobernada hasta ahora por el absurdo.

Vuestro espíritu y vuestra virtud, hermanos, han de servir el sentido de la tierra; ¡y que todo valor de las cosas sea establecido en adelante por vosotros! ¡Por eso debéis luchar! ¡Por eso debéis crear!

Sabiendo, se purifica el cuerpo; ensayando mediante el saber, se enaltece; se santifican todos los instintos del conocimiento, al enaltecido se le torna alegre el alma.

Médico, ayúdate a ti mismo: así ayudarás también a tu enfermo. La mejor ayuda que reciba el paciente ha de ser el ejemplo de quien se cura a sí mismo.

Existen mil sendas jamás recorridas, mil formas de salud e islas recónditas de la vida. El hombre y la tierra de los hombres no están agotados, ni descubiertos todavía.

¡Vigilad y prestad atención, hombres solitarios! Del futuro llegan vientos con silencioso batir de alas y a oídos finos se anuncia buena nueva.

Los que hoy sois solitarios y vivís apartados, un día seréis un pueblo; de vosotros que os habéis elegido, surgirá un pueblo elegido[19] y de él, el superhombre.

¡Día llegará en que la tierra será asiento de la salud! ¡Ya la envuelve un efluvio nuevo portador de salvación, una esperanza nueva!».

3

Zaratustra se calló después de haber dicho este discurso, como uno que no ha dicho aún su última palabra y durante largo tiempo sopesó el bastón en la mano con aire dubitativo. Al fin continuó con voz cambiada:

«¡Continuaré ahora solo mi camino, discípulos míos! ¡Marchaos también vosotros solos por el vuestro! Tal es mi voluntad.

Os aconsejo apartaros de mí, guardaos de Zaratustra. Mejor incluso: ¡avergonzaos de él! Quién sabe si no os ha engañado.

El sabio debe no solamente saber amar a sus enemigos, sino también saber odiar a sus amigos.

Mal agradece al maestro quien nunca pasa de discípulo. ¿Y por qué no os aplicáis a hurtarme prestigio?

Me veneráis, pero, ¿y si un día se derrumba vuestra veneración? ¡Cuidado con perecer aplastados bajo una estatua!

¿Decís que creéis en Zaratustra? Pero, ¿y qué más da?

¿Decís que creéis en Zaratustra? Pero, ¿y qué importa Zaratustra? Sois mis creyentes; pero, ¿y qué importan los creyentes?

19 Recuerda al pueblo bíblico de Israel.

Cuando aún no os habíais buscado a vosotros mismos, me encontrasteis a mí. Así ocurre con todos los fieles, de ahí que la fe valga tan poco.

Ahora os pido perderme y encontraros a vosotros mismos. Solo cuando me hayáis renegado volveré a estar con vosotros.

Con otros ojos, hermanos, buscaré entonces a los que he perdido; con amor distinto os amaré entonces.

Y llegará el día en que seréis mis amigos y los hijos de *una única* esperanza; entonces estaré con vosotros por tercera vez, para celebrar en vuestra compañía el gran mediodía.

El gran mediodía habrá llegado cuando el hombre haya recorrido la mitad del camino que conduce del animal al superhombre y celebre su marcha hacia el ocaso como su suprema esperanza, por ser la marcha hacia una nueva mañana.

Entonces, el hombre bendecirá su ocaso porque tras él ha de venir un nuevo mediodía; y el sol de su conocimiento estará en el cenit.

"Han muerto todos los dioses; ¡viva el superhombre!". ¡Tal deberá ser nuestra última voluntad cuando llegue el gran mediodía!».

Así habló Zaratustra.

Segunda parte

«...solo cuando me hayáis despreciado volveré a estar con vosotros. Con ojos diferentes, hermanos, buscaré entonces a los que he perdido; con otra clase de amor os amaré entonces».

Zaratustra, «De la virtud dadivosa» (I, pág. 85).

El niño y el espejo

Volvió Zaratustra a la montaña y a la soledad de su caverna y se aisló de los hombres, esperando como espera el sembrador que ha echado la simiente[20]. Estaba presa en él un ansia impaciente por volver al seno de los que amaba, pues tenía todavía mucho que darles. Y es que nada hay tan difícil como cerrar por amor la mano abierta y avergonzarse de ser dadivoso.

Así le transcurrieron al solitario meses y años, durante los cuales crecía su sabiduría haciéndole sufrir por su abundancia.

Un día se despertó antes de romper la aurora, meditó largamente acostado en su lecho y finalmente dijo a su corazón:

«¿Por qué me sobresalté tanto en sueños que me desperté? ¿No se presentó ante mí un niño que era portador de un espejo?

"Oh, Zaratustra —me dijo el niño—, ¡mírate en el espejo!"

Pero cuando me miré en el espejo proferí un grito y quedé hondamente asustado, pues no vi mi propio rostro reflejado en él, sino la mueca repugnante de un demonio.

Comprendo muy bien la significación y advertencia de este sueño: ¡Mi *doctrina* peligra! ¡La cizaña pretende ser trigo![21]

Mis enemigos se han vuelto poderosos y han adulterado la imagen de mi doctrina, así que los que más queridos son a mi corazón tienen que avergonzarse de mis regalos.

20 Recuérdese la parábola evangélica del sembrador.

21 También la parábola de la cizaña y el trigo.

¿He perdido a mis amigos? ¡Ha llegado la hora de buscar a los perdidos!».

Se incorporó Zaratustra de un salto; pero no como un angustiado al que se le oprime el pecho, sino más bien como un vidente y cantor traspasado del espíritu. Su águila y su serpiente le miraron extrañadas, pues cual la aurora nimbaba su rostro el halo de una felicidad cercana.

«¿Qué me ha pasado, animales míos? —dijo Zaratustra—. ¿No soy otro? ¿No se ha abatido sobre mí cual una tempestad este placer indescriptible?

Mi felicidad es estúpida y dirá estupideces, es muy joven aún ¡Tened pues, paciencia con ella!

Estoy herido de mi felicidad, ¡han de curarme todos los dolientes!

¡Me es dado reunirme abajo de nuevo con mis amigos y también con mis enemigos! ¡Le es dado de nuevo a Zaratustra hablar y dar y colmar de amor a los seres que ama!

Mi amor impaciente se derrama a borbotones hacia levante y hacia poniente. Desde silenciosa montaña y tormentas de sufrimiento desciende a los valles el torrente de mi alma.

Demasiado tiempo me debatí en la nostalgia, con la mirada clavada en el horizonte. Demasiado tiempo permanecí en soledad, así que ya no sé callar.

Me he vuelto todo boca y torrente que se despeña veloz de escarpadas rocas; mi palabra ansía desembarcar en los valles.

Y si el río de mi amor se precipita por escarpado terreno, ¡no importa! ¡No hay río que no se abra paso tarde o temprano hacia el mar!

Tomo por nuevos caminos, un verbo nuevo se descubre en mis labios. Me he cansado, como todos los hombres creadores, de las viejas lenguas. Mi espíritu está harto de calzar botas gastadas.

Demasiado lento me parece todo hablar, ¡salto sobre tu carro, tempestad! ¡Y aun te fustigaré blandiendo el látigo de mi perfidia!

Cual grito de júbilo voy a rodar por sobre vastos mares en busca de las islas felices donde moran mis amigos.

¡Y mis enemigos! ¡Cuánto amo ahora a todos aquellos a los que me sea permitido hablar! También mis enemigos entran en mi dicha indescriptible.

Y cuando me apresto a montar en mi corcel más fogoso, nada me es tan útil como mi lanza; está ella en todo momento a disposición de mi pie, pronta a servirle.

¡La lanza que arrojo contra mis enemigos! ¡Cuán agradecido estoy a mis enemigos por permitirme arrojarla al fin!

Ha sido exagerada la tensión de mi nube; entre carcajada y carcajada de relámpagos, voy a lanzar granizados.

Entonces, mi pecho se hinchará a reventar y soplará su ráfaga por sobre las montañas. Así hallará desahogo y alivio.

¡Cual una tempestad llegará mi dicha y libertad! ¡Pero mis enemigos deberán creer que es el cazador infernal el que pasa sobre sus cabezas!

También vosotros, amigos míos, os asustaréis de mi sabiduría salvaje; y quizás huyáis al igual que mis enemigos.

¡Ojalá logre yo induciros con dulce son de caramillos a volver a mi lado! ¡Ojalá mi leona sabiduría aprenda a lanzar rugidos tiernos! ¡Si habremos aprendido ya cosas, ella y yo!

Mi sabiduría salvaje quedó preñada en la soledad de la montaña, sobre áspera roca dio a luz el fruto más reciente de sus entrañas.

Ahora, recorre frenética el duro desierto en busca de suave césped, ¡mi vieja sabiduría salvaje!

¡Sobre el blando césped de vuestros corazones, amigos míos, en vuestro amor, ansía ella depositar lo que ama con amor profundo!».

Así habló Zaratustra.

EN LAS ISLAS FELICES[22]

«Los higos se desprenden de las ramas, dulces y sabrosos; y al caer, revienta su roja piel. Yo soy como un viento del norte que hace caer los higos maduros.

Cual higos os caen estas enseñanzas, amigos míos; ¡bebed su jugo y comed su dulce carne! Es otoño, con cielo diáfano, son las primeras horas de la tarde.

¡Mirad qué plenitud en derredor nuestro! Y es hermoso mirar, en medio de tanta abundancia, por encima de mares lejanos.

En un tiempo se decía "Dios" cuando se miraba por encima de mares lejanos, ahora os enseño a decir "superhombre".

Dios es una suposición, pero yo quiero que vuestra conjetura no vaya más allá de vuestra voluntad creadora.

¿Podríais, quizás, *crear* un Dios? ¡Fuera, entonces, todos los dioses! Podríais crear, sí, al superhombre.

¡Tal vez no vosotros mismos, hermanos! Pero podríais hacer de vosotros los antepasados y padres del superhombre. ¡Y esa debe ser vuestra mejor creación!

Dios es una suposición, pero yo quiero que vuestra suposición se suscriba a la esfera de lo pensable.

¿Podríais *suponer* un Dios? ¡Vuestra voluntad de verdad debe ser el postulado de que todo quede transformado en cosa que el hombre pueda suponerlo, ver y tocar! ¡Vuestros propios sentidos deben ser la instancia suprema!

Y lo que llamabais el mundo ¡habéis de crearlo!; debe ser vuestra razón, vuestra imagen, vuestra voluntad y vuestro amor! ¡Para vuestra bienaventuranza, hermanos!

¿Y cómo podríais soportar la vida, hermanos, sin esta esperanza? No habéis nacido, por cierto, en lo inconcebible ni en lo irracional.

Y para hablaros desde lo más hondo de mi corazón, amigos míos; si hubiese dioses, ¡cómo soportaría yo el no ser un dios! *Luego*, no hay dioses.[23]

---

22 Estas islas «felices» o «afortunadas» no se refieren a Canarias ni a una isla en concreto.

23 El orgullo y la conclusión de Nietzsche resultan inefables. Nietzsche con-

Saqué esta conclusión, pero ahora ella me arrastra.

Dios es una conjetura; pero, ¿quién puede sufrir el tormento de esta conjetura sin desaparecer? ¿Ha de ser despojado el creador de su fe y el águila de sus sublimes alturas?

Dios es una concepción que dobla todo lo recto y hace girar todo lo fijo. ¿Cómo? ¿Que el tiempo no existe y todo lo perecedero es puro engaño?

Con solo pensarlo se marea la mente humana y hasta el estómago vomita. Vértigo y demencia se me antoja semejante suposición.

¡Mala y antihumana se me antoja toda esa doctrina del Uno y Pleno e Inmutable y Saciado y Eterno!

¡Todo lo imperecedero es símbolo! Y los poetas mienten descaradamente.

Las mejores alegorías han de hablar del tiempo y del devenir. ¡Deben ser alabanza y justificación de todo lo perecedero!

Crear, he aquí lo que redime del sufrimiento y llena de gracia la vida. Pero el creador presupone sufrimiento y mucha transformación.

¡Sí, en vuestra vida debe haber mucha muerte amarga, oh, creadores! Así defendéis y justificáis todo lo perecedero.

Para que el creador mismo sea el recién nacido, es menester que quiera ser también la parturienta y el dolor de esta.

A través de cien almas y cien cunas y dolores del parto me ha conducido mi sendero. No pocas veces ya he dicho adiós, conozco las horas finales desgarradoras.

Pero así lo quiere mi voluntad creadora, mi destino. O para decirlo con palabras más sinceras: tal es el destino que quiere mi voluntad.

Todo lo que siente en mí, sufre y se halla encarcelado; pero mi querer siempre llega como libertador y portador de alegría.

El querer hacer libres, tal es la verdadera doctrina de la voluntad y la libertad: Así os la enseña Zaratustra.

cluye: "Yo solo existo en cuanto promulgo la conclusión de la inexistencia de Dios".

Dejar de querer y de ponderar y de crear, ¡que yo no conozca jamás este gran cansancio!

También en el conocer siento tan solo el placer de crear y ser creado que experimenta mi voluntad, y si mi conocimiento es inocente, es porque es voluntad de crear.

Esta voluntad me ha apartado de Dios y de los dioses. ¿Qué habría de crear si hubiese dioses?

Hacia el hombre me empuja siempre de nuevo mi ardiente voluntad de crear, así el cincel es empujado hacia la piedra.

¡En la piedra, oh, hombres, dormita una imagen, la imagen de mis imágenes! ¡Ay, tiene que dormitar en la piedra más dura y fea!

Cruelmente golpea su cárcel mi cincel. De la piedra se van desprendiendo pedazos, ¿qué me importa?

Empeñado estoy en dar cima a la obra, pues se presentó ante mí un fantasma: ¡La más queda y sutil de todas las cosas se presentó ante mí!

La belleza del superhombre se presentó ante mí como un fantasma. ¡Oh, hermanos! ¡Qué me importan desde entonces los dioses!».

Así habló Zaratustra.

DE LOS COMPASIVOS

«Amigos míos, se han burlado de vuestro amigo diciendo: "¡Vean a Zaratustra andando entre nosotros como si fuésemos animales!"

Más propiamente se diría: "El que conoce anda entre los hombres como entre animales".

El hombre es para el que conoce el animal de las mejillas coloreadas.

¿Cómo le ocurrió esto? ¿No será por haber tenido que avergonzarse con mucha frecuencia?

Amigos míos, el que conoce dice: "¡Vergüenza, vergüenza, vergüenza, esa es la historia del hombre!"

Y por esto el noble se impone el precepto de no avergonzar y abochornar, se impone la vergüenza ante todo lo que sufre.

Rechazo a los misericordiosos que se complacen en su compasión, les falta vergüenza.[24]

Si he de ser compasivo, quiero que al menos no se me tenga por tal; y cuando lo soy, prefiero serlo a distancia.

Prefiero también cubrirme la cara y escapar antes de ser reconocido. ¡Esa tiene que ser también vuestra conducta, amigos míos!

¡Que el destino pueble siempre mi camino de hombres como vosotros que no saben de sufrimientos, y de gentes con las que me sea *dable* compartir la esperanza, la comida y la miel!

En verdad he hecho esto y aquello por hombres que sufrían; pero siempre me ha parecido hacer mejor en aprender a regocijarme más.

Desde que existe la humanidad el hombre no se ha regocijado lo suficiente, ¡únicamente este, hermanos, es nuestro pecado original!

Y aprendiendo a alegrarnos es como mejor nos olvidaremos de hacer mal al prójimo y de inventar medios de hacer mal.

Por eso me lavo la mano que ayudó al que sufría, por eso hasta me limpio el alma.

Pues me avergonzaba de ver el sufrimiento del que sufría, por su vergüenza, y al ayudarle hería gravemente su orgullo.

Las grandes deudas de gratitud no provocan gratitud, sino deseos de venganza y resentimiento; y la pequeña caridad, si no es olvidada, termina por ser una carcoma.

"¡Andad reacios en aceptar! ¡Vuestro aceptar debe ser un distinguir!", así aconsejo a los que no tienen nada que regalar.

Yo soy uno que da; me gusta dar, como amigo a mis amigos. En cuanto a los extraños y los pobres, ¡que por sí solos tomen el fruto de mis ramas, que así sentirán menos vergüenza!

24 Rechazo de la bienaventuranza de Jesús: "Bienaventurados los misericordiosos porque ellos alcanzarán misericordia".

¡Con los mendigos debiera acabarse radicalmente! Fastidioso es darles limosna o negarles limosna.

¡Y también con los pecadores y las malas conciencias! Tomad nota, amigos míos, de que los remordimientos conducen al hombre a morder.

Mas lo peor son los pensamientos mezquinos. ¡Más vale la mala acción que el pensamiento mezquino!

Dicen, por cierto: "El placer de las pequeñas malicias nos ahorra más de una grande maldad". Pero en eso no conviene ahorrar.

Es la mala acción como un absceso: causa comezón y molesta y supura, hablando sinceramente.

"Mira que soy enfermedad" —así habla la mala acción, y tal es su sinceridad.

El pensamiento miserable, en cambio, es como el hongo; se agazapa y se soslaya hasta que todo el cuerpo está carcomido de pequeños hongos.

Y a quien está poseído por el diablo susurro al oído esto: "¡Más vale que tu diablo se haga grande! ¡Hasta para ti hay un camino de la grandeza!".

¡Ay, hermanos, se sabe demasiado de todo el mundo! A más de uno lo penetra nuestra mirada, pero no por eso podemos penetrar a través de ellos.

Es difícil convivir con los hombres, por ser tan difícil guardar silencio.

Y no tratamos mal a quien nos es antipático, sino a aquel con el que no tenemos nada que ver.

Si tienes un amigo que sufre, sé un lecho en que pueda descansar su sufrimiento; pero que sea una cama dura, un catre, que así le serás más útil.

Y cuando un amigo te haga mal, debes decir: "Te perdono lo que me has hecho; pero, ¡cómo podría perdonarte habértelo hecho a ti mismo!".

Así habla todo gran amor, un amor así supera incluso el perdón y la misericordia.

Hay que mantener sujeto el corazón: pues cuando se le deja ir, no se tarda en perder la cabeza.

¡Siempre las estupideces más grandes han sido cometidas por los misericordiosos! ¡Y jamás nada en el mundo ha causado tantos sufrimientos como las estupideces de aquellos!

¡Ay de todos los amantes que no tengan una altura por encima de su compasión!

Un día el diablo me confesó: "También Dios tiene su infierno: su amor a los hombres".

Y el otro día le oí decir: "Dios ha muerto: sucumbió Dios a su compasión con los hombres".

¡Cuidado, pues, con la compasión! ¡Por este lado amenaza a los hombres un negro nubarrón! ¡Y conoceré yo los signos del tiempo!

Y recordad: todo gran amor está por encima de toda su compasión, ¡pues ansía *crear* lo que ama!

"A mi amor me ofrezco a mí mismo, *y también al prójimo*" —así se expresan todos los creadores.

Pero todos los creadores son duros».

Así habló Zaratustra.

De los sacerdotes

En cierta ocasión, Zaratustra hizo señas a sus discípulos y les habló como sigue:

«Ahí están sacerdotes: y aun cuando son mis enemigos, os pido pasar junto a ellos sin decir nada y con la espada dormida.

También entre ellos hay héroes; muchos de ellos sufrieron en demasía, así que ahora están empeñados en hacer sufrir a sus semejantes.

Son enemigos de cuidado, nada hay tan enconado como su humildad. Quien los ataca fácilmente se ensucia.

Pero mi sangre es pariente de la suya y quiero que mi sangre sea honrada incluso en la de ellos».

Y cuando hubieron pasado de largo, Zaratustra fue acometido por el dolor, y a poco de haber luchado con él, habló como sigue:

«Me causan pena esos sacerdotes. También me asquean: pero esto es lo que menos me importa desde que me encuentro entre los hombres.

He compartido, y comparto, su sufrimiento; se me aparecen como prisioneros y estigmatizados. Aquel que llaman su redentor los ha atado con cadenas, ¡con cadenas de valores falsos y ficciones! ¡Ojalá viniera uno a redimirlos de su redentor!

Creyeron desembarcar en una isla cuando estaban a merced de las olas, ¡pero se trataba de un monstruo dormido!

Valores falsos y palabras ilusorias —no hay monstruos más peligrosos para los mortales—; durante largo tiempo duerme y espera en ellos la fatalidad.

Pero al cabo ella se despierta y viene y se devora todo cuanto allí ha levantado su casa. ¡Mirad las casas que han levantado esos sacerdotes, llaman iglesias a sus antros llenos de dulce aroma!

¡Qué luz tan falsa! ¡Qué aire tan viciado allí, donde el alma no debe elevarse hacia las alturas!

Pues su credo ordena: "¡Subid de rodillas la escalera, pecadores!"[25]

¡Hasta el desvergonzado se me antoja espectáculo más grato que los ojos de su vergüenza y devoción puestos en blanco!

¿Quién creó tales antros y escaleras de penitencia? ¿No fueron hombres deseosos de ocultarse y que se avergonzaron ante el cielo puro?

Y solo cuando el cielo puro se asome por entre techos ruinosos y se tienda sobre muros derruidos invadidos por el pasto y la roja amapola, solo entonces volverá mi corazón a las moradas de ese Dios.

Llamaban Dios a lo que les contradecía y hacía mal, ¡y en verdad había no poco heroísmo en su adoración!

¡Y no sabían amar a su Dios sino crucificando al hombre!

25 Nietzsche critica la ascensión de rodillas como penitencia de las escalinatas de algunos templos como el del Vaticano.

Pretendían vivir como cadáveres andantes, revestían de negro su cadáver; incluso de sus palabras trasciende el nauseabundo olor de cámaras sepulcrales.

Y quien vive cerca de ellos vive cerca de estanques negros donde el sapo entona el canto de su triste melancolía.

Debieran cantar canciones más bellas si quieren que yo aprenda a creer en su redentor. ¡Más redimidos debieran presentarse sus discípulos!

Quisiera verlos desnudos, porque solo la belleza debiera predicar penitencia. ¡A cualquiera convence esa turba embozada!

¡Sus redentores mismos no provinieron de la libertad y el séptimo cielo de la libertad! ¡Ellos mismos nunca caminaron sobre las alfombras de la sabiduría!

De faltas y lagunas se componía el espíritu de esos redentores, pero en cada una de ellas colocaron su *quimera*, su tapahuecos, que denominaron Dios.

Su espíritu había perecido ahogado en su compasión; y cuando engrosaba y se desbordaba su compasión, siempre sobrenadaba una gran estulticia.

Con diligencia y aspavientos condujeron su rebaño sobre su puente, ¡como si desde entonces no hubiese de haber más que este *único* puente! ¡Esos pastores no eran más inteligentes que su rebaño!

Esos pastores tenían el espíritu estrecho y el alma ancha; pero, hermanos, ¡qué países tan pequeños eran hasta ahora aún las almas más anchas!

Jalonaban de signos de sangre el camino que recorrían, y su estulticia enseñaba que con la sangre se demostraba la verdad. Sin embargo, no hay testigo peor de la verdad que la sangre; aun la doctrina más pura degenera, por obra de la sangre, en obcecación y odio de los corazones.

Y cuando uno pone la mano en el fuego por su doctrina, ¿qué prueba esto? ¡Más importante es que la propia doctrina brote de su propio incendio!

Donde se combina corazón ardiente con mente fría se desata el vendaval, el "redentor".

Ha habido hombres más grandes y nobles que aquellos que la gente llama redentores: ¡esos vientos impetuosos!

¡Y por hombres más grandes que todos los redentores debéis ser redimidos, hermanos, si habéis de encontrar el camino de la libertad!

Nunca todavía ha habido un superhombre. He visto desnudos al hombre más grande y al más pequeño.

Todavía los dos se parecen demasiado. Aun al más grande lo encontré... demasiado humano».

Así habló Zaratustra.

DE LOS VIRTUOSOS

«A los sentidos flojos y adormecidos hay que hablarles con rayos y truenos.

Pero la voz de la belleza habla en voz baja, la perciben solo las almas más despiertas.

Suavemente vibró y rio hoy mi escudo, fue la santa risa y vibración de la belleza.

De vosotros los virtuosos se rio hoy mi belleza. Y su voz me habló así: "¿Esperan ser pagados?"

¿Esperáis ser pagados, oh, virtuosos? ¿Reivindicáis un premio a vuestra virtud, el cielo por vuestra existencia terrenal y la eternidad por vuestro hoy?

Y ahora estáis irritados conmigo porque enseño que no hay ningún pagador. Y ni siquiera enseño que la virtud lleva en sí misma su propia recompensa.

He aquí lo que me apena: con malas artes se ha introducido premio y castigo en el fondo de las acciones —¡y ahora hasta en el fondo de nuestras almas, oh, virtuosos!—.

Pero cual colmillo de jabalí, mi verbo ha de escarbar el fondo de vuestras almas; quiero que me comparéis a la reja del arado.

Quiero sacar a luz todos los secretos de vuestras almas; y cuando estéis expuestos, escarbados, al sol, también vuestra mentira estará separada de vuestra verdad.

Pues tal es vuestra verdad: sois demasiado limpios para la suciedad de las palabras "venganza", "castigo", "recompensa" o "represalia".

Amáis vuestra virtud como la madre a su hijo; pero, ¿cuándo se ha dado el caso de una madre que pretenda ser recompensada por su amor?

Es vuestra virtud lo más querido a vuestro corazón. Hay en vosotros el ansia del anillo, ansioso de alcanzarse a sí mismo retuerce y dobla todo anillo.

Y toda obra de vuestra virtud es cual estrella que se extingue; su luz siempre está en camino y se propaga, ¿cuándo no estará más en camino?

Así la luz de vuestra virtud está en camino incluso después de realizada la obra. Cuando esta ya esté muerta y olvidada, su rayo de luz seguirá viviendo, propagándose sin cesar.

Vuestra virtud es vuestro propio ser y no nada ajeno a vosotros, no es piel o disfraz, ¡tal es la verdad que descansa en el fondo de vuestra alma, oh, virtuosos!

Hay, por cierto, para quienes la virtud es un convulsionarse bajo un látigo. ¡Y habéis prestado demasiada atención a sus gritos!

Y no faltan los que llaman virtud a la pereza de sus vicios; y cuando se echan a descansar su odio y su envidia, se despierta su "justicia" restregándose los ojos.

Y hay quienes son arrastrados hacia abajo: sus demonios los arrastran. Pero a medida que se hunden se encienden sus ojos y el anhelo de su Dios.

¡Ay!, también han llegado a vuestros oídos, oh, virtuosos, los gritos de estos: "¡Lo que yo no soy, es Dios y virtud!"

Y otros andan con paso plomizo y retumbante cual carros que transportan piedras cuesta abajo; estos se complacen en hablar de dignidad y virtud, ¡a su freno le llaman virtud!

Y hay quienes son como unos relojes vulgares a los que se ha dado cuerda; hacen tic-tac y pretenden que su tic-tac sea llamado virtud. Cuando les encuentre les daré cuerda con mi burla, ¡y ellos deberán encima ronronear!

Y los hay que se enorgullecen de su puñado de justicia y en nombre de ella cometen toda clase de crímenes, así que el mundo se anega en su injusticia.

Mal se aviene con su boca la palabra "virtud". Con su virtud pretenden sacarles los ojos a sus enemigos: y solo se elevan para humillar al prójimo.

Y hay quienes se pasan la vida agazapados en su charco y predican: estarse quieto en la charca, he aquí la virtud.

No hacemos daño a nadie y rehuimos a todos los que quieran hacer daño; y en todas las cosas opinamos tal como se nos manda.

Y hay quien gusta de los gestos y cree que la virtud es una especie de gesto.

En todo momento sus rodillas adoran y sus manos ensalzan la virtud, pero su corazón no siente nada de ello.

Y hombres hay que creen que la virtud consiste en afirmar: "Es necesaria la virtud". Pero en el fondo solo creen que es necesaria la policía.

Y más de uno, incapaz de percibir lo que tiene de sublime el hombre, le llama virtud al ver enormemente agrandada su vileza; de modo que le llama virtud a su mala mirada.

Y hay quienes quieren edificarse y elevarse, y llaman a esto virtud; y hay quienes quieren ser humillados, y llaman a esto virtud.

Y así, casi todos creen participar de la virtud; y todo el mundo pretende, cuando menos, ser experto del "bien" y del "mal".

Pero no ha venido Zaratustra a decirles a todos esos mentirosos y dementes: "¡Qué sabéis *vosotros* de la virtud! ¡Qué podríais *vosotros* saber de la virtud!"

He venido, amigos míos, a hacer que repudiéis de las viejas palabras que habéis aprendido de los dementes y mentirosos; de las palabras "recompensa", "castigo", "venganza en la justicia".

De decir: "Es bueno el acto si es desinteresado".

Amigos, quiero que en vuestros actos esté *vuestro* propio ser como la madre en su hijo, ¡tal ha de ser *vuestra* idea de la virtud!

Os he quitado cien palabras y los juguetes predilectos de vuestra virtud; y ahora estáis enfadados conmigo, como se enfadan los niños.

Jugaban ellos en la playa, de pronto una ola les arrebató su juguete, y ahora lloran.

¡Pero la misma ola ha de traerles nuevos juguetes y arrojará ante ellos nuevas conchas multicolores!

Así se consolarán; y a vosotros, amigos míos, tampoco os han de faltar consuelos, ¡ni nuevas conchas multicolores».

Así habló Zaratustra.

De la chusma

«La vida es una fuente de alegría; pero donde también la chusma bebe, quedan contaminadas todos los pozos.

Me gusta todo lo puro, pero me asquean las fachas burlescas y la sed de los impuros.

Han mirado adentro del pozo, ahora sube del fondo su repugnante sonrisa.

Con su concupiscencia han contaminado el agua sagrada; y al llamar placer a sus sueños lascivos, han contaminado incluso las palabras. Se fastidia la llama cuando arriman al fuego sus lúbricos corazones, el espíritu mismo bulle y humea cuando la chusma se acerca al fuego.

Excesivamente dulce y sazonado se pone en su mano el fruto, su mirada seca el frutal.

Y más de uno que se apartó de la vida, solo se apartó de la chusma; no estaba dispuesto a compartir el pozo y la llama y el fruto con la chusma.

Y más de uno que huyó al desierto y allí padeció sed junto a las fieras, solo lo hizo por asquearle beber en la cisterna en compañía de sucios camelleros.

Y más de uno que se presentó cual ángel exterminador y granizo arrasador de todos los campos solo quería meterle el pie en las fauces y así hacer callar a la chusma.

Y no fue el saber que la vida ha menester la enemistad y la muerte y crucifixiones, el bocado que más se me atragantó; sino que un día pregunté —y poco faltó para que me asfixiara con la pregunta—: "¿Cómo? ¿Es que la vida *tiene necesidad* también de la chusma?

¿Son menester los pozos contaminados y el fuego pestilente y los sueños manchados y los gusanos en el pan de la vida?"

¡No mi odio, sino mi náusea, devoraba con avidez la vida! ¡Ay, a menudo me he cansado del espíritu al encontrar espiritual incluso a la chusma!

Y volví la espalda a los dirigentes al comprobar lo que ahora llaman gobernar: ¡regateo por el poder con la chusma!

Me fui a vivir a las tierras de pueblos de lengua extraña, con las orejas tapadas para no entender el lenguaje de su regateo por el poder.

Y tapándome las narices caminé, fastidiado por todo el ayer y hoy; ¡qué mal huele todo el ayer y el hoy a chusma que escribe!

Cual un inválido que ha quedado sordo, ciego y mudo, viví largo tiempo para no convivir con la chusma del poder, concupiscente y entregada a los placeres.

Dificultosamente y con cautela subía mi espíritu las gradas, limosnas del placer eran su alivio; penosamente, como apoyada en su tosco bastón, se arrastraba para el ciego la vida.

¿Qué me pasó? ¿Cómo me libré del asco? ¿Quién rejuveneció mi vista? ¿Cómo logré escalar la altura donde ya no me acompaña la chusma sentada en el pozo?

¿Es que mi mismo asco me dio alas y el poder de alumbrar fuentes? ¡Hube yo de elevarme hasta las supremas alturas para encontrar de nuevo la fuente del placer!

¡Y la encontré, hermanos míos! ¡Aquí, en las supremas alturas, brota para mí la fuente del placer! ¡Y hay una vida que la chusma no bebe también!

¡Excesivamente generoso fluye tu caudal, oh, fuente del placer! ¡Y a menudo vacías la copa en tu afán de llenarla!

Y aun he de aprender a acercarme a ti con mayor humildad, demasiado violento va todavía hacia ti mi corazón; mi corazón abrasado por mi estío breve, caluroso, melancólico e inefable. ¡Cómo apetece mi corazón estival tu frescura!

¡Ha pasado la pesadumbre titubeante de mi primavera! ¡Ha pasado la malicia de mi nevada tardía! ¡Soy ahora todo verano y mediodía veraniego!

Verano en las supremas alturas, con fuentes frías y quietud bienaventurada. ¡Venid, amigos míos, para que la quietud sea aún más bienaventurada!

Pues esta es *nuestra* altura y patria, hasta estas alturas empinadas no llegan los impuros y sacian su sed.

¡Echad vuestra mirada pura adentro de la fuente de mi felicidad, amigos míos, que no la ha de enturbiar! ¡Que os devuelva ella su propia pureza!

¡Construimos nuestro nido en el árbol "Futuro", águilas deben traernos en sus picos la comida a los eremitas!

¡Comida vedada, por cierto, a los impuros! ¡Les parecería devorar fuego y se quemarían la lengua!

¡No es la nuestra, por cierto, un lugar apto para los impuros!

¡Frío pavoroso sería nuestra felicidad para su cuerpo y su espíritu!

Y cual vientos fuertes anhelamos vivir encima de ellos, vecinos de las águilas, la nieve y el sol; que así viven los vientos fuertes.

Y como una ráfaga de viento soplaré un día por entre ellos y con mi espíritu le cortaré la respiración de su espíritu. Así me lo ordena mi futuro.

Un viento fuerte es Zaratustra para todos los llanos; y este es el consejo que da a sus enemigos y a cuanto escupe o vomita: "¡Cuidado con escupir contra el viento!"».

Así habló Zaratustra.

DE LAS TARÁNTULAS

«¡He aquí la caverna de la tarántula! ¿Quieres verla? Aquí está tendida su red; tócala, haciéndola estremecer.

Acude ella dócilmente, ¡bienvenida, tarántula! Ostentas en el lomo el triángulo negro que es tu símbolo, y sé también lo que llevas en el alma.

En tu alma se asienta la venganza, tu mordedura origina costra negra. ¡Con afán de venganza tu veneno trastorna las almas!

¡Con esta parábola me refiero a vosotros, predicadores de la *igualdad*, que trastornáis las almas! ¡Os tengo por tarántulas y seres impulsados por embozado afán de venganza!

Voy a sacar a luz vuestros escondrijos, por esto os río en la cara con mi carcajada de las alturas.

Por eso desgarro vuestra red, para que vuestra furia os haga salir de la guarida de vuestra mentira y para que detrás de vuestra palabra "justicia" se precipite vuestra venganza.

Pues *la liberación del hombre de la venganza* se me antoja el puente tendido hacia la suprema esperanza y un arco iris tras largas tempestades.

No lo entienden así, por cierto, las tarántulas. "Llenar el mundo de las tormentas de nuestra venganza —dicen—, tal debe ser nuestra noción de la justicia."

"Nos vengaremos, y calumniaremos a todo el que no sea como nosotros" —así prometen solemnemente todas las tarántulas.

"Y la virtud debe llamarse en adelante voluntad de igualdad, y clamaremos contra todo lo que tenga poder."

¡La demencia tiránica de la impotencia, predicadores de la igualdad, clama en vosotros por la "igualdad"; vuestras más recónditas ansias de tiranizar se disfrazan así de virtud!

Soberbia amargada y envidia reprimida, acaso la soberbia y envidia de vuestros padres brotan de vosotros como llama y demencia de venganza.

Lo que calló en el padre, rompe a hablar en el hijo; y muchas veces el hijo se me ha revelado como el secreto desvelado del padre.

Se parecen ellos a los entusiastas; pero lo que los entusiasma no es su corazón, sino la venganza. Y cuando se vuelven finos y fríos no es su espíritu, sino la envidia la que los vuelve sutiles y fríos.

Su rivalidad enconada los empuja también por los caminos de los pensadores; y tal es el signo de su rivalidad enconada: siempre van demasiado lejos, así que a la postre su fatiga tiene que echarse a dormir incluso sobre la nieve.

En todas sus quejas resuena la venganza, todo su elogiar es un hacer mal, y ser juez se les antoja la suprema bienaventuranza.

¡Os aconsejo, amigos míos, no os fieis de todos aquellos en los que domina el afán de castigar!

Son gente de mala índole, sus semblantes delatan al verdugo y sabueso.

¡Desconfiad de todos los que insisten en su justicia! ¡No solo es miel la que falta en sus almas!

¡Y al oírlos llamarse a sí mismos "los buenos y justos" no olvidéis que para fariseos no les falta más que el poder!

Amigos míos, ¡cuidado con los malentendidos y las confusiones! No quiero que se me mezcle y confunda con otros.

Hay quienes predican mi doctrina de la vida y al mismo tiempo son predicadores de la igualdad y tarántulas.

Hablan en favor de la vida, a pesar de que están agazapados en sus cavernas cual arañas venenosas y se apartan de la vida, porque así se proponen hacer daño.

Se proponen hacer daño a los que ahora tienen el poder, pues a estos es a quienes más conviene la prédica de la muerte.

A no ser por esto, las tarántulas enseñarían algo muy distinto; precisamente ellas se destacaron en un tiempo en eso de difamar el mundo y quemar herejes.

¡Cuidado no mezclarme con esos predicadores de la igualdad! Pues *mi* noción de la justicia es esta: los hombres no son iguales.

¡Y no han de serlo tampoco en el futuro! ¿Qué sería mi amor al superhombre si yo no hablase así?

Sobre mil puentes y pasaderas han de avanzar los hombres en tropel hacia el futuro, y debe haber entre ellos cada vez más guerra y desigualdad, ¡así me impulsa a hablar mi gran amor!

¡Inventores de imágenes y fantasmas han de ser en mis enemistades, y con sus imágenes y fantasmas han de librar la batalla suprema!

¡Bueno y malo, rico y pobre, noble y humilde, y todos los nombres de los valores, han de ser armas y estandartes de que la vida ha de superarse siempre de nuevo!

Quiere la vida misma escalar alturas mediante pilares y gradas; quiere ella otear horizontes lejanos y bellezas inefables, ¡por eso ha de necesitar altura!

¡Y porque ha de necesitar altura, ha de necesitar gradas y el antagonismo de las gradas y los que suben! Quiere la vida subir y superarse subiendo.

¡Y mirad, amigos míos! Aquí donde está la caverna de la tarántula se levantan las ruinas de un antiguo templo, ¡contempladlas con ojos iluminados!

¡Quién aquí levantó en piedra sus concepciones conocía como el más sabio de los hombres el secreto de toda vida!

Que hasta en la belleza hay lucha y desigualdad, y guerra por el poder y la supremacía, he aquí lo que nos enseña en clarísima parábola.[26]

Así como aquí se quiebran divinamente bóveda y arco en duro forcejeo y con luz y sombra libran duelo.

¡Estamos trabados también nosotros, amigos míos, en divino y hermoso duelo!

¡Ay, que me picó la tarántula, mi vieja enemiga! ¡Hermosa y divinamente me mordió en el dedo!

"¡Bien merecido lo tiene —piensa ella—, por ensalzar aquí el duelo!"

¡Sí, se ha vengado! Y, ¡ay!, ahora va a trastornar también mi alma con afán de venganza.

---

26 En todos los fragmentos aparece la idea de desigualdad tan cara a Nietzsche, porque si no existiera esta, ¿cómo podría surgir el Superhombre?

Para no bailar como los que les ha picado la tarántula, amigos míos, atadme a esta columna. ¡Prefiero ser estilita antes que remolino de la venganza!

No es Zaratustra un torbellino; ¡y aun cuando le agrada bailar, jamás lo hará como si le hubiera picado la tarántula!».

Así habló Zaratustra.

De los sabios famosos

«¡Habéis servido al pueblo y no a la verdad, famosos sabios todos! Y precisamente por eso habéis sido venerados.

Y por eso se toleraba también vuestra incredulidad, por ser ingenioso rodeo que desembocaba en el pueblo. Así el amo deja hacer a sus esclavos y hasta se divierte con su vanidad.

Pero quien es odiado por el pueblo como el lobo por los sabuesos es el espíritu libre y soberano, enemigo de todas las bajezas y de todo adorar, que vive en el bosque.

Echarlo de su cobijo ha sido en todo tiempo para el pueblo "hacer el bien", contra él azuza todavía sus sabuesos más feroces de afilados dientes.

Pues desde siempre se ha proclamado: "¡La verdad ya existe, ya que existe el pueblo: ¡Ay de los que andan en busca de la verdad!"

Os aplicabais a justificar la veneración de vuestro pueblo, a eso le llamabais "voluntad de verdad", ¡oh, sabios célebres!

Y vuestro corazón siempre se decía: "Vengo del pueblo: de él me ha venido también la voz de Dios".

Pacientes y astutos como el asno, habéis sido siempre como paladines del pueblo.

Y más de un potentado, deseoso de llevarse bien con el pueblo, enganchó a su carro, delante de los caballos, un asno, un célebre sabio.

¡Ojalá arrojarais de una vez la piel de león muy lejos famosos sabios!

¡La piel moteada de la fiera y la melena del investigador buscador y conquistador!

Hasta que no quebréis vuestra voluntad reverente yo no he de creer en vuestra "honradez".

Honrado se me antoja quien se va a desiertos sin dioses y ha desgarrado su corazón reverente.

Perdido entre los arenales y quemado por el sol, el sediento mira de reojo los oasis ricos en fuentes donde se solaza la vida a la sombra de árboles.

Pero su sed no lo lleva a ser como esos acomodados: pues donde hay oasis hay ídolos.

Hambrienta, violenta, solitaria y sin dios, así quiere ser la voluntad leonina.

Libre de la felicidad de los siervos, redimida de dioses y adoraciones, impávida y pavorosa, grande y solitaria, tal es la voluntad del veraz.

Siempre han vivido en el desierto los veraces, los espíritus libres: como reyes del desierto. En las ciudades viven los famosos y opulentos sabios, los animales de tiro.

¡Pues los asnos siempre arrastran el carro del *pueblo*!

No es que yo se lo tome a mal: pero para mí son siempre servidores y seres adornados, aunque luzcan adornos de oro.

Y con frecuencia han sido servidores capaces y meritorios. Pues su virtud reza: "¡Si has de servir busca a quien más aproveche tu servicio!

¡El espíritu y la virtud de tu señor han de crecer gracias a tu servicio: así crecerás tú mismo a la par de su espíritu y su virtud!"

Y en verdad, ¡oh, famosos sabios!, servidores del pueblo, ¡vosotros mismos habéis crecido a la par del espíritu y de la virtud del pueblo, y el pueblo, gracias a vosotros! ¡Así lo proclamo en honor vuestro!

Pero aun con vuestras virtudes para mí seguís siendo pueblo; pueblo torpe y miope, pueblo que no sabe lo que es el *espíritu*.

El espíritu es la vida que se desgarra a sí misma en vivo; por su propio tormento acrecienta ella su propio saber, ¿ya sabíais esto?

Y la felicidad del espíritu es estar ungido y consagrado por las lágrimas como víctima del sacrificio, ¿ya sabíais esto?

Incluso la ceguera del ciego y su andar a tientas, han de proclamar el poder del sol que miró, ¿ya sabíais esto?

¡Y el conocimiento debe aprender a *construir* con montañas! No basta con que el espíritu levante montañas, ¿ya sabíais esto?

¡Vosotros conocéis tan solo la chispa del espíritu; no veis el yunque donde se forja, ni la crueldad de su martillo!

¡No sabéis del orgullo del espíritu! ¡Más todavía menos soportaríais la humildad del espíritu, si alguna vez quisiera hablar!

¡Nunca aun os fue dable arrojar vuestro espíritu en una fosa de nieve, pues no tenéis calor suficiente! De modo que tampoco sabéis de las delicias de su frío.

En todo intimáis demasiado con el espíritu; y muchas veces habéis hecho de la sabiduría un asilo y hospital para malos poetas.

Vosotros no sois águilas, así que tampoco sabéis el placer que hay en el terror del espíritu. Y quien no tiene alas no debe tenderse sobre abismos.

Sois tibios, pero todo conocimiento profundo es una corriente fría. Glaciales son los pozos más soterrados del espíritu, solaz para las manos calientes y los creadores ardientes.

¡Honorables y rígidamente erguidos os presentáis ante mí, oh, famosos sabios! No os empuja ningún viento ni voluntad poderosa.

¿No habéis visto nunca una vela recorrer el mar, combada e inflada y temblorosa bajo los embates del viento?

Cual vela estremecida bajo el ímpetu del espíritu recorre el mar mi sabiduría, ¡mi salvaje sabiduría!

Pero, ¡cómo *podríais* acompañarme vosotros, oh, famosos sabios, servidores del pueblo!».

Así habló Zaratustra.

LA CANCIÓN DE LA NOCHE

«Es de noche, ahora cantan más alto todos los manantiales cantarines. Y también mi alma es un manantial cantarín.

Es de noche, solo ahora despiertan todas las canciones de los amantes. Y también mi alma es la canción de un amante.

Hay en mí algo insaciado e insaciable que lucha por expresarse. Hay en mí un ansia de amor que por sí misma habla el lenguaje del amor.

Soy luz, ¡oh, si fuera noche! Estoy circundado de luz y tal es mi soledad.

¡Oh, si fuera oscuro y lóbrego! ¡Cómo absorbería de los senos de la luz!

¡Y os bendeciría gozoso, pequeñas estrellas y luciérnagas que brilláis en lo alto, gozando con vuestros obsequios de luz!

Pero yo vivo en mi propia luz, reabsorbo las llamas que de mí salen.

No sé yo de la felicidad del que toma, y muchas veces me ha parecido en sueños que aun más placentero que tomar ha de ser robar.

Mi pobreza es que mi mano no descansa nunca de dar, mi envidia es que veo ojos expectantes y las noches claras del deseo.

¡Oh, desventura de todos los que regalan! ¡Oh, eclipse de mi sol! ¡Oh, ansia de ansiar! ¡Oh, hambre canina en la saciedad!

Toman ellos lo mío; pero, ¿llego todavía a su alma? Entre dar y tomar media un abismo, y el abismo más angosto es el último en ser franqueado.

De mi belleza surge un hambre, quisiera hacer sufrir a aquellos para los que brillo, despojar a los que he regalado, así soy de hambriento de perversidad.

Retirar la mano cuando ya se tiende hacia ella la mano ajena, hambriento de perversidad.

Tal es la venganza que urde mi plenitud, tal es la perfidia que nace de mi soledad.

¡De tanto dar ha muerto mi dicha de dar! ¡Mi virtud se ha hartado de sí misma en su superabundancia!

Quien siempre da, corre peligro de perder la vergüenza; a quien siempre reparte, crían callos la mano y el corazón de tanto repartir.

Ya no se me llenan de lágrimas los ojos ante la vergüenza de los suplicantes: mi mano ya no siente el temblor de las manos que reciben.

¿Dónde han ido a parar la lágrima de mi ojo y la blandura de mi corazón? ¡Oh, soledad de todos los que regalan! ¡Oh, taciturnidad de todos los que brillan!

Muchos soles ruedan por el espacio pavoroso: con su luz hablan a todo lo oscuro, a mí callan.

Tal es la hostilidad de la luz hacia lo que luce: despiadada recorre sus órbitas.

Injustos en lo más hondo con lo que luce, fríos hacia los soles, ruedan todos los soles.

Cual la tempestad recorren los soles veloces sus órbitas: tal es su rodar. Siguen su voluntad inexorable, tal es su frialdad.

¡Oh, solo vosotros, los oscuros y nocturnos, tornáis en calor lo que luce! ¡Oh, solo vosotros bebéis leche y solaz de los pechos de la luz!

¡Ay, nada más que hielo hay en mi derredor! ¡Mi mano se abrasa al contacto de cosa helada! ¡Ay, me consume sed de vuestra sed!

Es de noche, ¡ay de mí que me toca ser luz! ¡Y sed de oscuridad! ¡Y soledad!

Es de noche, ahora cantan más alto todas las fuentes saltarinas. Y también mi alma es una fuente saltarina.

Es de noche, solo ahora despiertan todas las canciones de los amantes. Y también mi alma es la canción de un amante».

Así cantó Zaratustra.

LA CANCIÓN DEL BAILE

Un atardecer, Zaratustra recorría el bosque en compañía de sus discípulos: y cuando buscaba una fuente llegó a una verde pradera bordeada por árboles y arbustos donde bailaban muchachas. En cuanto reconocieron a Zaratustra dejaron de bailar, pero Zaratustra se les acercó con aire cordial y les habló como sigue:

«¡No dejéis de bailar, encantadoras muchachas! ¡No ha venido un ogro ceñudo, un enemigo de las muchachas!

Yo soy el abogado de Dios ante el diablo, y este es el espíritu de la pesadez. ¡Cómo voy a ser enemigo de bailes divinos, ni de alados pies de muchachas con finos tobillos!

Verdad es que soy bosque y noche de lóbregos árboles, pero quien no teme a mi oscuridad halla también rosaledas al pie de mis cipreses.

Y todavía halla, a lo mejor, al pequeño dios que es el más querido a todo corazón de muchacha; junto a la fuente está tendido inmóvil, con los ojos cerrados.

¡En pleno día se ha dormido el perezoso! ¿Se habrá cansado cazando mariposas?

¡No estéis irritadas conmigo, hermosas bailarinas, porque vaya a castigar al pequeño dios! Va a gritar y llorar, ¡pero incluso cuando llora hace reír!

Y con lágrimas en los ojos ha de sacaros a bailar, y yo mismo voy a acompañar su baile con una canción; con una canción de baile en que me mofaré del espíritu de la pesadez, mi máximo y todopoderoso diablo del que dicen que es "el amo del mundo"».

Y he aquí la canción que cantó Zaratustra cuando Cupido bailaba con las muchachas:

«¡El otro día te miré a los ojos, oh, vida! Y me pareció caer a un abismo insondable.

Pero me sacaste con anzuelo de oro y te reíste con ironía al llamarte yo insondable.

"Así hablan todos los buzos —dijiste—: lo que ellos no logran sondear es insondable.

Pero solo soy versátil y salvaje, y en todo mujer, y no una virtuosa.

Aunque los hombres me llaméis “la profunda” o “la fiel”, “la eterna”, “la misteriosa”.

¡Y es que vosotros, los hombres virtuosos, siempre me obsequiáis con vuestras propias virtudes!”

Así se reía la increíble, pero nunca le creo a ella o su risa cuando habla mal de sí misma.

Y cuando hablé a solas con mi salvaje sabiduría, me dijo, encolerizada:

“¡Solo porque quieres, apeteces y amas elogias a la vida!”

Estuve a punto de replicarle de mala manera y decirle la verdad a la colérica; y “diciendo solamente la verdad” a la sabiduría, es cuando se le replica de más mala manera.

Resulta que solo amo de todo corazón a la vida, ¡y cuando más la amo es cuando más la odio!

¡El que yo tenga cariño, y muchas veces demasiado cariño, a la sabiduría, obedece al hecho de que me recuerda la vida!

Tiene ella el mismo mirar, la misma risa y la misma caña áurea de pescar. ¿Qué culpa tengo yo de que las dos se asemejen tanto?

Y cuando en cierta ocasión me preguntó la vida: “¿Quién es la sabiduría?”, respondí prestamente: “¡Ah, la sabiduría!

Se tiene sed de ella, sin poder saciarla jamás; se mira a través de velos, se apresa a través de redes.

¿Es hermosa? ¡Qué sé yo! Pero es un cebo que hace picar aún a los peces más viejos.

Es versátil y porfiada, muchas veces la he visto morderse los labios y peinarse los cabellos a contrapelo.

Quizá sea mala y pérfida y en todo mujer; pero hablando mal de sí misma es precisamente cuando más atractiva resulta.”

Cuando hablé así a la vida, se rio con malicia y cerró los ojos. “Vamos —dijo—, ¿no estarás hablando de mí?

Y aun suponiendo que tengas razón, ¡vaya un modo de decirme *eso* así en la cara! ¡Habla ahora también de tu sabiduría.

¡Ay, y entonces volviste a abrir los ojos, oh, vida amada! Y otra vez me pareció hundirme en un abismo insondable”».

Así cantó Zaratustra. Pero cuando hubo terminado el baile y las muchachas se hubieron marchado, se sintió triste.

«El sol se ha puesto hace mucho —dijo al fin—, la pradera está mojada y desde los bosques sopla una brisa fresca.

Algo desconocido me rodea y mira con aire pensativo. ¿Cómo? ¿Vives todavía, Zaratustra?

¿Por qué? ¿Para qué? ¿Por obra de qué? ¿A dónde? ¿Dónde? ¿Cómo?

¿No es una memez?

¡Ay!, amigos míos, la noche pregunta así en mí. ¡Perdonad mi tristeza!

Ha llegado la noche, ¡perdonad que haya llegado!».

Así habló Zaratustra.

LA CANCIÓN DE LOS SEPULCROS

«Allí está la Isla de los sepulcros, allí están también los sepulcros de mi juventud. Voy a llevar a ellas una corona siempre verde de la vida».

Con este propósito, crucé el mar.

«¡Oh, visiones y apariciones de mi juventud! ¡Oh, miradas todas del amor, instantes divinos! ¡Moristeis prematuramente! ¡Os recuerdo hoy como mis muertos!

Me llega de vosotros, mis muertos más queridos, un dulce aroma que me desata el corazón y las lágrimas. ¡Cómo conmueve y desata ella el corazón del navegante solitario!

Todavía soy el más rico y privilegiado, ¡yo, el más solitario! Pues os *tuve* y vosotros me tenéis todavía; ¿quién recogió, como yo, tales manzanas rosadas?

¡Todavía soy heredero y tierra de vuestro amor, perpetuando vuestro recuerdo en una variada flora de virtudes silvestres, oh, mis muertos más amadísimos!

¡Ay!, habíamos nacido para íntima convivencia, encantadoras maravillas extrañas; ¡y no cual pájaros tímidos veníais a mí y a mi ansia sino como confiados al confiado!

Sí, nacidas para la lealtad, como yo, y para eternidades delicadas; *¿tengo ahora de veras que* llamaros por vuestra deslealtad, oh, atisbos e instantes divinos? No he aprendido aún ningún otro nombre.

Moristeis demasiado aprisa, oh, fugitivos. Mas no os fugasteis de mí, ni yo de vosotros; inocentes somos pese a nuestra infidelidad.

¡Para matarme a mí, os dieron muerte a vosotros, pájaros cantores de mis esperanzas! ¡Sí, a vosotros, mis más queridos, apuntaron siempre sus flechas, ¡para hacer blanco en mi corazón!

¡Y en verdad que acertaron! Siempre habíais sido lo más querido a mi corazón, mi posesión y mi obsesión; ¡por eso tuvisteis que morir demasiado pronto!

A lo más vulnerable que yo poseía se disparó la flecha, ¡a vosotros que tenéis la piel suave como el terciopelo! ¡Qué digo, como sonrisa que se apaga al conjuro de una mirada!

He aquí lo que manifiesto a mis enemigos: ¡Qué es todo homicidio al lado de lo que me habéis hecho a mí!

Me hicisteis algo peor que cualquier homicidio; me infligisteis una pérdida irrecuperable, ¡así hablo a vosotros, mis enemigos!

¡Habéis asesinado las visiones y maravillas más queridas de mi juventud! ¡Me arrebatasteis a mis compañeros, los espíritus inefables! En su memoria deposito esta corona y esta maldición.

¡Esta maldición lanzada contra vosotros, mis enemigos, que acortasteis mi eternidad como un sonido que se quiebra en noche fría! Apenas si me vino ella más que como un abrir y cerrar de ojos divinos, ¡como instante!

En buena hora mi pureza habló así: "Todos los seres han de ser para mí divinos".

Entonces caísteis sobre mí con sórdidos fantasmas. ¡Ay!, ¿dónde ha ido a parar esa hora favorable?

“Todos los días han de ser santos para mí” —así habló en un tiempo la sabiduría de mi juventud; ¡palabras, en verdad, de una sabiduría alegre!

Pero vosotros, los enemigos, robasteis mis noches y las cambiasteis por duros insomnios. ¡Ay!, ¿dónde ha ido a parar esa sabiduría alegre?

En un tiempo ansié signos felices, entonces me mandasteis un repugnante búho. ¡Ay!, ¿dónde ha ido a parar mi más noble promesa?

En un tiempo recorrí ciego caminos inefables, entonces arrojasteis inmundicia en el camino del ciego; y ahora le repugna la antigua senda de ciego.

Y cuando hice lo más difícil y celebré el triunfo de mis vencimientos de mí mismo, hicisteis clamar a los que me amaban que yo les hacía el peor mal.

Así siempre procedisteis conmigo: me echasteis a perder mi mejor miel y la laboriosidad de mis mejores abejas.

A mi benevolencia siempre enviasteis a los pordioseros más insolentes; siempre concentrasteis alrededor de mi compasión a los desvergonzados incurables. Así heristeis mis virtudes en su fe.

Y cuando ofrendaba yo mi bien más sagrado, al instante vuestra “piedad” agregaba sus ofrendas más grasientas; así que mi bien más sagrado se asfixiaba en el vaho de vuestra grasa.

Y en un tiempo quise danzar como nunca antes había danzado, quise bailar sobre todos los cielos. Entonces persuadisteis a mi cantor dilecto.

Entonó este una horrenda y desgarradora melodía; ¡ay, sonó su voz cual un cuerno lúgubre!

¡Cantor asesino, instrumento de la malicia, inocentón! ¡Estaba yo pronto a la mejor danza, entonces viniste a matar mi éxtasis con tus estruendos!

Solo con el baile sé expresar la alegoría de las cosas últimas, ¡y entonces mi alegoría última quedó sin expresar en mis miembros!

¡Quedó sin expresar y redimir mi más alta esperanza! ¡Y murieron todas las visiones y confortaciones de mi juventud!

¿Cómo conseguí soportar esto? ¿Cómo conseguí sobrevivir a heridas semejantes? ¿Cómo resucitó mi alma de estas tumbas?

¡Ah!, hay en mí algo invulnerable, insepultable, irreductible: mi voluntad. Muda e inmutable recorre ella el tiempo.

En mis pies quiere caminar mi vieja voluntad, por su cuenta; es dura e invulnerable. Solo soy invulnerable en el talón. Todavía vives allí, siempre la misma, ¡oh, pacientísima! ¡Siempre te has abierto paso entre todos los sepulcros!

En ti subsiste también lo irredento de mi juventud; y como vida y juventud estás sentada, henchida de esperanzas, entre las ruinas de los sepulcros amarillos.

¡Sí, todavía eres para mí el poder que destruye todas las tumbas, oh, voluntad mía! Y solo donde hay sepulcros hay resurrecciones».

Así cantó Zaratustra.

De la superación de sí mismo

«Vosotros, sapientísimos, ¿llamáis "voluntad de verdad" a lo que os impulsa e inflama?

¡Pues *yo* le llamo voluntad de volver inteligible todo Ser!

Queréis *volver* inteligible todo Ser, pues con sana desconfianza dudáis ya que sea inteligible.

¡Ha de ser dócil arcilla en vuestras manos! Así lo quiere vuestra voluntad. Ha de ser liso y terso y sujeto al espíritu, como espejo y su imagen reflejada.

Tal es toda vuestra voluntad, ¡oh!, sapientísimos, como una voluntad de poder; aunque habléis del bien y del mal y de los valores.

Queréis crear un mundo ante el cual podáis arrodillaros, tal es vuestra esperanza y borrachera última.

Los que no son sabios, el pueblo, ciertamente son como corriente por la que se desliza una barca; y en la barca van, solemnes y arrebujados, los valores.

Habéis botado vuestra voluntad y vuestros valores en la corriente del Devenir; una antigua voluntad de poder se me revela en lo que la gente tiene por bien y mal.

Vosotros, los más sabios, habéis sentado en la barca a tales pasajeros y los habéis ataviado y engalanado de nombres prestigiosos, ¡vosotros y vuestra voluntad dominante!

Transporta ahora la corriente vuestra barca, tiene que transportarla. ¡No importa que la ola hendida se encolerice y bata con denuedo la quilla!

No es la corriente vuestro peligro y el término de vuestro bien y mal, ¡oh!, más sabios, sino esa voluntad misma, la voluntad de poder, la inagotada y creadora voluntad vital.

Pero para que entendáis mis palabras sobre el bien y el mal, voy a hablaros de la vida y de la naturaleza de todo lo que vive.

He ido en pos de lo vivo por los caminos más anchos y los más angostos, para descubrir su naturaleza.

Con múltiple espejo captaba yo aún su mirada cuando su boca estaba cerrada, para que me hablaran sus ojos. Y sus ojos en efecto, lo hacían.

Pero donde quiera que yo encontrara vida, encontraba también la premisa de la obediencia. Todo lo que vive obedece.

Y he aquí mi segundo descubrimiento: a quien no sabe obedecerse a sí mismo se le ordena. Tal es la naturaleza de lo vivo.

Y he aquí mi tercer hallazgo: mandar es más difícil que obedecer. Y no solo porque el que manda lleva la carga de todos los que obedecen y fácilmente se desploma bajo esta carga, sino porque todo mandar se me revelaba como ensayo y riesgo. Siempre se arriesga lo vivo cuando se ordena.

Incluso cuando a sí mismo se ordena lo vivo tiene que sufrir las consecuencias de su mandar. Tiene que ser juez, vengador y víctima de su propia ley.

Me pregunté entonces: "¿Cómo es esto? ¿Qué es lo que persuade a lo vivo a obedecer y mandar y obedecer incluso mandando?"

¡Escuchad, oh, sapientísimos, lo que os voy a decir! Examinadlo con detenimiento para cercioraros de que me adentré en el mismo corazón de la vida y hasta las raíces más recónditas de su corazón.

Dondequiera que encontrara vida, encontré la voluntad de poder; y aun en la voluntad del servidor encontré la voluntad de ser amo.

El débil debe servir al fuerte, así lo incita al débil su voluntad de ser amo del que es incluso más débil que él; tal es la voluptuosidad última a la que no está dispuesto a renunciar.

Y así como el pequeño se abandona al grande con tal de gozar del placer de dominar al que es aún más pequeño que él, aun el más grande se abandona y por el poder arriesga la vida.

He aquí el abandono del más grande: ser tentativa arriesgada y peligrosa y un jugar a dados con la muerte.

Y también allí donde hay sacrificio y servicio abnegado y mirada amorosa, hay la voluntad de ser señor. Por caminos tortuosos penetra furtivamente el débil en la fortaleza y hasta el corazón del poderoso, robando allí poder.

Y la vida misma me reveló este misterio: "Mira que soy *lo que tiene que superarse siempre de nuevo*.

Claro que vosotros le llamáis voluntad de procrearse o impulso al fin, a lo más elevado, lo más lejano, lo más rico: pero todo eso es *una* y la misma cosa y *uno* y el mismo misterio.

Prefiero hundirme en mi ocaso antes que renunciar a esto; y donde hay perdición y caída de hojas, se sacrifica la vida ¡por el poder!

El que yo tenga que ser lucha y devenir y fin y la contradicción de los fines; ¡ah, quien adivine mi voluntad, adivina también los caminos torcidos que ella tiene que recorrer!

Cualquiera que sea mi obra y mi amor a la misma, pronto tengo que ser el adversario de mi obra y mi amor; así lo quiere mi voluntad.

Y también tú, hombre del conocimiento, eres tan solo un camino y huella de mi voluntad; ¡también en los pies de tu voluntad de verdad camina mi voluntad de poder!

¡No alcanzó la verdad quien disparó la noción de una 'voluntad de existir'[27]: ya que no existe tal voluntad!

¡Pues, lo que no existe no puede querer, mas lo que existe cómo podría querer existir!

Solo donde hay vida hay también voluntad, ¡pero no voluntad de vida, sino voluntad de poder!

Hay muchas cosas que lo vivo valora más alto que la vida misma; mas en la valoración misma habla ¡la voluntad de poder!"

Así me enseñó la vida; y en base a su enseñanza resuelvo, ¡oh!, sapientísimos, incluso el enigma de vuestro corazón.

¡En verdad afirmo que no existe ningún bien ni mal imperecedero! Por sí mismos tienen que superarse siempre de nuevo.

Con vuestros valores y nociones del bien y del mal provocáis violencia, valoradores; y tal es vuestro amor recóndito y el brillo, estremecimiento y desbordamiento de vuestra alma.

Pero de vuestros valores se desarrolla otra fuerza más poderosa y un nuevo triunfo que rompe el huevo y la cáscara.

Y quien ha de ser un creador ya del bien, ya del mal, debe antes destruir y quebrar valores.

Así, la maldad extrema está ligada a la bondad suprema, que es la bondad creadora.

Hablemos de esto, sapientísimos, a pesar de que es desagradable; peor es silenciarlo, pues todas las verdades silenciadas acaban por destilar veneno.

¡Y que se venga abajo cuanto pueda venirse abajo en nuestras verdades! ¡Quedan aún muchas casas por construir!».

Así habló Zaratustra.

DE LOS SUBLIMES

«Silencio es el fondo de mi mar, ¡casi nadie se ha dado cuenta de que cobija monstruos juguetones!

27 Alusión a Schopenhauer.

Impasibles son mis profundidades; sin embargo, brillan con acertijos y carcajadas flotantes.

He visto hoy a un sublime, a un solemne, a un penitente del espíritu; ¡oh, cómo se rio mi alma de su fealdad!

Sacando orgulloso el pecho, como quien contiene la respiración, estaba ahí de pie el sublime, y callaba.

Engalanado de verdades feas, su presa cobrada, y vestido con ropas hechas jirones; exhibía también muchas espinas, pero no le descubrí ninguna rosa.

No había aprendido aún a reír y a gozar de la belleza. Con aire arisco y ceñudo regresaba ese cazador del bosque de la sabiduría.

Volvía de la lucha con fieras; pero incluso a su semblante grave asomaba una fiera ¡no vencida todavía!

Aún está ahí como un tigre a punto de abalanzarse sobre su presa; pero me repugnan esas almas tensas, todos esos retraídos me causan una repugnancia profunda.

¿Decís, amigos míos, que sobre gustos y gustar no hay nada escrito? ¡Pero si la vida toda es un disputar sobre gustos y gustar!

Es el gusto a la vez pesa, balanza y pesador; ¡y ay de lo vivo que pretendiera vivir sin disputa y sin pesa, sin balanza y sin pesadores!

Si ese sublime se cansara de su sublimidad, solo entonces comenzaría su belleza y solo entonces yo lo gustaría, y me gustaría.

Y solo si se aparta de sí mismo saltará su propia sombra ¡y adentro de su sol!

Demasiado tiempo ha estado a la sombra: se ha vuelto pálido el penitente del espíritu y poco faltó para que de tanto esperar pereciera de hambre.

A sus ojos asoma todavía el desprecio y a su boca la náusea. Ahora reposa, sí, pero su reposo no se ha tendido todavía al sol.

Debiera imitar al toro, y su felicidad debiera oler a tierra y no a desprecio de la tierra.

Debiera ser como el toro blanco que dando resoplidos y mugidos arrastra el arado; ¡y su propio mugido debiera alabar la tierra!

Su semblante se presenta aún más torvo: juega en él la sombra de la mano. Su vista está aún sombreada.

Su obra misma es aún sombra proyectada sobre él, la mano oscurece al que la ha utilizado. Todavía no ha superado su obra.

Amo en él, por cierto, la cerviz del toro: más ahora quiero ver también el ojo del ángel.

Debe él olvidarse también de su voluntad heroica: ha de añadir a la sublimidad la elevación serena, ¡el éter mismo debiera elevar al falto de su voluntad!

Venció fieras y descifró enigmas: pero le queda aún por redimir sus fieras y enigmas, transformarlos en seres angelicales.

¡Todavía su conocimiento no ha aprendido a sonreír y librarse de la rivalidad empecinada! ¡Todavía su pasión ardiente no se ha domado en la belleza!

¡No en el hartazgo sino en la belleza debe desembocar y fundirse su ansia! De la generosidad de las almas generosas debe formar parte la gracia.

Con el brazo colocado sobre la cabeza debiera descansar el héroe, de esta forma tendría que superar todavía su descanso.

Pero precisamente para el héroe lo *bello* es lo más difícil, inaccesible es la belleza a todas las voluntades impetuosas.

Un poco más, un poco menos, justamente esto es aquí mucho, lo principal.

Estar allí de pie con los músculos flojos y la voluntad relajada es lo más difícil para todos los sublimes.

Cuando el poder abandona la clemencia, belleza le llamo yo a tal clemencia.

Y de nadie pido belleza como precisamente de ti poderoso, tu bondad debe ser tu triunfo último.

Te creo capaz de cualquier maldad, de allí que te pido la bondad.

¡Muchas veces me he reído de los débiles que se creen buenos porque tienen las garras flojas!

Debes emular la virtud de la columna que conforme asciende se vuelve por fuera cada vez más hermosa y delicada, pero cada vez más dura y sólida por dentro.

¡Ah, hombre sublime, un día has de ser bello y reflejar en el espejo tu propia belleza.

Entonces, tu alma se estremecerá de ansias divinas; ¡y tu misma vanidad será adoración!

Pues tal es el misterio del alma: solo cuando la ha abandonado el héroe se le acerca en sueños el superhéroe».

Así habló Zaratustra.

Del país de la cultura[28]

«Me adentré volando demasiado en el futuro y fui presa del horror.

Y cuando miré en torno ¡he aquí que el tiempo era mi único contemporáneo!

Entonces me volví atrás, huyendo cada vez con mayor rapidez —así llegué a vosotros, los hombres del presente, y al país de la cultura—.

Por vez primera llegué bien dispuesto hacia vosotros: más aún, embargado por nostálgico afán.

Pero, ¿qué me pasó? ¡No obstante mi azoramiento tuve que reír! ¡Nunca había visto nada tan pintoresco!

Reí de buena gana, mientras me temblaban las piernas y también el corazón. "¡He aquí la patria de todos los tarros de colores!" —me dije para mis adentros.

¡Con las caras y miembros salpicados de cincuenta manchas estabais sentados ahí, los hombres del presente, con gran sorpresa de mi parte!

¡Y rodeados de cincuenta espejos que halagaban y reflejaban vuestro juego de colores!

¡No podríais llevar, hombres del presente, máscara más adecuada que vuestro propio rostro! ¡Cualquiera os reconocía!

28 Otro título previsto por Nietzsche era «De los hombres del presente».

Cubiertos de los signos del pasado, y aun estos signos tiznados de nuevos signos, ¡qué bien os habéis puesto al abrigo de todos los intérpretes de signos!

Aún cuando los augures examinaran vuestras entrañas, ¿quién supondría que las tenéis?

Vuestros velos son un muestrario abigarrado de todos los tiempos y pueblos; en vuestros ademanes hablan todos los credos y costumbres.

Quien os quitase los velos y mantos y colores y ademanes, se quedaría con lo justito para componer un espantapájaros.

Yo mismo soy el pájaro espantado que os vio desnudos y sin colores; y huí volando al hacerme el esqueleto señas de amor.

¡Preferiría ser jornalero en el reino de las sombras del pasado!

¡Hasta ahí abajo hay más plenitud que entre vosotros!

¡Lo que me tiene amargado es que no os soporto ni desnudos ni vestidos, oh, hombres del presente!

Todo terror de lo futuro y cuanto una vez espantó pájaros extraviados es más confortante y acogedor que vuestra "realidad".

Pues decís: "Somos reales cien por ciento, sin fe ni superstición". Así os enorgullecíais, sacando pecho, ¡ay, sin pecho!

¡Cómo *podríais* creer vosotros los pintarrajeados! ¡Pinturas de cuanto una vez ha sido creado!

Sois refutaciones andantes de la fe misma y deslomadores de todos los pensamientos. ¡Yo os llamo, señores reales, indignos de que se os crea!

Todos los tiempos han parloteado unos contra otros en vuestro espíritu, ¡y los sueños y disparates de todos los tiempos fueron más reales que vuestra lucidez!

Sois estériles, *esta es la razón* de que no creáis en nada. El creador siempre ha tenido también sus sueños —verdades y signos luminosos— ¡y creía en la fe!

Sois puertas entreabiertas donde aguardan sepultureros. Y *vuestra* realidad es esta: "todo merece perecer".

¡Ay, estáis puro hueso, ni pizca de carne os cubre las costillas! Y más de uno de vosotros se dio él mismo cuenta de ello; y dijo:

"¿Me habrá quitado algo un dios mientras yo estaba dormido? ¡Lo suficiente, por cierto, para crear una mujer!

¡Es sorprendente la pobreza de mis costillas!" —así manifestó ya más de uno de vosotros, los hombres del presente.

¡Me hacéis reír, hombres del presente! ¡Sobre todo cuando os asombráis de vosotros mismos!

¡Y ay de mí si no pudiera reírme de vuestro asombro y tuviera que tragar la bazofia que llena vuestras escudillas!

Os tomo a broma, como que tengo que llevar una *carga* pesada; ¡qué importa qué escarabajos e insectos se posen en mi carga!

¡No por esto ella me resulta más pesada! Y no habréis de ser vosotros, los hombres del presente, la causa de mi gran fatiga.

¡Ay!, ¿dónde está la cumbre que yo pueda aún escalar con mi anhelo? Desde todas las cimas voy en busca de patrias y madres tierras.

En ninguna parte he encontrado un hogar, vago por todas las ciudades y salgo por todas las puertas.

Extraños y ridículos se me antojan los hombres del presente a los que el otro día me llevó el deseo, estoy desterrado de todas las patrias y madres tierras.

Es así que ya no amo más que a la *tierra de mis hijos*, la tierra ignorada, la perdida en el mar más lejano; hacia ella enfilan empeñosamente mis velas.

En mis hijos quiero reparar el ser yo el hijo de mis padres, ¡y en todo futuro *este* presente!».

Así habló Zaratustra.

Del inmaculado conocimiento

«Cuando ayer salió la luna, me pareció que estaba por parir un sol; tan abultada y grávida estaba tendida sobre el horizonte.

Pero su gravidez fue pura mentira, y antes creería yo hombre a la luna que mujer.[29]

Claro que también como hombre es muy poca cosa esa trasnochadora furtiva. Con la conciencia turbada anda por sobre los tejados.

Pues lascivo y envidioso es el monje de la luna, concupiscente de la tierra y de todas las alegrías de los amantes.

¡No me agrada ese gato que se desliza por los tejados! ¡Me repugnan todos los que rondan furtivamente las ventanas entreabiertas!

Piadoso y silencioso anda sobre alfombras siderales; pero me asquean todos los pies de hombre que caminan sin hacer ruido, sin que sonase ni siquiera una espuela.

Los pasos de todos los honrados hablan, pero el gato se desliza sin hacer ruido por el suelo. ¡Hay que ver el andar felino y falso de la luna!

¡Con esta parábola me refiero a los hipócritas sensitivos que rendís culto al "conocimiento puro"! ¡Yo os llamo... lascivos!

También vosotros amáis la tierra y todo lo terreno, ¡a mí no me engañáis! Pero en vuestro amor hay vergüenza y conciencia turbada, ¡os parecéis a la luna!

Vuestro espíritu ha sido persuadido a despreciar la tierra, pero vuestras entrañas no se han dejado persuadir; ¡mas estas dominan en vosotros!

Y ahora vuestro espíritu se avergüenza de estar a merced de las entrañas y su vergüenza lo empuja por todos los caminos tortuosos de la mentira.

"¡El ideal —se dice vuestro espíritu mentiroso— sería considerar la vida sin deseo alguno, y no, como el perro, con la lengua colgando fuera de la boca!

Ser feliz en la contemplación serena, con la voluntad extinguida, sin la codicia y el afán del egoísmo, ¡frío y gris de pies a cabeza, pero con ojos ebrios de luna!".

29 En alemán la luna es masculino (Mond), mientras el sol es femenino, como en los países mediterráneos.

"El ideal —así se seduce a sí mismo el seducido— sería amar la tierra como la ama la luna y palpar su belleza únicamente con la mirada."

Y al no pedir de las cosas más que poder estar tumbado ante ellas cual espejo de cien ojos le llamo el conocimiento *inmaculado*.

¡Oh, hipócritas sensibles y lascivos, os falta la inocencia del deseo, y así calumniáis ahora el deseo!

¡No amáis a la tierra como creadores, procreadores y seres ansiosos de engendrar!

¿Dónde está la inocencia? ¡Allí donde está la voluntad de engendrar! Y quien ansía superarse creando posee la voluntad más pura.

¿Dónde está la belleza? Allí donde uno *tiene que querer* con toda la fuerza de voluntad; allí donde uno quiere amar y morir, para que tal imagen deje de ser nada más que imagen.

Amar y perecer en el ocaso, lo uno está ligado a lo otro. La voluntad de amor comporta la voluntad de muerte. ¡He aquí lo que he de decir a vosotros los cobardes!

Pero ahora vuestra castrada mirada de reojo pretende ser "contemplación". ¡Y lo que puede ser palpado por ojos furtivos lo pretendéis llamar "bello"! ¡Oh, mancilladores de nombres nobles!

Pero vuestro triste sino, inmaculados seguidores del conocimiento puro, ha de ser no alumbrar jamás; ¡aunque abultados y grávidos estén tendidos sobre el horizonte!

Os llenáis la boca de palabras nobles y pretendéis hacernos creer que vuestro corazón se desborda, ¡embusteros!

Mis palabras son insignificantes, despreciadas y torcidas; no tengo inconveniente en recoger las migajas de vuestra mesa.

¡Con ellas todavía puedo decirles cuatro verdades a los hipócritas! ¡Ah, mis espinas, conchas y cáscaras han de hacerles cosquillas a los hipócritas!

Siempre un aire viciado os rodea a vosotros y vuestras mesas, ¡como que vuestros pensamientos lascivos, mentiras y disimulos están en el aire!

¡Osad ante todo creer en vosotros, en vosotros y vuestras entrañas! El que no cree en sí mismo miente siempre.

Os envolvisteis en una piel de dios, en una piel de dios se escondió vuestra asquerosa lombriz.

¡Cómo engañáis, "contemplativos"! También Zaratustra fue embaucado en un tiempo por vuestros pellejos divinos, no se dio cuenta de la serpiente agazapada dentro de ellos.

¡En un tiempo me pareció ver un alma de dios jugar en vuestros juegos, oh, adeptos del conocimiento puro! ¡Ningún arte se me antojó superior a vuestras artes!

La lejanía me soslayaba la inmundicia de reptil y el olor pestilente, no me hacía ver que aquí se deslizaba lasciva la maña de un lagarto.

Pero me *acerqué*; entonces despertó mi día y ahora despierta el vuestro; ¡se acabaron los amoríos con la luna!

¡Mirad! ¡Pálida y cual ladrón sorprendido en flagrante está ahí ante la aurora!

Pues ya llega la aurora incandescente, ¡viene *su* amor a la tierra! ¡Inocencia y ansia creadora es todo amor solar!

¡Mirad cómo presa de impaciencia viene ella por sobre el mar! ¿No sentís la sed y el aliento caliente de su amor?

Desea beber las aguas del mar y, bebiendo, elevar sus profundidades hacia sus propias alturas; entonces el ansia del mar se levanta en mil senos.

¡Ansía el mar ser besado y chupado por la sed del sol, ansía ser aire y altura y senda de la luz y la misma luz!

En verdad, como el sol amo yo la vida y todos los mares insondables.

¡Y mi noción de la sabiduría es: elevar toda profundidad hacia mi altura!».

Así habló Zaratustra.

De los eruditos

«Cuando yo yacía dormido, un asno devoró hojas de la corona de hiedra que ciñe mi frente. Devoró y dijo: "Zaratustra ya no es un erudito".

Habló así y se fue tan orgulloso. Me lo contó un niño.

Me gusta estar echado aquí donde juegan los niños, junto al muro agrietado, entre cardos y rojas amapolas.

Sigo siendo un erudito para los niños, como también para los cardos y las rojas amapolas. Son inocentes, aun en su maldad.

Pero no lo soy más para los asnos; así lo quiere mi destino, ¡bendito sea!

Pues lo cierto es que me he marchado de la casa de los eruditos, y aun dando un portazo a mis espaldas.

Demasiado tiempo mi alma pasó hambre en su mesa, no entiendo cómo ellos se consideran un cascanueces del saber.

Me gusta la libertad y el aire sobre tierra lozana, prefiero dormir sobre cueros de buey antes que sobre las dignidades y respetabilidades de los eruditos.

Estoy demasiado exaltado y abrasado por pensamientos propios, a tal punto que muchas veces me siento demasiado ardiente. Entonces tengo que salir al aire libre, huir de todos los cuartos polvorientos.

Ellos, en cambio, están sentados ahí, fresquitos, a la sombra fresca; quieren ser en todo simples espectadores y se cuidan mucho de sentarse allí donde el sol abrasa los escalones.

Como quien plantado en la calle mira a los transeúntes que pasan, están ahí en actitud de espera mirando los pensamientos ajenos.

Cuando se los toca, se desprende un polvo como de sacos de harina; pero cualquiera se da cuenta de que su polvo no proviene del trigo y el oro de los trigales maduros.

Cuando las echan de sabios, sus pequeñas sentencias y verdades me hacen tiritar de frío; trasciende de su sabiduría muchas veces un olor a ciénaga; y, en efecto, ¡también he percibido ya en ella el croar de la rana!

Son hábiles, gentes de dedos listos; yo soy demasiado sencillo para esa habilidad prodigiosa. Entienden sus dedos a la maravilla de hilvanar, anudar y tejer, ¡así tejen las medias del espíritu!

Son relojes muy buenos. Siempre que se cuida de darles cuerda, indican con exactitud la hora con un ruidito discreto.

Trabajan cual molinos y morteros, ¡basta con echarles los granos, que ellos sabrán molerlos y convertirlos en polvo blanco!

Se vigilan mutuamente y desconfían unos de otros. Muy listos en eso de inventar pequeñas mañas y tretas acechan cual arañas a aquel cuyo saber anda cojeando.

Siempre les he visto preparar veneno con cautela, siempre lo hacían calzando guantes de cristal.

Saben también jugar a los dados haciendo trampa, y los he visto entregados a su juego con tal empeño que al hacerlo sudaban.

No tengo nada que ver con ellos, y sus virtudes me repugnan aún más que sus falsedades y dados falsos.

Y cuando convivía con ellos, vivía encima de ellos. Así me atraje su enojo.

Les molesta el que uno camine sobre sus cabezas, así que pusieron madera y tierra e inmundicia entre mí y sus cabezas.

De este modo amortiguaron el sonido de mis pasos: hasta ahora, los eruditos son los que menos me han oído.

Sin embargo, con mis pensamientos camino sobre sus cabezas, y aunque caminase sobre mis propios defectos estaría por encima de ellos y sus cabezas.

Pues los hombres *no* son iguales, así habla la justicia ¡Y lo que yo quiero, no lo han de querer *ellos* también!».

Así habló Zaratustra.

DE LOS POETAS

«Desde que conozco mejor el cuerpo —dijo Zaratustra a uno de sus discípulos—, el espíritu no es para mí un modo de expresarse, y todo lo "imperecedero" también es tan solo un símbolo».

«Ya te oí decir esto antes —respondió el discípulo—, y entonces añadiste: "Y los poetas mienten demasiado". ¿Por qué dijiste que los poetas mentían demasiado?».

«¿Por qué? —dijo Zaratustra—. ¿Cómo por qué? Yo no soy de esos a los que debe inquirirse su porqué.

¿Acaso data de ayer mi experiencia vital? Hace mucho tiempo que experimenté las razones de mis opiniones.

¿No tendría que ser yo un tonel de memoria si pretendiese llevar conmigo hasta mis razones?

¡Si apenas tengo cabida siquiera para mis pareceres! Más de un pájaro se me escapa.

Y a veces encuentro en mi palomar un ave extraña que ha venido volando extraviada y que tiembla cuando poso mi mano en ella.

¿Qué es lo que te dijo en cierta ocasión Zaratustra? ¿Que los poetas mienten demasiado? Pues bien, también Zaratustra es un poeta.

¿Crees que en esto dice la verdad? ¿Por qué lo crees?».

«Creo en Zaratustra» respondió el discípulo. Pero Zaratustra sacudió la cabeza y se sonrió.

«A mí no me hace bienaventurado la fe —dijo—, y menos la fe en mi propia persona.

Pero, suponiendo que alguien dijera que los poetas mienten demasiado, tiene razón; en efecto, nosotros mentimos demasiado.

También sabemos demasiado poco y aprendemos mal, así que tenemos que recurrir a la mentira.

¿Y cuál de nosotros los poetas no ha adulterado su vino? Más de una mezcla venenosa se ha fabricado en nuestras bodegas, no pocas cosas inauditas se han hecho allí.

Y porque sabemos poco, nos gustan mucho los pobres de espíritu, máxime si son mujercitas.

Y apetecemos hasta las cosas que se cuentan las viejas en la noche. Le llamamos nosotros el eterno femenino.

Y como si existiese una vía secreta para llegar al saber, *vedado* a los que aprenden algo, creemos en el pueblo y su "sabiduría".

Mas todos los poetas creen que quien tendido en la hierba o en alguna ladera apartada aguza el oído, se entera un poco de las cosas que existen entre el cielo y la tierra.

Y cuando les llegan delicados movimientos, los poetas creen que la naturaleza misma está enamorada de ellos.

Y que ella se acerca furtivamente a sus oídos para susurrarles confidencias y arrumacos. ¡De esto se jactan y ufanan ante todos los mortales!

¡Ah, hay muchas cosas entre el cielo y la tierra que solo los poetas se han permitido soñar!

Y sobre todo *por encima* del cielo, ¡pues todos los dioses son alegorías de poetas, ficciones de poetas!

En todo momento nos atraen las alturas, el reino de las nubes; sentamos en ellas nuestros muñecos pintarrajeados y les llamamos dioses y superhombres.

¡Pues son suficientemente inconsistentes para tan precarias sillas, todos esos dioses y superhombres!

¡Oh, qué cansado estoy de todo lo inaccesible que se empeñan en proclamar trascendental! ¡Oh, qué cansado estoy de los poetas!».

Se calló Zaratustra y su discípulo se sintió enojado contra él, pero se mantuvo en silencio.

La mirada de Zaratustra se había replegado sobre sí misma, como si estuviese fija en lejanías. Al fin dio un suspiro y tomó aliento.

«Soy de hoy y de siempre —dijo luego—, pero hay en mí algo que es de mañana y de pasado mañana y del futuro.

Me he cansado de los poetas, los viejos y los nuevos; todos ellos se me antojan superficiales y mares poco profundos.

No pensaban suficientemente hondo, así que su sentir se sumergió hasta los fondos.

Un poco de voluptuosidad y otro poco de aburrimiento han sido sus reflexiones más profundas.

Su tañido de lira se me aparece como un soplo fantasmal y paso fugaz de espectros. ¡Qué han sabido ellos hasta ahora del ardor de los sonidos!

Tampoco son lo bastante limpios: enturbian todas sus aguas, para que parezcan profundas.

Y se complacen en presentarse como conciliadores, ¡pero para mí no son más que mediadores y mezcladores, gentes de términos medios, enredadores, gente sucia!

¡Ay!, no pocas veces he echado mi red en sus mares, deseoso de pescar algo bueno, pero siempre saqué la cabeza de un viejo dios.

Así, el mar ofrecía piedra al hambriento. Y ellos, los poetas, provienen acaso del mar.

Encuentra uno ciertamente perlas en ellos, pero tanto más semejantes son a duros crustáceos. Y en vez de alma muchas veces encontré en ellos légamo salado.

Han aprendido del mar incluso su vanidad, ¿no es el mar el pavo real de los pavos reales?

Incluso ante el más feo de todos los búfalos extiende su abanico bordado en plata sobre seda y nunca se cansa de esta exhibición.

Con aire ceñudo lo contempla el búfalo, más interesado en la playa arenosa, aun más en los matorrales y sobre todo en el cenagal.

¡Qué le importan la belleza y el mar y los adornos del pavo real! ¡Tomen nota de esta parábola los poetas!

¡Su propio espíritu es el pavo real de los pavos reales un mar de soberbia!

Clama el espíritu de los poetas por espectadores, ¡así sean búfalos!

Me he cansado de este espíritu: y día llegará en que él se cansará de sí mismo.

Ya he visto a los poetas transformados y con la mirada vuelta contra ellos mismos.

He visto advenir a penitentes del espíritu surgidos de los poetas».

Así habló Zaratustra.

De los grandes acontecimientos[30]

Hay en el mar —no lejos de las islas afortunadas de Zaratustra— una isla donde humea sin parar un volcán. Dice la gente, y dicen sobre todo las viejas, que está situada a modo de roca delante de la puerta del mundo subterráneo y que a través del volcán conduce a esta puerta un angosto sendero.[31]

En los días en que Zaratustra se hallaba en las islas afortunadas un barco hizo escala en la isla donde se levanta el volcán y la tripulación bajó a tierra para cazar conejos. Y ocurrió que hacia la hora del mediodía, cuando el capitán y sus hombres habían vuelto a reunirse, divisaron de pronto a un hombre acercarse a ellos volando por los aires y una voz dijo con claridad: «¡Ha llegado la hora!». Y cuando la aparición estaba más cerca de ellos —pero pasó de largo velozmente cual una sombra, en dirección al volcán— reconocieron con gran estupor a Zaratustra; pues todos ellos, salvo el capitán, le conocían y le querían como quiere el pueblo, esto es, con un poco de amor y otro poco de respetuoso terror.

«¡Vaya! —exclamó el viejo timonel—. ¡Zaratustra se va al infierno!».

En los mismos días en que estos marinos desembarcaron en la isla del Fuego, corrió la voz de que Zaratustra había desaparecido; y cuando se preguntó por él a sus amigos, informaron que en horas de la noche se había embarcado con rumbo desconocido.

Cundió así la alarma; y al cabo de tres días se agregó a ella el relato de los marinos, afirmando entonces todo el mundo que el diablo se había llevado a Zaratustra. Sus discípulos ciertamente se reían de esta superstición, y uno de ellos hasta dijo: «Antes bien creo que Zaratustra se ha llevado al diablo». Pero en el fondo del alma todos ellos estaban embargados por la preocupación y añoranza. Así que fue grande su alegría cuando al quinto día Zaratustra se presentó entre ellos.

30 El título original de este capítulo fue «Del perro de fuego».

31 Recuerda el Averno de la mitología clásica.

Y he aquí el relato del coloquio de Zaratustra con el perro de fuego:

«La tierra —dijo— tiene una piel; y esta piel está atacada de enfermedades. Una de ellas se llama "hombre".

Y otra enfermedad se llama "perro de fuego", respecto a *este* los hombres han creído muchas mentiras, propias y ajenas.

Para profundizar en ese misterio crucé el mar; y vi la verdad desnuda, totalmente desnuda.

Sé ahora qué hay del perro de fuego, como también de todos los demonios perversos y subversivos a los que no solamente las viejas tienen miedo.

"¡Sal de tus profundidades, perro de fuego! —llamé—, y di cuán profundas son estas profundidades! ¿De dónde proviene lo que tu aliento proyecta hacia arriba?

Bebes copiosamente las aguas del mar, ¡lo revela tu elocuencia salada! ¡Para ser un perro de las profundidades, te alimentas demasiado en la superficie!

Te tengo a lo más por el ventrílocuo de la tierra; y cada vez que oí referencias a demonios perversos y subversivos, los encontré salados, mentirosos y poco profundos, como tú.

¡Entendéis de rugir y oscurecer con ceniza! Sois bocazas como no hay otros y maestros en el arte de hervir fango.

Donde vosotros estéis siempre debe haber a mano fango y ha de abundar lo fungoso, cavernoso y encajonado ansioso de libertad.

'Libertad', he aquí lo que más os gusta aullar; pero yo ya no creo en los 'grandes acontecimientos' acompañados de muchos aullidos y humo.

¡Créeme, amigo ruido infernal, los acontecimientos más grandes no son nuestras horas más estruendosas, sino nuestras horas más silenciosas!

No alrededor de los inventores de estrépito nuevo, sino en torno de los inventores de valores nuevos gira el mundo, *sin estridencias*.

¡Y confiesa que poco estaba hecho una vez extinguido tu ruido y disipado tu humo! ¡Qué importa tal ciudad arrasada y tal ídolo derribado al fango!

Y a los derribadores de ídolos les digo aún esto: Es sin duda el colmo de la estupidez arrojar sal al mar y estatuas al fango.

En el fango de vuestro desprecio yacía la estatua, ¡pero su ley es justamente que del desprecio nace para la nueva vida y nueva belleza palpitante!

Dotado de facciones más divinas resurge, y seduce precisamente por su sufrimiento; ¡y os agradecerá por haberlo derribado, derribadores!

Y a los reyes y las iglesias y cuanto anda entrado en años y flojo de virtud doy este consejo: '¡Dejaos derribar ¡para que recobréis la vida y os recobre la virtud!'."

Así hablaba yo al perro de fuego, cuando me interrumpió preguntando con brusquedad: "¿La iglesia? ¿Qué es eso?"

"La iglesia —respondí— es una especie de Estado; la más embustera, para ser exacto. ¡Pero cállate, perro hipócrita, que me consta que conoces como nadie tu propia especie!

El Estado es un perro hipócrita como tú, al igual de ti le gusta hablar con gran aparato de aullidos y humo para hacer creer, como tú, que habla desde el vientre de las cosas.

Pues está dedicado a ser tenido por el animal más importante sobre la tierra; y se lo tiene por tal, en efecto."

Cuando hube dicho esto, el perro de fuego se puso loco de envidia.

"¿Cómo? —gritó—. ¿El animal más importante sobre la tierra? ¿Y se lo tiene por tal, en efecto?" —Y sus fauces despedían tanto vapor y voces pavorosas que me parecía que iba a estallar de rabia y envidia.

Al fin se apaciguó un poco, y cuando se hubo calmado del todo, dije riendo:

"¡Te enojas, perro de fuego, luego he acertado respecto de ti!

Y para remachar el acierto, te voy a hablar de otro perro de fuego que habla realmente desde el corazón de la tierra.

Su aliento trae oro y lluvia de oro, pues así es cómo siente. ¡Qué tiene que ver él con la ceniza y el humo y la saliva caliente!

Cual nube de color se desprende de él la risa, ¡le repugna tu vomitar y salivar y escupir!

El oro y la risa los saca del corazón de la tierra, pues has de saber que el *corazón de la tierra es de oro.*"

Al oír esto, el perro de fuego no soportó seguir escuchándome. Profiriendo un *¡guau!, ¡guau!* muy apocado, bajó a su caverna, el rabo entre las piernas».

Así contó Zaratustra. Pero sus discípulos apenas si le prestaban atención, ansiosos de hablarle de los marinos, los conejos y el hombre volador.

«¡Vamos! —exclamó Zaratustra, tras haber escuchado su relato—. ¿Acaso soy un fantasma?

Sería mi sombra. Ya habéis oído hablar del Viajero y su sombra, ¿no?[32]

Lo cierto es que debo atarla corto, o si no, me perjudicará mi reputación. —Y volvió a sacudir la cabeza, asombrado—. ¡Vamos! —repitió— ¡Vamos!

¿Por qué gritó el fantasma: "¡Ha llegado la hora!"?

¿La hora de *qué* ha llegado?».

Así habló Zaratustra.

El adivino

«...y vi una gran tristeza escaparse en los ánimos de los hombres. Los mejores se cansaron de su obra.

Difundióse esta doctrina, acompañada de este credo: "¡Todo es vano, todo es igual, todo está caduco!".

Y entre todas las colinas repercutió el eco: "¡Todo es vano, todo es igual, todo está caduco!".

Hemos cosechado, sí; pero, ¿por qué toda la fruta recogida se pudrió? ¿Qué cayó la noche pasada de la luna malvada?

En vano fue todo el trabajo, nuestro vino se ha transformado en veneno, un mal de ojo ha abrasado nuestros campos y corazones, poniéndolos amarillos.

32 Título de una obra de Nietzsche.

Todos nos hemos vuelto áridos; y cuando cae fuego sobre nosotros, nos reducimos a polvo como si fuésemos ceniza: al fuego mismo lo hemos cansado. Todas las fuentes se han secado, hasta el mar ha retrocedido. ¡Todo fondo quiere arrastrar hacia sí, pero las profundidades no quieren tragar!

¡Ay!, ¿dónde queda un mar en donde uno pueda ahogarse? —así nos lamentamos por sobre bajíos fangosos.

Nos hemos vuelto ya demasiado cansados como para morir; ahora continuamos despiertos y seguimos viviendo ¡en cámaras sepulcrales!».

De tal modo oyó Zaratustra hablar a un adivino, y su vaticinio se le adentró hasta lo profundo del alma y le cambió. Anduvo por ahí triste y cansado, llegando a ser como aquellos de los que había hablado el adivino.

«En verdad —dijo a sus discípulos—, está por sobrevenir ese largo crepúsculo. ¡Ay, cómo voy a preservar mi luz llevándola al otro lado!

¡No sea que se me extinga en medio de tanta tristeza, ha de ser luz para mundos más lejanos y noches remotas!».

Anduvo así Zaratustra atosigado por honda pesadumbre, y por espacio de tres días no probó bocado, se debatió en la desazón y no despegó los labios. Al fin se durmió profundamente. Sus discípulos lo velaron en largas vigilias, esperando preocupados a que se despertara y hablara de nuevo y se recobrara de su tribulación.

Y cuando Zaratustra se despertó, habló como sigue, con una voz que llegaba como muy lejana al oído de sus discípulos:

«¡Escuchad el sueño que he tenido, amigos míos, y ayudadme a interpretarlo!

Es todavía un enigma para mí, su significación está oculta y aprisionada en él y lo sobrevuela todavía con alas libres.

Soñé que había renunciado a toda vida y me había hecho sereno y guardián de las tumbas en el castillo de la muerte enclavado en solitaria cumbre.

Allí custodiaba yo sus féretros, estaban repletas las lóbregas bóvedas de tales trofeos. Desde el interior de los féretros de cristal me miraba la vida vencida.

Respiraba yo el olor de eternidades polvorientas, sofocada y cubierta de polvo yacía mi alma. ¡Cómo podría airear allí el alma!

Me rodeaba siempre claridad de medianoche; y junto a ella se agazapaba la soledad, como también lúgubre silencio sepulcral, el más malo de mis compañeros.

Llevaba yo encima las más oxidadas de todas las llaves, y con ellas sabía abrir la más rechinante de todas las puertas.

Cual rabioso graznido se escapaba el sonido por los largos corredores cuando se abría la puerta, era como si un ave abriese las alas chillando con rabia por haber sido despertada.

Pero aún más horrible y espantoso era cuando enmudecía la puerta y yo me quedaba otra vez a solas con el maldito silencio.

Así me transcurría, mejor dicho, se me arrastraba el tiempo, si es que el tiempo existía todavía. Mas al fin ocurrió lo que me despertó.

Tres veces golpearon contra la puerta golpes cual horrendos truenos, y otras tantas veces el eco retumbó por las bóvedas. Entonces, me dirigí a la puerta.

"¡Alpa! —llamé—, ¿quién lleva su ceniza a la montaña? ¡Alpa! ¡Alpa! ¿Quién lleva su ceniza a la montaña?"

E introduje la llave en el ojo de la cerradura y luché por abrir la puerta. Pero inútilmente.

Entonces, de golpe, una ráfaga de viento la abrió de par en par, y un desenfreno de silbidos y chillidos me arrojó a los pies un ataúd negro.

Y en medio de los bramidos, silbidos y chillidos, se rompió el féretro, vomitando mil carcajadas diferentes.

Y mil grotescas figuras de niños, ángeles, lechuzas, locos y mariposas del tamaño de niños se me echaron encima en una tempestad de carcajadas, denuestos y bramidos.

Lleno de miedo quedé tendido en el suelo, y grité de horror como nunca antes había gritado.

Y mi propio grito me despertó, y volví en mí».

Tras haber referido su sueño se calló Zaratustra, pues ignoraba todavía su significado. Pero su discípulo favorito se levantó rápidamente, le tomó la mano y dijo:

«¡Tu propia vida nos interpreta este sueño, oh, Zaratustra!

¿No eres tú mismo el viento que silba y chilla y abre las puertas de los castillos de la muerte?

¿No eres tú mismo el féretro repleto de múltiples malicias y grotescas figuras de la vida?

Cual mil risas de niños penetra Zaratustra en todas las cámaras mortuorias, riéndose de esos serenos y guardianes de tumbas y de quien anda por ahí haciendo sonar lúgubres llaves.

Tu risa los espantará y derribará al suelo, su desmayo y despertar probarán tu poder sobre ellos.

¡Y aun cuando lleguen el largo crepúsculo y el cansancio mortal, no te apagarás en nuestro firmamento, paladín de la vida!

Nos has enseñado nuevos astros y nuevos esplendores nocturnos, la risa misma la has lanzado sobre nosotros cual bóveda estrellada.

Ahora siempre risa de niños brotará de los féretros, ahora siempre un viento fuerte barrerá todo cansancio mortal; ¡tú mismo así nos lo pregonas y garantizas!

¡Soñaste con tus propios enemigos, tal fue tu sueño más difícil!

¡Pero así como te despertaron y te hicieron volver en ti, se despertarán a sí mismos y vendrán a ti!».

Así habló el discípulo, y todos los demás rodearon entonces solícitamente a Zaratustra, y tomándole las manos trataron de persuadirle a abandonar el lecho, decir adiós a la tristeza y volver al lado de ellos. Pero Zaratustra, incorporado en su lecho, miraba a sus discípulos como quien ha vuelto tras larga ausencia en tierras lejanas, escudriñando sus rostros, y aun no los reconocía. Pero cuando lo levantaron y lo pusieron en pie, mudaron de pronto sus ojos; comprendió todo lo que había pasado, se alisó la barba y dijo en voz alta:

«¡Bien! Esto ha tenido su hora, ¡pero ahora cuidad, discípulos míos, dispongámonos a una pronta y buena comida! ¡Así pretendo expiar malos sueños!

Y el adivino debe sentarse a mi lado en la mesa, ¡y le voy a mostrar aún un mar en el que pueda ahogarse!».

Así habló Zaratustra. Luego miró con atención la cara al discípulo que había interpretado su sueño, sacudiendo la cabeza...

De la redención

Un día que Zaratustra cruzaba el gran puente, le rodearon los inválidos y los mendigos, y un jorobado le habló así:[33]

«¡Mira, Zaratustra! También el pueblo aprende de ti y comienza a creer en tu doctrina. ¡Pero para que su confianza en ti sea absoluta es preciso que nos convenzas también a nosotros, los lisiados! Aquí tienes un lindo surtido y oportunidades de sobra. Podrías sanar ciegos y tullidos, y bien podrías también quitarles un poco de encima a los que llevan demasiado a cuestas ¡Me parece que este es el mejor modo de hacer que los inválidos crean en Zaratustra!».

Mas Zaratustra respondió al que así había hablado:

«Dice la gente que quitándole la joroba al jorobado se le quita a la vez su espíritu. Y cuando se sana al ciego, ve demasiadas cosas malas en la tierra, así que acaba por maldecir al que lo curó. Y mal servicio se le hace al tullido poniéndolo en condiciones de andar: pues no bien puede caminar, se descamina por tortuosas veredas, así lo enseña la gente a propósito de los tullidos. ¿Y por qué Zaratustra no ha de aprender de la gente cuando la gente aprende de Zaratustra?

Desde que convivo con los hombres lo que menos me importa es ver que a este le falta un ojo y a aquel una oreja y al de más allá una pierna y que hay quienes han perdido el don del habla o el olfato o la cabeza.

He visto y veo cosas peores que esto y tantos horrores que no quiero hablar de todos ellos ni sobre algunos siquiera callar: hombres a los que faltaba todo, menos una cosa que tenían en exceso; hombres que no eran más que un ojo descomunal o una bocaza o una panza u otra cosa enorme. Les llamo yo lisiados invertidos.

33 Todo este capítulo es un remedo de un pasaje del Evangelio de San Mateo.

Y cuando vine de mi soledad y atravesé por primera vez este puente me resistía a dar crédito a mis ojos y miraba una y otra vez y al fin me decía: "¡Esa es una oreja! ¡Una oreja grande como un hombre!", y cuando miraba aún más de cerca veía que efectivamente debajo de la oreja se movía algo muy chiquito y pobre. La oreja descomunal estaba asentada en un minúsculo y delgado tallo, ¡y ese tallo era un hombre! Mirando por una lente hasta podía verse una carita envidiosa, como también una almita inflada que colgaba del tallo. La gente me aseguró que tal oreja descomunal no solamente era un hombre, sino un gran hombre, un genio. Pero yo nunca he creído a la gente cuando hablaba de grandes hombres, así que seguía creyendo que se trataba de un lisiado invertido que de todo tenía demasiado poco y una sola cosa la tenía en demasía».

Hablado que hubo así Zaratustra al jorobado y a aquellos en cuyo nombre este le había dirigido la palabra, se volvió hacia sus discípulos, muy enojado, y les habló como sigue:

«¡Vaya, amigos míos, me muevo entre los hombres como entre torsos y miembros de hombres!

Lo que espanta mis ojos es que veo al hombre despedazado y desparramado como por un campo de batalla y de matanza.

Y cuando mi mirada huyendo del presente se atrinchera en el pasado, siempre percibe lo mismo: ¡torsos y miembros y pavorosos azares, pero no hombres!

El presente y el pasado de la tierra, ¡ay, amigos míos, nada me resulta *tan* insoportable, y no podría seguir viviendo si no fuese también un vidente del futuro!

Un vidente, un "volente", un creador, un porvenir mismo y un puente tendido hacia el porvenir, y también, ¡ay!, como quien dice, un lisiado sobre este puente: todo esto es Zaratustra.

Y también vosotros os preguntáis con frecuencia: "¿quién es nuestro Zaratustra? ¿Qué nombre le hemos de poner? Y como yo mismo, os respondéis con preguntas.

¿Será uno que promete? ¿O uno que cumple? ¿Uno que conquista? ¿O uno que hereda? ¿Un otoño? ¿O una reja de arado? ¿Un médico? ¿O un convaleciente?

¿Será un poeta? ¿O un adepto de la verdad? ¿Uno que libera? ¿O uno que sojuzga? ¿Un bueno? ¿O uno malo?

Me muevo entre los hombres como entre los torsos del futuro, de ese futuro que presiento.

Y todos mis esfuerzos se guían por el propósito de unir lo que es fragmento y enigma y azar pavoroso.

¡Y cómo soportaría yo el ser hombre si el hombre no fuese también poeta y descifrador de enigmas y redentor del azar!

Redimir a los que fueron y transformar todo "así fue" en un "¡así lo quise yo!", solo a esto le llamo yo redención.

La voluntad libera y da alegría al mensajero, y redime; así os he enseñado, amigos míos. Mas aprended ahora también que la voluntad misma yace todavía prisionera.

La voluntad libera; pero, ¿cómo se llama lo que encadena todavía a la libertadora?

"Así fue", así se llama el rechinamiento de dientes y la tribulación más íntima de la voluntad. Impotente ante lo que está hecho, ve con malos ojos todo lo pasado.

No puede la voluntad querer hacia atrás, el que no pueda quebrar el tiempo y la voracidad del tiempo es la aflicción más íntima de la voluntad.

La voluntad libera, ¿qué es lo que idea la voluntad para librarse de su aflicción y burlarse de su prisión?

¡Ay, todos los prisioneros se vuelven dementes! También la voluntad prisionera se redime de una manera demencial.

Está furiosa porque el tiempo no marcha para atrás. "Así fue" se llama la roca que no puede remover.

Y así remueve rocas de tan furiosa y contrariada, vengándose en lo que no está, como ella, furioso y de mal humor.

De esta suerte la voluntad liberadora se ha convertido en una causante del dolor; y en todo lo que es susceptible de sufrir, se venga de su incapacidad para querer hacia atrás.

Únicamente esto es, en verdad, la *venganza:* la hostilidad enconada de la voluntad al tiempo y su "así fue".

Grande es la necedad de nuestra voluntad, ¡y al aprender esta necedad, el espíritu ha llegado a ser la maldición de todo lo humano!

El espíritu de la venganza, amigos míos, ha sido hasta ahora lo mejor de la concienciación humana, y donde quiera que hubiera sufrimiento había empeño en castigar.

Pues la venganza se llama a sí misma "castigo", con esta palabra embustera finge una conciencia tranquila.

¡Y como el que quiere sufre porque no puede querer hacia atrás, el querer mismo y toda vida debía ser un castigo!

Y entonces nube tras nube envolvió al espíritu hasta que finalmente predicó la locura: "¡Todo es perecedero: luego todo merece perecer!".

"¡Es la justicia la ley del tiempo que lo obliga a devorar a sus hijos!" —así predicó la demencia.

"Las cosas están reguladas sobre la base del derecho y el castigo: Oh, ¿dónde está la redención del río de las cosas y del castigo llamado 'existencia'?" —así predicó la demencia.

"¿Puede haber redención, ya que hay un derecho eterno? ¡Ay, no hay manera de remover la roca así fue: también todos los castigos tienen que ser eternos!" —así predicó la demencia.

Ningún acto puede ser borrado: ¡cómo podría anularlo el castigo? ¡Lo que tiene de eterno el castigo Ser es que el Ser tiene que ser a su vez eternamente acto y culpa!

A no ser que la voluntad termine por redimirse a sí misma y el querer se torne en no querer. ¡Pero bien conocéis, hermanos, estas fábulas de la demencia.

Os aparté de estas fábulas al enseñaros: "La voluntad crea".

Todo "fue" es fragmento, enigma y azar pavoroso hasta que la voluntad creadora añada: "¡Pero así lo quise yo!".

Hasta que la voluntad creadora añada: "¡Pero así lo quiero yo! ¡Así lo querré!".

Pero, ¿ya habló ella así? ¿Y cuándo lo hará? ¿Se ha librado ya la voluntad de su propia estupidez?

¿Se ha liberado y redimido ya a sí misma la voluntad? ¿Se ha olvidado del espíritu de venganza y de todo entrechocar de dientes?

¿Y quién le enseñó a reconciliarse con el tiempo y tender a algo superior a toda reconciliación?

La voluntad debe tender a algo superior a toda reconciliación, que es la voluntad de poder. Pero, ¿cómo aprende esto? ¿Quién le enseñó también a marchar para atrás?».

Pero en este punto de su peroración Zaratustra se calló de pronto, semejando en todo a un hombre preso de un horror infinito. Con las pupilas dilatadas de espanto miró a sus discípulos, y sus ojos penetraron cual flechas sus pensamientos abiertos y secretos. Al poco tiempo rio de nuevo y dijo, ya con voz más calmada:

«Es difícil convivir con los hombres por ser tan difícil callar. Máxime para un hombre charlatán».

Así habló Zaratustra. El jorobado había escuchado su sermón con la cara hundida en las manos, pero cuando oyó reír a Zaratustra alzó los ojos con curiosidad y dijo muy pausadamente:

«¿Por qué Zaratustra nos habla a nosotros de otro modo que a sus discípulos?».

«¿Y qué tiene esto de extraño? —le respondió Zaratustra—. ¡Con los que llevan una joroba a cuestas y tienen las piernas torcidas bien puede hablarse torcidamente!».

«¡Muy bien —terció el jorobado—, y con los discípulos, espíritus granados, bien puede charlar de manera discipular! ¿No? Mas, ¿y por qué Zaratustra les habla a sus discípulos de otro modo que… a sí mismo?».

DE LA CORDURA

«¡No la altura, sino la pendiente es lo horrible!

La pendiente, donde la mirada se precipita *hacia abajo* y la mano se proyecta *hacia arriba*, así que le da vértigo al corazón ante su doble voluntad.

Ay, amigos míos, ¿adivináis la doble voluntad de mi corazón?

Mi pendiente y peligro es que mi mirada se precipita hacia arriba y mi mano quisiera apoyarse en… ¡las profundidades!

Se aferra al hombre mi voluntad, me ato con cadenas al hombre, porque me arrastra hacia arriba hacia el superhombre, pues hacia él tiende mi otra voluntad.

Y *he aquí la razón* de que yo viva ciego entre los hombres, como si no los conociese: no sea que mi mano pierda del todo su fe en lo firme y estable.

No os conozco, hombres, muchas veces me envuelve esta tiniebla y este consuelo me rodea a menudo.

Estoy sentado ahí, en la puerta de esa ciudad, al alcance de cualquier bribón, y pregunto: "¿Quién quiere engañarme?"

He aquí mi primera cordura: dejo que me engañen con tal de no tener que mantenerme alerta de los engañadores.

¡Ay!, si tengo que mantenerme alerta de los hombres ¿cómo el hombre podría servir de amarra a mi globo? ¡Demasiado fácilmente sería arrastrado yo hacia las alturas!

Tengo que vivir sin cautela, así lo ha decretado mi destino.

Y quien no quiere perecer de sed entre los hombres tiene que aprender a beber en todos los vasos; y quien quiere permanecer puro entre los hombres, tiene que saber lavarse también con agua sucia.

Y muchas veces me he dicho para consolarme: "¡Vaya! ¡Ánimo, viejo corazón! ¡Se te malogró una desgracia, celébralo como tu felicidad!"

Y he aquí mi segunda cordura: tengo con los *vanidosos* más deferencias que con los orgullosos.

¿No es, acaso, la vanidad herida la madre de todas las tragedias? En cambio, donde es herido el orgullo, crece algo que es aún mejor que el orgullo.

Para que la vida sea un espectáculo grato, es necesario que sea representada bien; requiere esto buenos comediantes.

Todos los vanidosos se me han revelado como buenos actores: representan su papel y ansían espectadores complacidos, todo su espíritu está en tal deseo.

Se representan y se inventan a sí mismos; me gusta observar junto a ellos la vida, para curar de este modo la tristeza.

Tengo consideraciones con los vanidosos, pues me curan de mi tristeza y hacen que el hombre me retenga como espectáculo.

Además, ¿quién comprende la humildad del vanidoso en su cabal modestia? Provoca el vanidoso mi simpatía y compasión, por lo humilde.

Quiere aprender de vosotros a creer en sí mismo; se alimenta de vuestras miradas, come el elogio en vuestras manos.

Cree incluso vuestras mentiras si mentís bien sobre él, pues en lo más profundo su corazón suspira: "¡Qué soy yo!".

Y si la virtud verdadera es la que se ignora a sí misma, ¡el vanidoso ignora su humildad!

Y he aquí mi tercera cordura: no me dejo echar a perder por vuestro temor al espectáculo del mal.

Me entusiasma mirar las maravillas que incuba el sol ardiente: tigres y palmeras y serpientes de cascabel.

También entre los hombres hay hermosas crías de un sol ardiente y abunda lo maravilloso en los malvados.

Es cierto que así como vuestros sabios no se me antojan muy sabios que digamos, encontré que también la maldad de los hombres está por debajo de su fama.

Y frecuentemente me he preguntado, sacudiendo la cabeza: "¿Por qué aún metéis ruido, serpientes de cascabel?"

¡También el mal tiene por delante un futuro! Y el sur más ardiente queda todavía por descubrir para el hombre.

¡Cuántas cosas son tenidas hoy día por maldad extrema con tener tan solo doce pies de ancho por tres meses de duración! Pero un día nacerán dragones más grandes.

¡Mucho sol tórrido tiene aun que abrasar la selva húmeda para que al superhombre no le falte su dragón, el superdragón digno de él!

¡Vuestros gatos monteses tienen que haberse convertido antes en tigres y vuestros sapos venenosos en cocodrilos, pues un buen cazador debe tener una buena caza!

¡En verdad, oh, buenos y justos, que hay en vosotros mucho que hace reír, sobre todo vuestro temor al que hasta ahora se llamaba "el demonio"!

¡Tan ajena es vuestra alma a toda grandeza, que el superhombre os causará *pavor* con su bondad!

¡Y vosotros, oh, sabios y entendidos, huiríais del sol abrasador de la sabiduría en que el superhombre baña con placer su desnudez!

Y vosotros, los hombres supremos que he conocido, he aquí la duda y risa escondida que en mí provocáis: ¡apuesto cualquier cosa a que llamaríais demonio a mi superhombre!

¡Ay, me cansé de esos más elevados y mejores, desde su "altura" deseé elevarme hacia el superhombre!

Quedé horrorizado al ver desnudos a esos mejores, entonces me crecieron alas para volar hacia futuros lejanos.

¡Hacia futuros más lejanos y sures más meridionales que los que han sido soñados jamás por artista alguno, hacia allá donde los dioses se avergüenzan de cualquier vestimenta!

Pero a *vosotros*, mis prójimos y contemporáneos, os quiero ver disfrazados y engalanados y ufanos y dignos, como "los buenos y justos".

Y yo mismo quiero estar, disfrazado, entre vosotros, para que *no os conozca* a vosotros ni a mí mismo; pues tal es mi última cordura respecto a los hombres».

Así habló Zaratustra.

LA HORA MÁS SILENCIOSA

«¿Qué me ha ocurrido, amigos míos? Me veis trastornado, obediente de mala gana, dispuesto a marchar, ¡ay!, a irme de vuestro lado.

Sí, una vez más Zaratustra tiene que retirarse a su soledad, pero de muy mala gana vuelve esta vez el oso a su caverna.

¿Qué me ha ocurrido? ¿Quién me ordena esto? ¡Ay!, me lo ordena mi iracunda señora; me habló; ¿os indiqué alguna vez su nombre?

Ayer, al caer la noche, me habló *mi hora más queda;* tal es el nombre de mi terrible señora.

Y así sucedió la cosa, pero tengo que deciros todo, para que vuestro corazón no se endurezca contra el que se va tan de repente.

¿Conocéis el terror de quien está a punto de dormirse?

Hasta las puntas de los pies se sobresaltan por ceder la tierra y comenzar el sueño.

El reloj de mi vida tomó aliento, nunca percibí en mi derredor silencio semejante; así que se sobresaltó mi corazón.

Luego algo me habló sin voz: *"¿Lo sabes, Zaratustra?"*

Y al oír este susurro lancé un grito de espanto y la sangre abandonó mis mejillas intensamente, pero callé.

Entonces, algo me habló de nuevo sin voz: "¡Lo sabes, Zaratustra, pero no lo dices!"

Y al fin, respondí, como un empecinado: "¡Sí, lo sé, pero no quiero decirlo!"

Entonces algo me habló de nuevo sin voz: "¿Que *no quieres*, Zaratustra? ¿De veras? ¡No te escondas en tu terquedad!".

Y llorando y temblando como un niño, dije: "¡Ah, ya quisiera, pero no puedo! ¡Ahórrame siquiera esto! ¡Esto es superior a mis fuerzas!".

Entonces, algo me habló de nuevo sin voz: "¿Tú qué importas, Zaratustra? ¡Di tu palabra y destrúyete!".

Y respondí: "¡Ay!, ¿es mi palabra? ¿Quién soy yo? Espero que advenga otro más digno: yo no merezco ni siquiera destruirme ante él."

Entonces, algo me habló de nuevo sin voz: "¿Tú qué importas? Todavía no eres lo suficientemente humilde. La humanidad tiene la piel más dura de todas."

Y respondí: "¡Lo que ha llevado ya la piel de mi humildad! Vivo al pie de mi altura. Nadie me ha dicho todavía cuán altas son mis cumbres. Pero conozco muy bien mis valles."

Entonces algo me habló de nuevo sin voz: "¡Oh, Zaratustra, quien ha de transportar montañas, remueve también valles y llanos!".

Y respondí: "Todavía mi verbo no ha removido montañas y mi palabra no ha llegado al oído de los hombres. Me he encaminado a los hombres, pero no he llegado aún a ellos."

Entonces, algo me habló de nuevo sin voz: "¡Qué sabes tú *de eso!* ¡Cae el rocío sobre la hierba cuando más silenciosa está la noche!".

Y respondí: "Se burlaron de mí cuando encontré y recorrí mi propio camino, y por cierto que entonces me temblaban mis pies.

Y me dijeron: '¡Te olvidaste del camino y ahora te olvidas también del andar!'."

Entonces, algo me habló de nuevo sin voz: "¡Y qué importa que se burlen de ti! ¡Tú eres uno que se ha olvidado de obedecer, ahora debes mandar!

¿No sabes quién hace más falta a todos? El que manda grandes cosas.

Realizar cosas grandes es difícil, pero aún más difícil es mandar cosas grandes.

Lo que hay de más imperdonable en ti es que tienes el poder y te resistes a utilizarlo."

Y respondí: "Me falta la voz del león para mandar".

Entonces, algo me habló de nuevo en un susurro: "Las palabras más silenciosas son las que desatan la tempestad. Gobiernan el mundo pensamientos que vienen con suavidad de paloma.

¡Oh! Zaratustra, ¡debes caminar como sombra de lo que tiene que venir; así mandarás y mandando darás la pauta a otros!"

Y respondí: "Me avergüenzo".

Entonces, algo habló de nuevo sin voz: "Debes hacerte niño y no tener vergüenza.

Hay en ti todavía el orgullo de la juventud, tardaste en volverte joven; mas quien quiera hacerse niño tiene que superar también su juventud."

Y reflexioné largo tiempo, temblando. Al fin repetí lo que había dicho ya al comienzo: "No quiero".

Entonces sonaron risas a mi alrededor. ¡Ay, cómo esas risas me desgarran las entrañas y me partieron el corazón!

Y por última vez algo me habló: "¡Oh, Zaratustra, tus frutos han alcanzado la madurez, pero tú no has alcanzado aún madurez suficiente para recogerlos!

Tienes que volver, pues, a tu soledad; porque todavía te hace falta ponerte tierno y blando."

Y ese algo volvió a reírse con estrépito y huyó, luego se hizo en torno mío un silencio que era como un doble silencio. Yo estaba tendido en el suelo, bañado en sudor.

Ahora habéis oído todo y sabéis por qué debo retornar a mi soledad. No os he callado nada, amigos míos.

Pero también os enterasteis por mi boca de quién es todavía el más callado de todos los hombres, ¡y quiere serlo!

¡Ay, amigos míos! ¡Tendría todavía algo que deciros, tendría aún algo que daros! ¿Por qué no lo doy? ¿Seré un avaro?».

Hablado que hubo así Zaratustra, lo abrumó el dolor y la proximidad de la inminente separación de sus amigos, así que prorrumpió en llanto y nadie supo consolarle. Y en horas de la noche partió solo, abandonando a sus amigos.

Tercera parte

«Vosotros miráis hacia arriba cuando deseáis elevaros; yo miro hacia abajo, pues estoy elevado.
¿Cuál de vosotros puede reír y estar elevado a un tiempo?
Quien asciende las más altas cimas se ríe de todas las tragedias, reales y fingidas».

Zaratustra, «Del leer y escribir» (I, pág. 54)

El viajero

Alrededor de la medianoche, Zaratustra se puso en camino por la cresta de la isla para llegar al rayar el alba a la costa opuesta, pues pensaba embarcarse allí. Había allí una buena rada, donde solían fondear también barcos extranjeros que admitían a bordo a quien deseaba salir de las islas afortunadas. Mientras Zaratustra subía así por la falda de la montaña, rememoró las muchas caminatas solitarias que llevaba efectuadas desde sus mocedades y el gran número de montañas, crestas y cimas que había escalado en el transcurso de muchos años.

«Soy un viajero y un escalador de cumbres —dijo a su corazón—. No me gustan los llanos y parece que la vida sedentaria no me conviene.

Y cualesquiera que sean los destinos y experiencias que tengo aún por delante, serán un caminar y un escalar montañas; acaba uno por no experimentar más que a sí mismo.

Han pasado los tiempos en que debían sobrevenirme contingencias casuales. ¡Qué *podría* serme deparado todavía que no fuera ya muy mío!

Solo vuelve, retornan a casa, al fin, mi propio ser y lo que de él ha estado, durante largo tiempo, radicado en tierra extraña y diseminado por todas las cosas y acontecimientos causales.

Y también sé que ahora estoy ante mi última cima y ante lo que ha de ser mi última experiencia. ¡Ay, tengo que subir por mi más arduo camino! ¡Ay, he iniciado mi viaje más solitario!

Y es que hombres como yo no se libran de tal hora, de la hora que les habla así: ¡Solo ahora recorres tu camino de la grandeza! ¡Cima y abismo son ahora *una y la misma cosa*!

Recorres tu camino de la grandeza; ¡se ha tornado en tu refugio último lo que hasta ahora era tu peligro último!

Recorres tu camino de la grandeza, ¡ahora el no haber ya caminos detrás de ti debe ser lo que más te anima!

Recorres tu camino de la grandeza, ¡aquí ya nadie ha de seguirte con paso furtivo! Tu propio pie borra tras de ti el camino, y encima de este está escrita la palabra “imposibilidad”.

Y aunque te falten todas las escaleras debes saber subir incluso por encima de tu propia cabeza, o si no, ¿cómo podrías seguir trepando?

¡A tu propia cabeza y por encima de tu propio corazón! Ahora lo que hay de más blando en ti debe convertirse aún en lo más duro.

Quien siempre ha tenido muchas indulgencias consigo mismo, acaba por enfermar de tanta consideración. ¡Loado sea lo que endurece! ¡Yo no alabo el país donde manteca y miel corren!

Hace falta aprender a *apartar de sí la mirada* para ver *mucho*, esta dureza la ha menester todo el que escala cimas.

Quien como hombre del conocimiento tiene la vista importuna, ¡cómo se quiere que vea de cosa alguna más que sus motivos superficiales!

Mas tú, Zaratustra, ansiabas percibir los motivos últimos y el fondo de todas las cosas; ¡para tal fin tienes que subir por encima de ti mismo, cada vez más alto, hasta que incluso tus estrellas queden *por debajo* de ti!

¡Sí! Bajar la vista hacia mí mismo y mis estrellas, ¡solo esto se me antoja mi *cima*; esto se me vean aún por delante como mi última *cumbre!*».

Así dijo Zaratustra para sus interior conforme iba subiendo, confortando su corazón con palabras duras; pues su corazón sangraba como nunca antes. Y cuando llegó a lo alto de la cima, se dilató ante él el otro mar, y se detuvo y estuvo ahí en silencio durante largo tiempo. En esas alturas la noche era fría y clara y estrellada.

«Comprendo mi suerte —se dijo al fin con pesadumbre—. ¡Muy bien! ¡Estoy preparado! Acaba de comenzar mi soledad última.

¡Ay, ese negro y triste mar de mis pies! ¡Ay, lobreguez grávida y nocturna! ¡Ay, destino y mar! ¡Tengo que *bajar* a vosotros!

Estoy ante mi más alta montaña y mi más largo viaje, por eso, primero tengo que descender más de lo que nunca he bajado:

Más dentro del dolor de lo que nunca he bajado, ¡hasta su más negro oleaje! ¡Así me lo ordena mi destino! ¡Muy bien! Estoy dispuesto.

En un tiempo pregunté: ¿de dónde vienen las más altas cimas? Entonces, aprendí que vienen del fondo del mar.

En su roca y en los peñascos de sus picos está escrito este testimonio Desde las profundidades más hondas deben hacer surgir las montañas más altas».

Así dijo Zaratustra para sus adentros en la cima del monte, donde hacía frío; y cuando llegó cerca del mar y finalmente se hallaba solo entre los acantilados, estaba cansado y más anheloso que nunca.

«Todo duerme todavía —se dijo—, duerme también el mar Me mira soñoliento e indiferente.

Mas siento su aliento cálido. Y siento también que sueña. Se agita en sueños sobre almohadas duras.

¡Cómo gime agobiado por malos recuerdos! ¿O por malos presentimientos?

¡Ay!, estoy triste a la par tuya, oscuro monstruo, y por ti enojado aun conmigo mismo.

¡Ay, mi mano no tiene fuerza suficiente! ¡Cuánto me gustaría redimirte de las pesadillas!».

Y al hablar así para sus adentros, Zaratustra se rio de sí mismo con amarga tristeza. «¡Cómo, Zaratustra! —se dijo—, ¿pretendes prodigar hasta al mar tu consuelo cantando?

¡Ay, Zaratustra, bondadoso necio, qué confiado estás! Pero siempre has sido así, siempre te has acercado confiado a todos los peligros.

No había monstruo que no pretendieras acariciar. Un hálito de aliento caliente, unos pocos mechones de pelo suave y ya estabas pronto a amarlo y tratar de atraerlo hacia ti.

El peligro del más solitario es el *amor*, el amor a *todo lo que vive.* ¡Qué ridícula es mi necedad y modestia en el amor!».

Así habló Zaratustra para sus adentros y volvió a reír por segunda vez. Pero entonces se acordó de los amigos que había abandonado atrás, y como si les hubiese ultrajado mentalmente, se enojó consigo mismo por sus pensamientos. Y al punto su risa se trocó en lágrimas: lloró Zaratustra a lágrima viva de ira y de nostalgia.

DE LA VISIÓN Y EL ENIGMA

1

Cuando se corrió la voz entre los marineros de la noticia de que a bordo del barco se hallaba Zaratustra —pues junto con él se había embarcado un hombre procedente de las islas afortunadas— se suscitó gran curiosidad y expectativa. Pero por espacio de dos días Zaratustra calló y estuvo frío y sordo a causa de la tristeza que le embargaba, así que no respondía ni a las miradas ni a las preguntas. Pero al atardecer del segundo día volvió a abrir los oídos, si bien siguió encerrado en su mutismo; pues se contaban a bordo del barco muchas cosas extrañas y peligrosas que venían de lejos y apuntaban a lo lejos. Y Zaratustra era amigo de todos los que realizaban largos viajes y se complacían en vivir peligrosamente. Y he aquí que de tanto escuchar se le soltó al fin la lengua y se rompió el hielo de su corazón, y entonces comenzó a hablar así:

«A vosotros, los audaces buscadores y aventureros, quienes quiera que seáis; a vosotros que os habéis embarcado con velas llenas de astucia sobre mares terribles. A vosotros, los ebrios de enigmas y amantes del crepúsculo cuya alma es atraída al son de flautas a todos los abismos laberínticos; pues no os gusta ir tentando un hilo con mano cobarde, y donde podéis *adivinar* odiáis deducir, solo a vosotros cuento el enigma *visto* por mí —la visión del más solitario—.

Con aire sombrío caminaba yo el otro día por un demacrado crepúsculo, sombrío y duro, con los labios apretados. *Más de un sol* se había hundido para mí.

Un sendero que porfiado subía por entre el pedregal, sendero malicioso y solitario, desertado ya por pasto y arbusto, un sendero de montaña crujía bajo la porfía de mis pies.

Caminando, mudo, sobre sardónico crujido de guijarros; aplastando la piedra que los hacía resbalar, mis pies se abrían paso hacia arriba.

Hacia arriba, desafiando el espíritu que los arrastraba hacia abajo, hacia abismos: el espíritu de la pesadez, mi demonio y enemigo mortal.

Hacia arriba, a pesar de que él iba encaramado en mí, mitad enano, mitad topo, torpe y paralizante, instalando plomo en mis oídos y pensamientos cual gotas de plomo en mi cerebro.

"¡Oh, Zaratustra! —me susurró con voz burlona recalcando las sílabas—; ¡piedra filosofal! ¡Te arrojaste muy alto, pero toda piedra arrojada *tiene que* caer!

¡Oh! ¡Zaratustra, piedra de la sabiduría, piedra arrojada, destrozador de estrellas! ¡A ti mismo te arrojaste muy alto pero toda piedra arrojada tiene que caer!

Condenado a ti mismo y a tu propia lapidación, ¡oh!, Zaratustra, arrojaste muy lejos la piedra, ¡pero ella te aplastará en su caída de nuevo!".

Se calló el enano y permaneció silencioso durante largo tiempo. Pero su silencio me oprimía. ¡Estando así entre dos, uno está en verdad más solo que a solas consigo mismo!

Subía yo sin cesar, soñaba y pensaba, pero todo me oprimía. Semejaba un enfermo que, rendido por su atroz sufrimiento, se durmiera; pero al que un sueño aún más terrible arrancara al punto de su sueño.

Pero hay en mí algo que llamo valor y que siempre ha dado cuenta de todo desaliento. Este valor me hizo al fin detener el paso y decir: "¡Alto ahí, enano! ¡O tú o yo!".

Pues para vencer —lo que sea— no hay como el valor, valor que ataca, pues todo ataque es como un avanzar a tambor batiente.

El hombre es el animal más valiente, así ha vencido a todos los animales. A tambor batiente ha vencido todo dolor, y el dolor humano es el dolor más profundo.

El valor vence también el vértigo junto a los abismos, ¡y dónde el hombre no se asoma a abismos! ¿No es el simple mirar un mirar abismos?

Para vencer —lo que sea— no hay como el valor, vence también la compasión. Pero la compasión es el abismo más profundo: conforme el hombre se adentra en la vida, se adentra también en el sufrimiento.

Para vencer —lo que sea— no hay como el valor: el valor que ataca mata incluso la muerte, pues dice: "¿Fue eso la vida? ¡Muy bien! ¡Otra vez!".

Hay en tales palabras mucho avanzar a tambor batiente. Quien tenga oídos para oír, escuche».

2

«"¡Alto ahí, enano! —dije—. ¡O yo o tú! Pero yo soy más fuerte que tú, ¡no conoces mi pensamiento abismal! ¡Este no podrías soportarlo!"

Entonces ocurrió lo que me alivió un poco: ¡el enano, picado en su curiosidad, saltó de mi hombro! Y se sentó en una piedra frente a mí. Resulta que nos habíamos detenido bajo un portón.

"¡Mira este portón, enano! —proseguí—. Tiene dos caras. Coinciden aquí dos caminos que nadie ha recorrido aún hasta su término.

Este largo camino hacia atrás es una eternidad, y este largo camino hacia adelante es otra eternidad.

Se contraponen estos dos caminos: chocan de frente, y bajo esta puerta es donde coinciden. El nombre de la puerta está escrito encima de ella: el Instante.

Pero si uno continuase cada vez más adelante, ¿crees, enano, que los dos caminos se contradicen eternamente?".

"Todo lo recto miente —murmuró el enano con desdén—. Toda verdad es curva, el tiempo mismo es un círculo."

"¡Espíritu de la pesadez —exclamé con ira—, no tomes tan a la ligera la cosa! O si no, te dejo en cuclillas ahí, ¡y bien alto te llevé!".

"¡Mira este instante! —proseguí—. Desde esta puerta (el Instante) un largo camino eterno corre *hacia atrás*, a nuestras espaldas está una eternidad.

¿No debe de haber recorrido ya una vez este camino todo lo que puede correr? ¿No debe de haber acontecido y pasado por aquí ya una vez todo lo que *puede* acontecer?

Y si todo ha existido ya una vez, ¿qué te parece, enano, este instante? ¿No debe haber existido también esta puerta ya una vez?

¿Y no se hallan todas las cosas tan estrechamente entrelazadas que este instante determina *todas* las cosas por venir? ¿Incluso a sí mismo también?

Pues todo lo que puede correr, ¿alguna vez *tendrá que recorrer* otra vez largo camino *hacia adelante*?

Y esta araña que se arrastra con lentitud a la luz de la luna y esta luz misma de la luna y yo y tú que cuchicheamos bajo esta puerta sobre cosas eternas, ¿no debemos de haber existido todos ya una vez?

¿Y retornar y recorrer ese otro camino hacia adelante? ¿Ese largo camino tan horrendo? ¿No debemos de retornar eternamente?".

Así hablé, cada vez más bajo, pues tenía miedo a mis propios pensamientos, expresos o enigmáticos. Entonces, de pronto oí a un perro *aullar* muy cerca.

¿No había oído yo alguna vez aullar así a un perro? Mi pensamiento corrió hacia atrás. ¡Sí! Cuando niño, en mi remota infancia.

Oí aullar así a un perro. Y lo vi también, con el pelo erizado, alzada la cabeza, temblando, a la medianoche más silenciosa, que es cuando también los perros creen en fantasmas, así que se me dio lástima. Pues en ese instante la luna llena, abismada en un silencio de muerte, se había asomado por encima de la casa y, parado ahí, disco redondo sobre el techo plano, como posándose sobre propiedad ajena, exasperó esto entonces al perro; pues los perros creen en ladrones y fantasmas. Y cuando ahora oí de nuevo aullar así a un perro, de nuevo volvió a darme lástima.

¿Dónde había ido a parar el enano? ¿Y la puerta? ¿Y la araña? ¿Y todo el susurro? ¿Habría soñado? ¿Me habría despertado? Me encontré aquí de repente entre escarpados acantilados, solo, bañado en el más desierto claro de luna.

¡Pero un hombre yacía en el suelo! Y ahí, ¡ah!, el perro, dando brincos, con el pelo erizado, aullando lastimeramente. Al verme venir volvió a aullar, *gritó:* ¿había oído yo alguna vez a un perro pedir socorro de esta manera?

Y en verdad lo que vi entonces no lo había visto nunca antes. Vi a un joven pastor retorcerse en el suelo con el rostro desencajado, en peligro de ahogarse: una gruesa serpiente negra le colgaba de la boca.

Nunca antes había visto yo tanto asco y pavor reflejados en un semblante humano. Se había dormido el joven, y en tales circunstancias la serpiente le penetró en la garganta e hincó en ella el diente.

Mi mano tiró de la serpiente con toda la fuerza, pero inútilmente; no logró arrancar la serpiente de la garganta. Entonces algo en mí gritó:

"¡Arráncale la cabeza de un mordisco! ¡Muerde!"; mi horror,

mi odio, mi asco, mi compasión, todo mi bien y mal brotó de mí en *un solo grito*.

¡Intrépidos que me escucháis! ¡Hombres audaces, tentadores y los que con artera vela habéis puesto proa a mares inexplorados! ¡Amantes de enigmas!

¡Respondedme el enigma que yo vi entonces! ¡Interpretad esta visión del más solitario!

Pues fue una visión y una previsión. ¿*Qué* vi yo entonces a través de esta parábola? ¿Y *quién* es el que deberá venir algún día?[34]

¿Quién es el pastor al que se le introdujo así la serpiente en la garganta? ¿Quién es el hombre al que todo lo más difícil y negro penetrará así en la garganta?

El pastor mordió como le aconsejaba mi grito, mordió a mordisco limpio. Escupió con fuerza la cabeza de la serpiente —y saltó en sus pies— no ya pastor, no ya hombre, ¡sino uno transfigurado, nimbado, que *reía!* ¡Nunca hombre alguno había reído así!

¡Oh!, hermanos, oí una risa que no era risa de hombre y ahora me consume una sed, un anhelo que no se sacia jamás.

Me consume el anhelo de esa risa; ¡oh, cómo soporto todavía la vida! ¡Y cómo soportaría ahora la muerte!».

Así habló Zaratustra.

De la bienaventuranza no querida[35]

Abrumado por tales enigmas y amarguras, Zaratustra cruzó el mar. Pero cuando ya cuatro jornadas de viaje le separaban de las islas afortunadas y sus amigos, tenía bien dominado su dolor; triunfante y firme enfrentaba de nuevo su destino. Y entonces Zaratustra habló a su conciencia exultante como sigue:

34 Remedo del Evangelio sobre San Juan Bautista.

35 Otro título previsto por Nietzsche era «Hacia alta mar».

«Una vez más estoy solo, y quiero estar solo: a solas con cielo puro y mar libre. Y una vez más me rodea la tarde.

En horas de la tarde encontré la primera vez a mis amigos: y también la segunda vez, a la hora en que toda luz se vuelve más reposada.

Pues cuanta felicidad esté todavía en camino entre el cielo y la tierra, buscase entonces para asilo, un alma luminosa; *de tan feliz* toda luz se ha vuelto entonces más silenciosa ahora.

¡Oh, tarde de mi vida! En un tiempo también mi felicidad descendió a los valles en busca de asilo, y encontró a esas almas abiertas y hospitalarias.

¡Oh, tarde de mi vida! Qué no he dado por tener esto: ¡ese plantío vivo de mis pensamientos y esa alborada de mi más alta esperanza!

En un tiempo el creador buscó compañeros e hijos de su esperanza; y encontró que no podría encontrarlos, a menos que él mismo los creara.

Estoy pues en plena obra: yendo a mis hijos y volviendo de ellos, por sus hijos Zaratustra debe consumar su propio destino.

Pues uno ama de todo corazón solo a su hijo y a su obra, y he comprobado que donde hay gran amor a sí mismo símbolo del embarazo.

Todavía mis hijos verdean en su primera primavera, en apretado conjunto, agitados juntos por vientos, árboles de mi jardín y mi mejor tierra.

¡Y donde hay juntos tales árboles, existen en verdad islas afortunadas!

Pero un día los arrancaré del suelo y los plantaré cada uno aparte, para que aprendan la soledad y la tenacidad y la cautela.

Para que nudosos y retorcidos y con flexible dureza, se levanten junto al mar como fanales vivientes de la vida irreductible.

Allí donde las tempestades se precipitan en el mar y la trompa de la montaña bebe agua, cada cual deberá tener sus vigilias y velas, para su prueba y conocimiento.

Deberá ser conocido y probado para ver si es de mi estirpe: si es amo de una larga voluntad, silencioso aun cuando habla y ganador cuando da; para que un día sea mi compañero y cree y celebre su obra junto con Zaratustra, uno que inscriba mi voluntad en mis tablas, para consumación más plena de todas las cosas.

Y por él y sus semejantes debo consumarme a mí mismo; por eso rehúyo ahora mi ventura y me ofrezco a toda desgracia para *mi* última prueba y *mi* último conocimiento.

Y en verdad que ya era hora de que me fuera; y la sombra del viajero y el tiempo más largo y la hora más silenciosa, todos me urgían.

El viento sopló por el ojo de la cerradura y dijo:

"¡Ven!" La puerta se abrió arteramente y dijo: "¡Vete!".

Mas estaba yo atado al amor a mis hijos; me tendía este lazo el ansia, el ansia de amor, para que yo fuera presa de mis hijos y me entregara entero a ellos.

Ansiar significa para mí haberme entregado ya entero. *¡Ya os tengo, hijos míos!* En este tener todo ha de ser seguridad y certeza y nada ha de ser deseo.

Pero me abrazaba el sol de mi amor, en su propio juego hervía Zaratustra; entonces, pasaron sobre mí sombras y dudas.

Anhelaba, ya, el frío y el invierno: "¡Ojalá el frío y el invierno —suspiré— me hicieran de nuevo crujir y chirriar!", y entonces surgieron de mí nieblas glaciales.

Mi pasado rompió sus sepulcros: resucitó más de un dolor enterrado vivo, que solo había dormido profundamente envuelto en sudarios.

Así, todo me gritó a través de signos: "¡Ya es tiempo!". Pero no hice caso, hasta que al fin se agitó mi abismo y me mordió mi pensamiento.

¡Oh, pensamiento abismal que eres *mi* pensamiento! ¿Cuándo encontraré fuerzas suficientes para oírte escarbar sin inmutarme?

¡El corazón me late alocadamente cuando te oigo escarbar! ¡Tu silencio quiere estrangularme!

Nunca aún osé evocarte arriba, ¡llevarte conmigo ya era bastante! Todavía no tenía fuerzas suficientes para la última altivez y arrogancia leoninas.

Bastante terrible ha sido siempre para mí tu pesadez, ¡mas un día habré de tener la fuerza y la voz leonina que te llame arriba!

Cuando me haya superado así, superaré aún lo más arduo, ¡y una *victoria* habrá de sellar mi consumación!

Mientras tanto, vago aún a la deriva por mares inciertos; me adula el azar lisonjero, miro hacia adelante y hacia atrás: no veo aún ningún fin.

No ha llegado todavía la hora de mi última lucha, ¿o es que acaba de llegar? Con pérfida belleza se me ofrece en derredor el mar y la vida.

¡Oh, tarde de mi vida! ¡Oh, felicidad que precede a la noche! ¡Oh, puerto en alta mar! ¡Oh, paz en medio de la incertidumbre! ¡Cómo desconfío de todos vosotros!

¡Desconfío de vuestra pérfida belleza! Soy como el amante que recela de la sonrisa demasiado aterciopelada.

Así como el celoso empuja a la amada, tierno aún en su dureza, empujo yo esta hora más venturosa.

¡Aléjate, hora venturosa! ¡Has traído contigo una felicidad no buscada! Estoy pronto para mi dolor más profundo, ¡llegaste a destiempo!

¡Aléjate, hora venturosa! ¡Antes bien instálate entre mis hijos! ¡Corre a agraciarlos con *mi* fortuna antes del atardecer.

Ya declina el día, se encamina el sol al ocaso. ¡Vete felicidad mía!».

Así habló Zaratustra. Y durante toda la noche esperó su infortunio, pero en vano. La noche continuó siendo clara y silenciosa y la felicidad misma se le acercó más y más. Y hacia la madrugada Zaratustra se rio para sus adentros y dijo con aire burlón: «La felicidad corre tras de mí. Es que yo no corro tras las mujeres, y la felicidad es mujer».

Antes de la salida del sol

«¡Oh, cielo en lo alto! ¡Puro! ¡Diáfano! ¡Oh, abismo de luz! Mirándote me estremezco de ansias divinas.

¡Arrojarme en pos de tu altura, tal es *mi* profundidad ¡Cobijarme en tu pureza, esta es *mi* inocencia!

Al dios lo oculta su belleza, así tú ocultas tus estrellas. No hablas, así me anuncias tu sabiduría.

Mudo te me apareciste hoy por encima del mar encrespado, tu amor y tu recato son una revelación para mi alma rugiente.

El que te presentaras ante mí hermoso, oculto en tu belleza; el que me hables mudo, patente en tu sabiduría.

¡Oh, cómo no he de adivinar todo el recato de tu alma! *Antes* de la salida del sol te presentaste ante mí, el más solitario de todos.

Somos amigos desde el comienzo: tenemos en común la aflicción y el horror y el motivo, hasta el sol lo tenemos en común.

No nos hablamos, porque sabemos demasiado; a través de silencio y sonrisa nos comunicamos nuestro saber.

¿No eres la luz que va con mi llama? ¿No es la tuya el alma gemela de mi conocimiento?

Juntos hemos aprendido todo, juntos hemos aprendido a ascender por encima de nosotros hacia nosotros y a sonreír con una sonrisa despejada de nubes a sonreír cuando estás despejado hacia abajo desde los ojos luminosos y lejanías remotas, cuando debajo de nosotros el apremio y el fin y la culpa son cual vaho de lluvia.

Y cuando yo caminaba en soledad, ¿de quién tenía hambre mi alma en noches y por caminos errados? Y cuando escalaba cimas, ¿a quién buscaba en las cimas sino a ti?

Y todo mi caminar y subir montañas no era sino apremio y expediente de desvalido; ¡volar es mi único anhelo, volar hacia ti!

¡Y nada odiaba yo tanto como las nubes que pasan y todo cuanto te mancha! ¡Y odiaba mi propio odio porque te manchaba!

Soy enemigo de las nubes que pasan, esos pérfidos felinos rapaces; te quitan a ti y a mí lo que tenemos en común, el tremendo e ilimitado decir sí.

Estoy enojado con las nubes que pasan, esas mediadoras y entrometidas; esos seres híbridos que ni han aprendido a bendecir ni maldicen de verdad.

Prefiero estar metido en un tonel que bajo cielo cerrado; estar metido sin cielo en el fondo del abismo, antes que verte manchado por el paso de nubes, ¡oh, firmamento luminoso!

Y muchas veces me dan ganas de sujetarlas mediante zigzagueantes alambres de oro del rayo para usarlas, como el trueno, a modo de timbales; timbalero iracundo, por cierto, porque me roban tu exaltado decir sí, ¡oh, firmamento en lo alto, puro y luminoso! ¡Oh, abismo de luz! Porque te roban *mi* solemne decir sí.

Pues todavía prefiero el estrépito y el trueno y el desenfreno a esa calma circunspecta y dubitante de felino; y también entre los hombres odio con particular encono a todas las moscas muertas y seres híbridos y nubes cavilosas y pasajeras.

Y "¡quien no sabe bendecir debe aprender a maldecir!", esta luminosa enseñanza me cayó del cielo luminoso; esta estrella brilla aún en noches negras en mi firmamento.

Pero yo bendigo y digo sí, siempre que tú me rodees, ¡oh, puro y luminoso, oh, abismo de luz! Entonces llevo mi bendición y decir sí a todos los abismos.

He llegado a bendecir y decir sí, durante largo tiempo luché por tener un día las manos libres para el gesto de la bendición.

Y he aquí lo que yo entiendo por bendición: estar por encima de todas las cosas como su propio cielo, como su bóveda, su campana azul y seguridad eterna, ¡y bienaventurado el que bendice así!

Pues todas las cosas están bautizadas en la fuente de la eternidad y más allá del bien y del mal; por su parte, el bien y el mal no son sino sombras intermedias y húmedas, turbación y nubes pasajeras.

Bendigo, en verdad, y no blasfemo al enseñar: "Por encima de todas las cosas está el cielo Azar, el cielo Inocencia, el cielo Casualidad, el cielo Arrogancia".

"Casualidad" es la nobleza más antigua del mundo; la he restituido a todas las cosas, libertándolas del yugo de la Finalidad.

Esta libertad y serenidad celestes las he colocado cual campana azul sobre todas las cosas, al enseñar que por encima y a través de ellas no opera una "voluntad eterna".

Esta arrogancia y esta necedad la he sobrepuesto a dicha voluntad al enseñar: "En todas las cosas solo *una* cosa es imposible: ¡La racionalidad!".

Ciertamente, un *poco* de razón, un gramo de la sabiduría esparcida entre los astros, esta levadura está agregada a todas las cosas; ¡por la necedad hay sabiduría agregada a todas las cosas!

Un poco de sabiduría si es posible, por cierto; pero he aquí la certeza feliz que he hallado en todas las cosas: prefiero *bailar* sobre los pies del azar.

¡Oh, cielo en lo alto, puro y elevado! Para mí tu pureza consiste en que no hay araña ni telarañas eternas de la razón, que te me antojas una pista de baile para azares divinos, una mesa divina para dados y jugadores divinos de dados.

Pero, ¿te sonrojas? ¿Habré dicho cosas indecibles? ¿Habré blasfemado al querer bendecirte?

¿O es la vergüenza del estar a solas conmigo lo que te ha hecho subir los colores? ¿Me pides irme y callar porque despunta el *día*?

El mundo es profundo, y más profundo de lo que jamás ha pensado el día. No todo debe quedar expresado ante el día. Despunta el día, ¡ha llegado el momento de la despedida!

¡Oh, cielo en lo alto! ¡Recatado! ¡Ardiente! ¡Oh, mi felicidad de antes de salir el sol! Despunta el día, ¡ha llegado el momento de separarnos!».

Así habló Zaratustra.

De la virtud empequeñecedora[36]

1

Cuando Zaratustra llegó de nuevo a tierra firme, no fue directamente a su montaña y a su caverna, sino que recorrió muchos caminos e hizo muchas preguntas informándose de esto y aquello; así que decía de sí mismo en son de broma: «¡He aquí un río que serpenteando corre de vuelta a su fuente!». Pues deseaba averiguar lo que entretanto le había pasado al hombre, si se había vuelto más grande o más pequeño. Y en una ocasión, viendo una hilera de casas nuevas, se asombró y dijo:

«¿Qué significan estas casas? ¡No las ha levantado, a fe mía, un alma grande para que le sirvieran de símbolo!

¿Las habrá sacado un niño tonto de su caja de juguetes? ¡Ojalá otro niño se las volviera a guardar en su caja!

Y esos cuartos y habitaciones, ¿pueden entrar y salir allí *varones*? Se me antojan construidos para muñecas de seda o para gente golosa, que permite que se la golosine a ella».

Y Zaratustra se detuvo a meditar. Al fin dijo, entristecido: «¡Todo se ha vuelto más pequeño!

Por doquier veo puertas más bajas. Quien es de mi talla ciertamente puede pasar por ellas, ¡pero tiene que agacharse!

¡Oh, no veo el día de volver a mi patria donde ya no *tengo que agacharme* ante los pequeños!». Y exhaló un suspiro, con la mirada fija en la lejanía.

Ese mismo día pronunció un discurso sobre la virtud empequeñecedora.

2

«Camino por este pueblo con el espíritu alerta, no me perdonan el que no les envidie sus virtudes.

36 Otro posible título fue «El empequeñecimiento de sí mismo».

Tratan de morderme porque les digo que a la gente pequeña *le hacen falta* virtudes pequeñas, ¡y porque me cuesta creer que haga falta la virtud pequeña!

Todavía me parezco al gallo en corral extraño, rechazado incluso por las gallinas; pero no se lo tomo a mal a las tales gallinas.

Soy cortés hacia ellas, como hacia todas las pequeñas molestias; estar de uña con lo pequeño se me antoja una sabiduría propia de erizos.

Todos hablan de mí cuando a la noche se reúnen alrededor del fuego. ¡Hablan de mí, pero nadie piensa en mí!

He aquí el nuevo silencio que he aprendido: el alboroto que arman en torno de mi persona es como un manto tendido sobre mis pensamientos.

Alborotados se preguntan: "¿A qué viene ese lóbrego nubarrón? ¡A ver si nos acarrea una peste!".

Y el otro día una mujer apretó contra sí a su hijito que quería correr hacia mí. "¡Apartad a los niños! —gritó ella—. Que ojos así chamuscan las almas infantiles."

Tosen cuando les hablo, creen que tosiendo refutan el viento fuerte. ¡Cuán poco saben del huracán de mi felicidad!

Objetan: "No tenemos todavía tiempo para Zaratustra"; pero, ¿para qué sirven tiempos que "no tienen tiempo" para Zaratustra?

Y cuando me alaban: ¿cómo podría yo dormirme sobre *su* alabanza? Su elogio es para mí como un cinturón de espinas, me araña incluso cuando me lo he quitado.

Y también he aprendido entre ellos que quien elogia hace como que restituye algo, ¡pero en realidad quiere recibir más regalos!

¡Preguntad a mis pies si les gusta su aire de alabanza y halago! No quieren bailar ni estarse quietos, en verdad, al son de tal música y tic-tac.

Quieren atraerme por su elogio y halago a la pequeña virtud, quieren persuadir mis pies al tic-tac de la pequeña felicidad.

Camino a través de este pueblo y mantengo abiertos los ojos. Se han vuelto *más pequeños* y se vuelven cada vez más pequeños *la culpa de ello la tiene su doctrina de la felicidad y la virtud.*

Son modestos también en la virtud, pues buscan la comodidad. Pero con la comodidad solo se aviene la virtud modesta.

También ellos aprenden, sin duda, a su manera, a caminar y marchar hacia adelante, le llamo yo su *renquear*. Así son un obstáculo para todo el que tiene prisa.

Y no pocos de ellos avanzan mirando hacia atrás en actitud rígida, a estos me gusta llevármelos por delante.

Los ojos y los pies no deben mentirse ni desmentirse mutuamente. Pero hay mucha mentira en la pequeña gente.

Algunos de ellos quieren, pero la mayor parte tan solo son queridos. Algunos de ellos son auténticos, pero la mayoría son malos comediantes.

Hay entre ellos comediantes sin saberlo y comediantes contra su propia voluntad; los auténticos siempre son raros, máxime los auténticos comediantes.

Escasea entre ellos la hombría, de ahí que sus mujeres se vuelvan cada vez más masculinas. Pues solo quien es un hombre hecho y derecho redime la mujer en la mujer.

Y ninguna hipocresía he comprobado entre ellos tan detestable como la de que incluso los que mandan fingen las virtudes de los que obedecen.

"Yo sirvo, tú sirves, nosotros servimos" —así reza entre ellos también la hipocresía de los que dominan. ¡Y, ay, si el primer amo no es más que solo el primer servidor!

¡Ay!, también en sus hipocresías hurgó la curiosidad de mis ojos; y me percaté de toda su felicidad de moscas y su zumbar alrededor de los cristales en que da el sol.

Veo tanta debilidad cuanta bondad. Veo tanta debilidad cuanta justicia y compasión.

Son pulidos, equitativos y bondadosos unos con otros, como los granos de arena son pulidos, equitativos y bondadosos unos con otros.

Abrazar con modestia una felicidad modesta, ¡he aquí lo que llaman "resignación"! Lo cual no les impide aspirar con modestia a más felicidad nueva.

En el fondo, quieren por sobre todas las cosas que nadie les haga daño. Así que se adelantan a todos haciéndoles bien.

Pero esto es *cobardía,* aunque se conozca como "virtud".

Y cuando por una vez esa pequeña gente habla con tono duro, yo no percibo en ello más que su ronquera, pues la menor corriente de aire los pone roncos.

Son listos, sus virtudes tienen los dedos ágiles. Pero les faltan los puños, sus dedos no saben esconderse tras los puños.

Llaman virtud a lo que vuelve modesto y manso, así convierten al lobo en perro y al hombre mismo en el más útil animal doméstico del hombre.

"Colocamos nuestra silla en el *medio*", me dice su sonrisa complacida, "a igual distancia de los gladiadores moribundos y los cochinos satisfechos."

Pero esto es *mediocridad* aunque se llame "moderación"».

3

«Camino por entre este pueblo y de tanto en tanto dejo caer unas palabras. Pero no saben ni tomar ni conservar.

Se extrañan de que yo no haya venido a censurar las pasiones y los vicios. ¡Y no he venido tampoco, por cierto, a prevenir contra los carteristas!

Se extrañan de que yo no esté dispuesto a aguzar su ingenio, ¡como si no sobrasen entre ellos los listos cuyas voces me suenan a rechinar de tiza en la pizarra!

Y cuando exclamo: "¡Malditos sean todos vuestros demonios cobardes que quisieran gimotear y entrelazar las manos y adorar!", ellos exclaman: "Zaratustra es un hombre impío. Es ateo".

Y así exclaman en particular los que les predican resignación; pero precisamente a ellos me gusta gritarles al oído: "¡Sí! ¡yo *soy* Zaratustra, el impío! ¡El ateo!".

¡Vaya con esos predicadores de la resignación! Donde quiera que haya pequeñez y enfermedad y tiña, se agazapan cual piojos; y no los aplasto de puro asco.

¡Bien! He aquí mi sermón destinado *a ellos:* "Yo soy Zaratustra, el impío, el ateo que proclama: ¿quién es más impío o ateo que yo, para que me imparta enseñanza?"

Yo soy Zaratustra, el impío, el ateo; ¿dónde hay hombres como yo? Y son hombres como yo todos los que se dan a sí mismos su voluntad y repudian toda resignación.

Yo soy Zaratustra, el impío, el ateo; guiso cualquier azar en *mi* olla; y solo cuando en ella está a punto, lo acepto como alimento *mío.*

Y por cierto que más de un azar se presentó ante mí con aire señorial, pero más señorialmente le habló mi *voluntad,* y helo aquí suplicando de rodillas; suplicando que yo le ofreciera albergue y corazón y tratando de persuadirme con palabras insinuantes: "¡Mira, oh, Zaratustra, que vengo como amigo!".

Pero, ¿a qué hablar allí donde nadie tiene mis oídos? Pregono, pues, a los cuatro vientos:

¡Os volvéis cada vez más pequeños, pequeña gente! ¡Vais menguando, satisfechos, como migajas! ¡Vosotros vais a la ruina!

¡A causa de vuestras muchas pequeñas virtudes, por vuestras muchas pequeñas abstenciones, por vuestra mucha pequeña resignación!

¡Demasiado considerada e indulgente es vuestra tierra! ¡Pero para que un árbol crezca bien alto, ha de echar raíces duras en roca dura!

También lo que vosotros omitís contribuye a tejer la tela de todo porvenir humano, también vuestra nada es una telaraña y una araña que se alimenta de la sangre del futuro.

Y vuestro tomar semeja un hurtar, pequeños virtuosos, pero aun entre los bribones rige este código de honor: "Debe hurtarse únicamente cuando no se puede tomar".

¡Ojalá renunciarais a toda voluntad a medias y os decidierais tanto a la pasividad como a la acción!

Ojalá comprendierais mi enseñanza: "¡Haced lo que queráis, —pero antes debéis ser hombres que *pueden querer!*

¡Amad al prójimo como a vosotros mismos, pero antes debéis ser hombres que *se aman a sí mismos,* con el gran amor y el gran desprecio!" Así habla Zaratustra, el impío, el ateo.

Pero, ¿a qué hablar allí donde nadie tiene *mis* oídos? Aquí falta aún una hora demasiado temprana para mí.

Soy mi propio precursor entre esta gente, mi propio canto del gallo por las callejas oscuras.

¡Pero llegará su hora! ¡Y llegará también la mía! De hora en hora se vuelven más pequeños, más pobres, más estériles, ¡vegetación pobre! ¡Tierra pobre!

¡Y no tardarán en quedar convertidos en pasto reseco y rastrojo, y cansados de sí mismos y ansiando, más que el agua, el *fuego*!

¡Oh, hora bendita del rayo! ¡Oh, misterio que precede al mediodía! Un día haré de ellos heraldos de lengua de fuego, un día pregonarán con lengua de fuego: ¡Ya viene, ya está por llegar *el gran mediodía*!».

Así habló Zaratustra.

En el monte de los olivos[37]

«Albergo en mi casa al invierno, huésped temible; su apretón de manos me ha dejado amoratadas las manos de su amistad.

Honro a tan temible huésped, pero de buen grado lo dejo solo. De buen grado me gusta alejarme de él, y corriendo a todo escape le rehúyo.

37 Otro título posible era «La canción del invierno».

Con los pies y pensamientos bien calentitos me escapo allá donde no hace viento: al rincón soleado de mi monte de los olivos.

Allí me río de mi severo huésped y aún le estoy agradecido porque me limpia de moscas la casa y acalla muchos pequeños ruidos.

Pues no soporta el zumbido de una mosca, y menos el de dos; hasta las callejas las deja tan desiertas que de noche se asusta en ellas la luz de la luna.

Es un huésped antipático pero le honro, y no rindo culto, como las almas refinadas, al panzudo ídolo del fuego.

¡Antes que adorar ídolos, castañetear un poco los dientes! Así lo prefiero yo. Especialmente me repugnan todos los ídolos del fuego, ardientes, humeantes y sofocantes.

A quienes amo los amo en invierno mejor que en verano, me burlo mejor y con mayores bríos de mis enemigos desde que albergo al invierno en mi casa.

Con bríos todavía, cuando me escurro entre las sábanas; incluso entonces ríe y retoza aún mi encogida felicidad, incluso mis sueños embusteros se ríen.

¿Yo arrastrarme? Nunca me he arrastrado ante el poderoso, y si a veces mentí, lo hice por amor. Por eso estoy de buen humor aun acostado en el lecho invernal.

Una cama pobre me calienta más que una opulenta, pues soy un hombre celoso de su pobreza. Y en invierno es cuando más fiel me es mi pobreza.

Todas las jornadas las inicio con una maldad, me burlo del invierno tomando un baño frío. Esto no lo ve con buenos ojos mi severo huésped.

También me gusta hacerle cosquillas con una velita de cera, para que libere de una vez el cielo plomizo del crepúsculo.

Pero mi malicia alcanza su cénit muy de mañana, cuando suena el chocar del cubo con el brocal del pozo y los caballos relinchan esparciendo su cálido aliento por las callejas neblinosas.

Entonces espero con impaciencia a que se asome por fin el cielo luminoso, el níveo cielo invernal, el anciano de blanca cabeza, ¡el callado cielo invernal, que con frecuencia calla hasta su sol!

¿Habré aprendido de él el largo y luminoso callar? ¿O lo aprendió él acaso de mí? ¿O lo inventamos cada uno por su cuenta?

Múltiple es el origen de todas las cosas buenas, todas las cosas buenas y arrogantes saltan a la vida por placer; ¡cómo van a hacerlo una *sola* vez!

Una cosa buena y arrogante es también el largo silencio y el mirar, como el cielo invernal, desde un rostro luminoso de ojos redondos; callar, como él, su sol y su indómita voluntad de sol; ¡qué bien he aprendido este arte y esta petulancia del invierno!

Mi malicia y arte dilecto es que mi silencio ha aprendido a no delatarse por el callar.

Haciendo ruidos con palabras y dados burlo a los solemnes guardianes; mi voluntad y fin, y eluden a todos esos vigilantes severos.

Para que nadie husmee hasta mi fondo y voluntad última, para tal fin me inventé el prolongado y luminoso callar.

He conocido a más de un hombre inteligente que se velaba el rostro y enturbiaba su agua, para que nadie lo mirara hasta el fondo.

¡Sin embargo, precisamente con él se enfrentaban los desconfiados y cascanueces aún más perspicaces, precisamente a él le pescaba su pez más escondido!

Los callados más perspicaces son los luminosos, gallardos y transparentes, que son tan *profundos* que ni aun el agua más cristalina los traiciona.

¡Oh, barbiblanco y callado cielo invernal! ¡Oh, claro y abierto anciano peliblanco en lo alto! ¡Oh, alegoría celeste de mi alma y su petulancia!

¿Y no *estoy obligado* a ocultarme como uno que ha tragado oro, no sea que me rajen el alma?

¿No *estoy obligado* a ir en zancos, para que no se dé cuenta de mis largas piernas toda esa gente envidiosa y apenada que me rodea?

Esas almas viciadas, gastadas, apolilladas y oxidadas, ¡cómo podría su envidia soportar mi felicidad!

Así que solo les enseño el hielo y el invierno de mis cumbres, ¡y *no* que mi montaña se ciñe también todos los cinturones de sol!

Solo oyen silbar mis tempestades de invierno, y *no* que también navego por mares cálidos cual anheloso céfiro pesado y ardiente del sur.

Se compadecen de mis accidentes y azares, pero yo digo: "¡Dejad al azar que venga a mí, pues es inocente como los niños pequeños!"

¡Cómo *podrían* soportar mi felicidad, si no la envolviese yo en reveses y rigores invernales y pieles de oso polar y capas de hielo cargado de nieve!

¡Si no tuviese lástima de su *compasión*, de la compasión de esos envidiosos y apenados!

¡Si no gimotease y tiritase de frío ante ellos y pacientemente me *dejase* envolver en su misericordia!

He aquí la sabia petulancia e indulgencia de mi alma: *no oculta* su invierno y sus tempestades invernales, ni tampoco sus sabañones.

La soledad de uno es la huida del enfermo, la soledad de otros es un escaparse de los enfermos.

¡No importa que esos espíritus menguados y envidiosos me *oigan* gimotear y castañetear los dientes de frío invernal! Con tal gimoteo y castañeteo me escapo aun de sus cuartos caldeados.

No importa que se compadezcan y lamenten de mis sabañones. "¡Se nos va a morir de frío", se lamentan, "al contacto del hielo del conocimiento!".

Entretanto, yo recorro con los pies bien calentitos mi monte de los olivos de un extremo al otro. En el rincón soleado de mi monte de los olivos canto, burlándome de toda compasión».

Así habló Zaratustra.

Del pasar de largo

Pasando así, con lentitud por entre las multitudes y por muchas ciudades, Zaratustra regresaba dando rodeos a su montaña y su caverna. Inopinadamente llegó también a la puerta de la *gran ciudad:* pero allí le salió al paso un bufón echando espumarajos y con los brazos extendidos. Era el bufón que la gente llamaba «el mono de Zaratustra», pues imitaba un poco el modo y tono de sus discursos y bebía con frecuencia en la fuente de su sabiduría. Y el bufón le habló a Zaratustra de esta manera:

«¡Oh, Zaratustra! Esta es la gran ciudad: aquí no tienes nada que ganar y todo que perder.

¿Por qué habrías de caminar por este fango? ¡Ten compasión de tus pies! ¡Antes bien escupe a la puerta y date la vuelta!

Esta ciudad es el infierno de los pensamientos de solitarios, aquí los grandes pensamientos son cocidos vivos y se reducen a papilla.

¡Aquí se pudren todos los grandes sentimientos, aquí solo se admiten sentimientos flacuchos y raquíticos!

¿No hueles ya los mataderos y figones del espíritu? ¿No está envuelta esta ciudad en el vaho del espíritu sacrificado?

¿No ves las almas colgar cual sucios trapos flojos? ¡Y aun hacen periódicos con estos trapos!

¿No te das cuenta de cómo el espíritu se ha convertido en juego de palabras? ¡Vierte repugnante enjuagadura de palabras! ¡Y aun hacen periódicos con esta enjuagadura!

Se provocan unos a otros, sin saber porqué. Se enardecen unos a otros, y no saben para qué. Hacen sonar sus cobres y su oro.

Son fríos y buscan calor en el aguardiente, son ardorosos y buscan frescura en espíritus helados. Todos son unos enfermos e infectos de opiniones públicas.

Aquí se dan cita todas los placeres y todos los vicios, pero hay aquí también virtuosos, mucha virtud lista y alistada; mucha virtud lista de dedos plumíferos y asentaderas duras y resistentes, adornado el pecho con pequeñas "estrellas".

Hay aquí también mucha piedad y mucha adulación servil ante el Señor de los Ejércitos.[38]

De lo alto caen las "estrellas" y gotea la augusta saliva; hacia las alturas aspira todo pecho carente de "estrellas" y traseros encallecidos a fuerza de aguardar.

"¡Yo sirvo, tú sirves, nosotros servimos!" —así reza toda virtud solícita elevando plegarias al príncipe, para que la "estrella" merecida venga al fin a adornar el flaco pecho.

Aun la luna gira alrededor de todas las cosas terrenas; así, también el príncipe gira todavía alrededor de la cosa más terrena: el oro de los mercaderes.

El Señor de los Ejércitos no es un dios de los lingotes de oro: el príncipe propone, pero el mercader ¡dispone!

Por todo lo que hay en ti de limpio y fuerte y bueno, ¡oh!, Zaratustra, ¡escupe a esta ciudad de los mercaderes y date la vuelta!

Aquí toda sangre corre pútrida y tibia y espumosa por todas las venas; ¡escupe a la gran ciudad donde espumea junta toda la escoria!

¡Escupe a la ciudad de los importunos, los insolentes, los chupatintas, los charlatanes y los ambiciosos calenturientos, donde se da todo lo morboso, codicioso, dudoso, asqueroso, tenebroso y licencioso!

¡Escupe a la gran ciudad y date la vuelta!».

En este punto Zaratustra interrumpió al bufón tapándole la boca que echaba espumarajos.

«¡Acaba de una vez! —exclamó—. ¡Me dan náuseas verte y oírte hablar!

¿Por qué has vivido tanto tiempo en el fango, que tú mismo te convertiste en rana y sapo?

¿No te corre ahora por tus propias venas sangre fangosa, pútrida y espumosa, que te hace echar pestes de esta manera?

¿Por qué no te has marchado a vivir al bosque? ¿O a trabajar la tierra? ¿No abundan en el mar las islas verdes?

Desprecio tu desprecio, y si me advertiste, ¿por qué no te advertiste a ti mismo?

38 Otro recuerdo bíblico en este caso de Los Salmos.

¡Solo desde el amor, no desde fango, ha de levantar el vuelo mi desprecio y mi pájaro advertidor!

Te llaman mi mono, frenético demente; pero yo te llamo mi cerdo gruñón, de tanto gruñir me vas a echar a perder mi elogio de la necedad.

¿Qué fue lo que primero que te llevó a gruñir? El que nadie te haya *adulado* bastante; por eso te juntaste a esa inmundicia, para que tuvieras motivos para gruñir mucho, ¡para que tuvieras motivos para *vengarte* mucho! Pues todo tu tronar es venganza, loco presumido; ¡a mí no me engañas!

¡Pero tus palabras necias me perjudican, incluso cuando tienes razón! ¡Y aunque las palabras de Zaratustra *tuviesen* cien veces razón, tú siempre harías mal con ellas!».

Así habló Zaratustra. Y dirigió una mirada a la gran ciudad, dio un suspiro y calló durante largo tiempo. Al fin habló así:

«Me da náuseas también esta gran ciudad, no solamente este necio. En uno y otro caso nada puede hacerse, no se puede volver ni mejor ni peor.

¡Ay de esta gran ciudad! ¡Ya quisiera yo ver la columna de fuego que ha de consumirla!

Pues tales columnas de fuego[39] deben preceder al gran mediodía. ¡Pero todo esto vendrá a su hora y conforme a su destino!

En cuanto a ti, necio, antes de partir te enseño esto: donde uno no puede amar más, debe *pasar de largo*!».

Así habló Zaratustra y pasó de largo, dejando atrás al necio y la gran ciudad.

39 Otra imagen bíblica.

De los apóstatas

1

«¡Ay! ¿Ya está marchito y gris lo que el otro día aún verdeaba y florecía en esta pradera? ¡Y tanta miel de la esperanza he extraído yo desde aquí para llevarla a mis colmenas!

Todos estos jóvenes corazones ya han envejecido, ¡y ni siquiera han envejecido!, sino que tan solo se han vuelto cansados, vulgares y perezosos; ellos le llaman "creemos de nuevo en Dios".

El otro día aún les veía partir briosamente muy de mañana; ¡pero sus pies del conocimiento se cansaron, y ahora reniegan hasta de sus bríos matutinos!

Más de uno de ellos levantaba en un tiempo las piernas como un bailarín, incitado por la risa que campea por mi sabiduría, pero de pronto recapacitó. Acabo de verle besar la cruz.

En un tiempo revoloteaban alrededor de la luz y la libertad cual mosquitos y jóvenes poetas. Un poco más viejos, un poco más fríos, y están aquí convertidos en gazmoños y moscas muertas al amor de la lumbre.

¿Se habrán desalentado porque la soledad ya me tragó cual una ballena? ¿Habrán estado demasiado tiempo en actitud de escucha, ansiando *en vano* oír mi voz y mis toques de clarín?

¡Ay, siempre son tan solo unos pocos los que tienen el corazón preparado para larga valentía y arrogancia, a los que no se les impacienta tampoco el espíritu! Los demás son cobardes.

El resto siempre son los más, el montón, los superfluos, ¡todos estos son cobardes!

Quien comparte mi modo de ser, comparte también mis experiencias; así que sus primeros compañeros han de ser cadáveres y bufones.

Sus segundos compañeros se llamarán sus creyentes: un enjambre animado con mucho amor, mucha tontería y mucha veneración imberbe.

Quien es como yo no debe atar su corazón a estos adeptos, ¡no debe creer en estas primaveras y praderas floridas quien conoce la volubilidad y cobardía de los hombres!

Si pudiesen ser diferentes, también *querrán* serlo. Los tibios y flojos y menguados echan a perder todo el conjunto. Se marchitan las hojas, ¡de esto no hay que lamentarse!

¡Déjalas que caigan, oh, Zaratustra, y no te quejes! Antes bien sopla por entre ellas con vientos veloces, ¡sopla, oh, Zaratustra, por entre todas estas hojas, para que todo lo *marchito* huya más rápidamente de ti!».

2

«"Creemos de nuevo en Dios" —así confiesan esos apóstatas, y no pocos de ellos ni siquiera tienen valor suficiente para hacer esta confesión.

A estos les miro a los ojos, a estos les digo en la cara y en el sonrojo de sus mejillas: "¡Sois hombres que han vuelto a rezar!"

¡Porque es una vergüenza rezar! ¡No para todo el mundo, pero sí para ti y para mí, y para todos los que tengan su conciencia en la cabeza! ¡Para ti es una vergüenza rezar!

Bien lo sabes: el demonio de la cobardía que llevas dentro de ti y que quisiera entrelazar las manos y cruzarse de brazos y llevar una vida más fácil este demonio de la cobardía te susurra: "*¡Dios existe!*".

Con esto, te juntas a la oscurantista especie de aquellos que temen a la luz; ¡ahora tienes que meter la cabeza cada día más profundo en noche y niebla!

¡Por cierto que supiste escoger la hora más adecuada! Pues una vez más vuelan ahora las aves nocturnas. Para todos los que huyen a la luz ha llegado la hora de la caza y correría; no de caza infernal, por cierto, sino de caza mansa, cautelosa y furtiva emprendida por santurrones y beatos vergonzantes; de la caza de moscas muertas sensitivas. ¡Armadas están de nuevo todas las trampas para atrapar sentimientos incautos! ¡Y donde levanto una cortina sale una mariposita nocturna!

¿Habrá hecho compañía ahí a otra mariposita nocturna? Pues por todas partes percibo olor de pequeñas comunidades escondidas; y donde se establecen, hay nuevos rezadores y el aire viciado de rezadores.

Durante largas horas de la noche se reúnen y dicen: "¡Seamos de nuevo como los niños y roguemos al buen Dios!", los piadosos confiteros les han estropeado la boca del estómago.

O se pasan el día pescando en ciénagas y creen que así son *profundos*; pero quien pesca donde no hay peces, no se me antoja ni siquiera superficial.

O aprenden a tocar piadosa y briosamente el arpa con algún compositor de canciones que más quiere seducir a las mujeres jóvenes, por haberse cansado de las viejas y sus alabanzas.

O aprenden a sentir miedo con algún erudito demente que en cuartos oscuros espera a que vengan los espíritus, ¡y se le vaya del todo el espíritu!

Y algunos de ellos hasta se han metido a vigilantes nocturnos: saben ahora tocar la corneta y rondar de noche y despertar cosas caducas que se durmieron hace mucho tiempo.

La noche pasada, junto a la tapia, sorprendí la conversación de dos de tales viejos y secos vigilantes nocturnos apesadumbrados, que hablaban de cosas caducas:

"¡Para ser padre, no cuida debidamente de sus hijos: los padres humanos se desempeñan mejor!"

"¡Es demasiado viejo! —respondió el otro vigilante—. Ya no cuida de sus hijos."

"¿De veras *tiene* hijos? ¡Nadie puede probarlo, si él mismo no lo prueba! ¡Desde hace tiempo estoy deseando que lo pruebe de una vez para siempre!"

"¿Probar? ¡Pero si él nunca ha probado nada! Le cuesta probar: insiste en que le *crean*."

"¡Ah, sí! ¡Creer! ¡Les gusta esto a todos los viejos nosotros inclusive!"

Así conversaron los dos viejos vigilantes nocturnos, luego tocaron la corneta con pesadumbre. Ocurrió esto la noche pasada, junto a los muros del jardín.

Y me pareció morirme de risa. El día menos pensado me moriré de risa al ver a asnos ebrios y oír a serenos dudar de Dios de esta manera.

¿No han pasado, ya *desde hace mucho tiempo*, los días de tales dudas? ¿Quién tiene derecho a despertar en el día tales cosas caducas que se han dormido?

¡Sí, los antiguos dioses han muerto hace mucho tiempo! ¡Y qué buena y alegre fue su muerte!

¡Eso del ocaso de los dioses es mentira! ¡La verdad es que se *murieron de risa!*

Aconteció esto cuando un dios mismo pronunció las palabras más ateas, las palabras: "¡Yo soy el Señor tu Dios! ¡No tendrás dioses ajenos!".

Así habló, ofuscado, un viejo dios iracundo y envidioso.

Y entonces todos los dioses se rieron, retorciéndose en sus asientos, y exclamaron: "¿No consiste la divinidad precisamente en que hay dioses pero no un Dios?"

Quien tiene oídos para oír, escuche».

Así habló Zaratustra en la ciudad a la que amaba y que se llamaba "La Vaca Manchada o de Muchos Colores". Allí ya no le separaban más que dos jornadas de su caverna y sus animales. Y su alma se exultaba sin cesar ante la proximidad de su retorno.

El retorno a casa[40]

«¡Oh soledad! ¡Mi *patria* soledad! ¡Demasiado tiempo he vivido en salvajes países como un extraño de modo salvaje en tierra extraña, como para no retornar a ti con lágrimas en los ojos!

Ahora amenázame con el índice en alto, como hacen las madres; ahora sonríeme, como sonríen las madres; ahora dime:

40 El primer título era «De la soledad».

¿Y quién me abandonó un día impetuosamente como un vendaval?

¿Y al irse gritó: ¡Demasiado tiempo he tenido trato con la soledad, así que me olvidé del callar! ¿Lo has aprendido ahora?

¡Oh, Zaratustra, yo sé todo; sé que entre los muchos estuviste *más solo* que nunca aquí a mi lado!

Una cosa es el estar abandonado y otra el estar solo; *¡esto* lo sabes ahora! Y que entre los hombres siempre serás un salvaje y extraño, un extraño aun cuando te aman; ¡pues ante todo quieren ser tratados con guantes!

Aquí, en cambio, estás en tu casa, aquí puedes decir todo lo que quieres manifestar con franqueza decir y sacar a relucir todos los argumentos; aquí nada se avergüenza de los sentimientos recónditos y endurecidos.

Aquí todas las cosas acuden cariñosamente a tu discurso y te halagan: pues quieren cabalgar en tu espalda. Cabalgando sobre los símbolos, te trasladas aquí a todas las verdades.

Aquí puedes hablar con sinceridad y franqueza a todas las cosas; y a fe que suena con dejos de alabanza en sus oídos el que uno hable derechamente con todas las cosas.

Otra cosa es estar abandonado. Pues ¿te acuerdas, oh, Zaratustra?, cuando tu pájaro gritó en lo alto, sobre tu cabeza; cuando estabas ahí en el bosque, sin saber dónde ir, desorientado, medio cadáver; cuando dijiste: ¡Guíenme pues, mis animales! Más peligroso que entre los animales me ha resultado vivir entre los hombres. ¡Entonces estabas abandonado!

Y, ¿te acuerdas, oh, Zaratustra?, cuando estuviste sentado en tu isla como fuente de vino entre muchos baldes vacíos, expendiendo a los sedientos; hasta que tú mismo quedaste ahí como único sediento entre tantos borrachos y en hora nocturna te lamentaste: ¿No es más dulce tomar que dar? ¿Y no es más dulce hurtar que tomar? ¡Entonces estabas abandonado!

Y, ¿te acuerdas, oh, Zaratustra?, cuando llegó tu hora más silenciosa y te arrancó de ti mismo, cuando en un siniestro susurro te dijo: "¡Di tu palabra y hazme pedazos!"

¡Oh, soledad! ¡Mi patria soledad! ¡Cuán cariñosa e inefablemente me habla tu voz!

¡No nos hacemos preguntas, no nos recriminamos, sino que con el corazón y el alma abiertos pasamos juntos por puertas abiertas.

Porque en ti todo es abierto y claro, y también las horas corren aquí más ligeras. Y es que en la oscuridad el tiempo parece una carga más pesada que a la luz.

Aquí se me abren de golpe las palabras y armarios de palabras de todo Ser; todo Ser quiere aquí volcarse en palabras, todo Devenir ansía aquí aprender de mí a hablar.

¡Ahí abajo, en cambio, son vanas todas las palabras! Ahí lo más cuerdo es olvidar y pasar de largo. ¡He aquí lo que he aprendido!

Quien quisiera comprender todo de los hombres, tendría que combatir todas las cosas humanas. Pero mis manos son demasiado limpias para esta tarea.

Hasta respirar su aliento me repugna, ¡oh, cuánto tiempo he vivido entre su bullicio y mal aliento!

¡Oh, quietud inefable en derredor! ¡Oh, efluvios puros en derredor! ¡Cómo esta quietud respira a plenos pulmones un aire puro! ¡Cómo presta atención este bienaventurado silencio!

Allí abajo, en cambio, todo habla y nada es escuchado. ¡Aunque uno anuncie su sabiduría con la voz de bronce de las campanas, los mercaderes la ahogarán haciendo sonar sus monedas de cobre!

Entre ellos, todos hablan, pero nadie sabe ya entender; todo queda en la nada, nada queda ya acabado del todo.

Entre ellos, todo habla, pero ya nada madura. Todos cacarean, pero, ¿quién se aviene aún a estarse quieto en el nido y empollar huevos?

Entre ellos, todo habla y todo queda triturado de tanto hablar. Y lo que ayer fue un hueso duro de pelar para el mismo tiempo, cuelga raído y roído de las bocas de los hombres de hoy.

Entre ellos todo habla y todo es divulgado. Y lo que en un

tiempo era secreto e intimidad de almas profundas pertenece hoy a los charlatanes y demás alborotadores.

¡Oh, ser humano! ¡Ser curioso! ¡Bullicio por callejas oscuras! Quedas ahora de nuevo por debajo de mí, ¡quedas atrás mi más grave peligro, yaciendo a mis espaldas!

Siempre en ser indulgente y compasivo ha acechado mi más grave peligro, y todo ser humano quiere que se tenga con él consideración e indulgencia.

Con las verdades reprimidas: con manos de necio y el corazón chiflado y rico en mentirillas de la compasión, así he vivido siempre entre los hombres.

Estaba entre ellos disfrazado, pronto a desconocer *mi* identidad, para soportarlos a *ellos*, y diciéndome gustoso a mí mismo: "¡no conoces a los hombres, necio!".

Viviendo entre los hombres uno llega a engañarse sobre ellos; hay demasiado primer plano en todos los hombres, ¡a qué vienen entre ellos los ojos fijos en la lejanía!

Y cuando me entendían mal, yo necio se los perdonaba a ellos más que a mí mismo, acostumbrado como estoy a ser duro conmigo mismo, vengándome muchas veces en mí mismo de aquella indulgencia.

Estaba yo entre ellos cubierto de las picaduras de moscas venenosas y horadado, como la piedra, por muchas gotas de malicia, y aún me decía: "¡lo pequeño no tiene la culpa de su pequeñez!".

Es especial los que se llaman "los buenos" me resultaban las moscas más venenosas. Pican y mienten con toda inocencia, ¿cómo *se quiere* que sean justos conmigo?

A quien vive entre los buenos, la compasión le enseña a mentir. La compasión vicia el aire de todas las almas libres. Pues la estupidez de los buenos es inconmensurable.

Allí abajo he aprendido a ocultarme a mí mismo y mi riqueza; pues encontraba a todo el mundo pobre de espíritu. Este era el engaño de mi compasión: el que percibía en cada cual, el que notaba y olía en cada cual la cantidad de espíritu que era capaz de digerir.

A sus sabios enverados les llamaba sabios, no enverados, así aprendí a comerme las palabras. A sus sepultureros les llamaba investigadores y exploradores, así aprendí a confundir las palabras.

Los sepultureros contraen enfermedades cavando. Debajo de los viejos escombros yacen vapores malsanos. No conviene remover el fango. Conviene vivir en lo alto de montañas.

¡Con bienaventuradas narices respiro de nuevo la libertad serrana! ¡Redimida está, por fin, mi nariz del olor de las cosas humanas!

Cosquilleada por aires cortantes como por vinos espumosos, estornuda mi alma; *estornuda* y, jubilosa, se grita a sí misma: ¡salud!».

Así habló Zaratustra.

De los tres males

«Soñé, en esos sueños últimos que preceden al despertar, que de pie en lo alto de un promontorio, más allá del mundo, tenía en la mano una balanza y *pesaba* el mundo.

¡Ay, que pronto llegó la aurora! Con sus ardores me despertó la celosa. Siempre tiene celos de los ardores de mis últimos sueños.

Susceptible de ser medido por quien tiene tiempo, pesado por quien sabe pesar, alcanzado volando por las alas fuertes, descifrado por cascanueces divinos, así encontró mi sueño el mundo.

Mi sueño, navegante audaz mitad barco, mitad viento; silencioso como la mariposa e impaciente como el noble halcón. ¡Hay que ver la paciencia que tuvo hoy para pesar el mundo!

¿Lo habrá persuadido furtivamente mi sabiduría, mi risueña y lúcida sabiduría diurna que se burla de todos los "mundos infinitos"? Pues dice ella: "Donde hay fuerza, allí también en el *número se convierte en dueño*; pues tiene más fuerza."

¡Con qué serenidad consideraba mi sueño a este mundo finito: ni curioso ni indiscreto, ni tampoco suplicante! Como si se ofreciese a mi mano una gran manzana bien redondita y aterciopelada, una madura manzana de oro de suave y fresca piel, se me ofrecía el mundo. Como si me estuviera haciendo señas un árbol obsequioso de ancha copa, doblado a modo de respaldo y aun de banquillo para el viajero fatigado, el mundo estaba ahí en lo alto de mi promontorio.

Como si manos encantadoras me ofreciesen un relicario un relicario abierto al éxtasis de ojos recatados y reverentes se me ofreció hoy el mundo.

No bastante enigma para ahuyentar el amor humano, no bastante claro para adormecer la sabiduría humana; ¡como algo humanamente bueno se me presentó hoy el mundo tan calumniador!

¡Cuán agradecido estoy a mi último sueño por haber pesado yo así la madrugada pasada el mundo! ¡Como algo humanamente bueno se me presentó este sueño y consolador del corazón!

Y para emularlo en horas del día y aprender de él lo que tiene de mejor, quiero ahora colocar las tres cosas más malas en el platillo de la balanza y pesarlas en forma humanamente buena.

Quien enseñó a bendecir, enseñó también a maldecir: ¿cuáles son las tres cosas más maldecidas para que las pese en forma humanamente buena?

La *voluptuosidad*, el *afán de dominio* y el *egoísmo* han sido más maldecidos y difamados; los voy a pesar en forma humanamente buena.[41]

¡Bien! Aquí está mi promontorio, y allá el mar; viene hacia mí, velloso y adulador, el viejo monstruo canino de cien cabezas que tanto amo.

41 Contraponiéndolas a las virtudes cristianas de castidad, humildad y amor al prójimo.

¡Bien! Aquí voy a tener la balanza encima del mar que viene hacia mí; y te pongo por testigo a ti, árbol solitario de penetrante aroma y frondosa copa, que amo.

¿Cruzando qué puente se encamina al futuro el presente? ¿Obedeciendo a qué apremio se fuerza lo elevado a condescender a lo bajo? ¿Y qué es lo que impele aun a lo más elevado a elevarse?

Ahora se equilibran los dos platillos de la balanza. Coloqué en uno tres difíciles preguntas, lleva el otro tres difíciles respuestas».

2

«La voluptuosidad, espina clavada en la carne de todos los penitentes que desprecian el cuerpo, y maldecida como "mundo" por todos los trasmundistas, pues escarnece y engaña a todos los predicadores confundidos y descaminados.

La voluptuosidad, para la chusma el fuego lento en que ella es asada; para toda madera carcomida y todos los trapos inmundos el horno encendido y flameante presto a consumirlos.

La voluptuosidad, para los corazones libres inocente y libre, la felicidad florida de la vida, la gratitud fervorosa de todo futuro hacia el presente.

La voluptuosidad tan solo para el marchito es veneno dulzón, pero para los impulsados por voluntad leonina, el gran tónico y el reverentemente economizado vino de los vinos.

La voluptuosidad, magna felicidad simbólica de otra felicidad más elevada y de la más alta esperanza. Pues a muchos les está destinado el matrimonio y más que el matrimonio; a muchos entre los cuales media un abismo más profundo que entre el hombre y la mujer; ¡y quién ha comprendido jamás cabalmente el abismo que media entre el hombre y la mujer!

La voluptuosidad, ¡pero quiero poner vallas a mis pensamientos y aun mis palabras, no sea que penetren en mis jardines los cerdos y los "exaltados"!

El afán de dominar, azote candente de los más duros corazones de piedra: suplicio cruel reservado al más cruel mismo, llama luctuosa de hogueras vivientes.

El afán de dominar, malicioso tábano puesto sobre los pueblos más vanidosos: burlador de toda virtud incierta: el que monta en todos los corceles y todos los orgullos.

El afán de dominar, terremoto que rompe y destruye todo lo putrefacto y carcomido; el que arrollando, retumbando y castigando, hace pedazos los sepulcros blanqueados; fulminante interrogante planteada al lado de las respuestas prematuras.

El afán de dominar, ante cuya mirada el hombre se arrastra y se agacha y se somete y se degrada por debajo de la serpiente y el cerdo, hasta que brota de él el grito del gran desprecio.

El afán de dominar, terrible maestra del gran desprecio que predica en la cara de las ciudades y de los imperios: "¡Debes desaparecer!", hasta que de ellos mismos brota el grito: "¡Debo desaparecer!".

El afán de dominar que se eleva, seductor, también al puro y al solitario y hasta alturas que se bastan a sí mismas; ardiente como un amor que pinta seductoramente de púrpuras bienaventuranzas en los cielos terrenos.

El afán de dominar, a veces el descender de lo elevado por el ansia de poder. ¡A fe que nada malsano hay en tal ansia ni en tal descenso!

El que la solitaria altura no quiere estar sola, aunque se baste a sí misma para siempre; el que la montaña descienda al valle y los vientos de la altura al llano, ¡oh, si alguien supiera bautizar y honrar tal ansia con el nombre justo! "La virtud dadivosa" le llamó Zaratustra cierta vez a lo innombrable.

Y entonces también —¡ah, por primera vez!— su palabra alabó el egoísmo; el egoísmo sano y limpio que brota de alma poderosa: de alma poderosa, a la que pertenece el cuerpo sublime, hermoso, triunfante y grato, en cuyo derredor todas las cosas se transforman en espejos; el cuerpo ágil y persuasivo, el bailarín, cuyo símbolo y quintaesencia es el alma gozosa de sí misma. El goce en sí mismos de tales cuerpos y almas se llama a sí mismo "virtud".

Con sus palabras del bien y del mal, tal goce de sí mismo se escuda como tras bosquecillos sagrados; con los nombres de su felicidad conjura todo lo despreciable.

Conjura todo lo cobarde, dice: ¡Malo quiere decir cobarde! Despreciable se le antoja el que se preocupa y suspira y se queja y quien aprovecha todavía las mínimas ventajas.

Desprecia también toda sabiduría llorosa; pues hay también una sabiduría llorosa, una sabiduría a modo de dama de noche que siempre suspira: "¡Vanidad de vanidades!"

Le repugna el sordo recelo y quien quiere juramentos solemnes en lugar de miradas y apretones de manos, así como toda sabiduría demasiado desconfiada, pues es propia de las almas cobardes.

Le repugnan aún más el que se arrastra solícito, el alma rastrera y el sumiso; y también una sabiduría sumisa, rastrera, mansa y harto solícita.

Le es francamente odioso y nauseabundo el que no se resiste jamás y se traga la saliva venenosa y las miradas fulminantes, el demasiado paciente que tolera todo y transige con todo, pues tal actitud es propia del siervo.

Ya se someta uno a dioses y puntapiés divinos, o a hombres y estupideces humanas, ¡a toda actitud servil escupe ese ebrio goce de sí mismo! Llama él malo a todo lo quebrado, mezquino y servil, al mirar esquivo, al aire tétrico y a esa especie falsa y blanda que besa con labios anchos y cobardes.

Y llama seudo sabiduría a todos los alardes de ingenio de los siervos y los viejos y los cansados; ¡y en particular a toda la grave, absurda y harto lista locura de la clerigalla!

¡Las malas pasadas que el juego de los seudosabios, clérigos, todos los cansados del mundo y cuantos tienen el alma afeminada y servil, ha jugado desde siempre malas partidas al egoísmo!

¡Y cabalmente el jugar malas pasadas al egoísmo se proclamaba y llamaba virtud! ¡Con fundada razón todos esos cobardes, cansados del mundo y arañas de cruz, aspiraban al desprendimiento!

Mas para todos ellos llegará el día, el cambio, la espada del juicio, el *gran mediodía*; ¡entonces se pondrán de manifiesto muchas cosas!

Y quien llama sano y santo el yo y el bienaventurado egoísmo, proclama también lo que sabe: *"¡Mira que ya viene, ya está por llegar el gran mediodía!"*».

Así habló Zaratustra.

Del espíritu de la pesadez

1

«Yo hablo como habla el pueblo, demasiado grosero y llano es mi lenguaje para los conejos de seda. Y aún más ajeno es mi verbo a todos los calamares y plumíferos.

Mi mano es una mano de necio, ¡ay de todas las mesas y paredes y cuanto se presta para cubrirse con dibujos y pintarrajos de orate!

Mi pie es un pie de caballo, con él ando a campo traviesa como alma que lleva el diablo.

Mi estómago, ¿será estómago de águila? Pues le gusta más que nada la carne de cordero. Es, en todo caso, un estómago de ave.

¡Cómo no ha de haber en mí algo de pájaro, ya que me alimento con cosas inocentes y poco, y siempre estoy impaciente por volar, por irme volando!

Y sobre todo es cosa de pájaro mi enemistad con el espíritu de la pesadez, ¡hostilidad enconada, acérrima, primordial!

¡Si habrá volado y se habrá extraviado, volando ya, mi hostilidad!

Esto sería una larga historia cantaba en una canción y bien que la canto, aunque estoy solo en casa vacía y tengo que cantármela a mí mismo».

2

«Quien un día enseñe a volar a los hombres, habrá desplazado todos los mojones; los mojones mismos volarán. Rebautizará la tierra con el nombre de "La Ligera".

El avestruz corre más deprisa que el caballo más veloz, pero aún él mete la cabeza pesadamente en tierra pesada; así también el hombre que aún no sabe volar.

Pesada se le antoja la tierra y la vida, ¡y así lo quiere el espíritu de la pesadez! Quien quiere volverse ligero, como los pájaros, debe amarse a sí mismo, así lo enseño yo.

¡Claro que no con el amor de los enfermos y los morbosos, pues en el caso de estos aun el amor propio exhala mal olor!

Hay que aprender a amarse a sí mismo —así lo enseño yo— con un amor sano y saludable, para que el hombre se soporte a sí mismo y no ande vagabundeando de un lado para otro.

Tal andar por ahí se llama "amor al prójimo", con palabra alguna se ha mentido y fingido tanto como con esta, sobre todo de parte de gentes que resultaban pesadas a todo el mundo.

Y en verdad que *aprender* a amarse a sí mismo no es un mandamiento para hoy y mañana. No existe arte más sutil, más hábil, más perfecto, más paciente.

Pues a quien posee algo, le está bien oculto todo lo que posee; y de todos los tesoros el propio es el último que se desentierra. Así lo procura el espíritu de la pesadez.

Ya casi en la cuna se nos dota de palabras y valores de peso: el "bien" y el "mal" se llama esta dote. Por ella se nos perdona el que vivamos.

Y dejan a los niños que vengan a otros, para evitar a tiempo que se amen a sí mismos; así lo dispone el espíritu de la pesadez.

Y nosotros llevamos fielmente cargada, cuesta arriba y cuesta abajo, lo que se nos carga sobre los hombros. Y cuando sudamos, se nos advierte: "¡Ah, sí, la vida es una carga pesada!"

¡Sin embargo, solo el hombre es para sí mismo una carga pesada! Y es que lleva a cuestas demasiadas cosas ajenas. Cual el camello, se arrodilla él y se deja cargar.

Sobre todo el hombre fuerte y paciente carga con demasiadas palabras y valores ajenos, ¡y entonces la vida se le aparece como un desierto!

¡Y también no pocas cosas *propias* son una carga pesada! Muchas interioridades del hombre son como la ostra, esto es, repugnantes y escurridizas y difíciles de agarrar, así que tiene que intervenir un caparazón noble y vistoso. ¡Pero también el tener un caparazón y hermosa apariencia exterior y prudente ceguera, es un arte que hay que aprender!

Engaña también no pocas veces sobre el hombre, el que más de una concha es pobre y gris y demasiada concha. Mucha bondad y fuerza recónditas pasan inadvertidas, ¡las más deliciosas exquisiteces no encuentran quien las saboree!

Bien lo saben las mujeres más exquisitas: un poco más gruesas, un poco más delgadas, ¡oh, cuánta fatalidad hay en tan poco!

El hombre es difícil de descubrir, sobre todo por parte de sí mismo; frecuentemente el espíritu miente acerca del alma. Así lo dispone el espíritu de la pesadez.

Pero se ha descubierto a sí mismo el que dice: "He aquí *mi* bien y mal"; así acalla al topo y enano que dice: "Bien *todos* y mal para *todos*."

No me agradan tampoco aquellos para los que todas las cosas son buenas y este es el mejor de los mundos. Se me antojan gentes que se conforman con cualquier cosa, son los omnicontentos.

¡La conformidad fácil que sabe saborearlo todo no es el mejor gusto! Yo honro a las lenguas y estómagos rebeldes y selectivos de contentar, que han aprendido a decir "yo" y "sí" y "no". ¡Tragarlo y digerirlo todo es propio de cerdos!

El mío es un gusto dado al amarillo intenso y al rojo ardiente, un gusto que mezcla sangre a todos los colores. El que blanquea su casa me revela un alma blanqueada.

Hay quienes se enamoran de momias y quienes de fantasmas, unos y otros enemigos por igual de toda carne y sangre, ¡oh, cómo me repugnan! Pues amo a la sangre.

Y no quisiera morar allí donde escupe todo el mundo. He aquí *mi* gusto. Preferiría hasta vivir entre ladrones y perjuros. Nadie lleva oro en la boca.

Pero aún más me repugnan todos los que bramen servilmente; y la especie humana más repugnante que he encontrado, la he bautizado con el nombre de parásito: es la que no quiere amar, pero que procura vivir del amor.

Desventurados les llamo a todos los que tienen que elegir entre hacerse fieras malignas o domadores malignos de fieras, no estaría dispuesto a levantar mis tiendas entre ellos.

Desventurados les llamo también a los que siempre *tienen que* esperar, me repugnan esos publicanos y mercaderes y reyes y todos los de su realeo.

En verdad que yo también he aprendido a esperar, y a fondo, pero solo a esperarme a mí mismo. Y por sobre todas las cosas he aprendido a estar de pie y caminar y correr y saltar y trepar y bailar.

He aquí lo que enseño: Quien quiera aprender un día a volar, *tiene* que aprender primero a estar de pie y caminar y correr y trepar y bailar, que el volar no es presa que se caza al vuelo.

He aprendido a subir por escalas de cuerda a más de una ventana, con piernas ágiles me he trepado a altos mástiles. Gozaba yo del estar encaramado en altos mástiles de la sabiduría, del llamear cual llamitas en altos mástiles: ¡luz humilde la mía, pero gran consuelo para navegantes desviados de su rumbo y náufragos extraviados!

Por muchos caminos diferentes y de múltiples modos he llegado a mi verdad, no por una sola escalera he subido a la altura donde mi mirada *recorre el mundo*.

De mal grado preguntaba por caminos, ¡esto siempre me ha repugnado! Prefería preguntar y someter a prueba a los caminos mismos.

Todo mi caminar ha sido un ensayar y preguntar, ¡y responder a tales preguntas también hay que *aprender*! ¡He aquí mi gusto!

No es ni bueno ni malo; pero es el mío, del que ya no me avergüenzo y que ya no oculto.

"Este es mi camino, ¿cuál es el vuestro?" —así contestaba yo a los que me preguntaban "por el camino". ¡Pues *el* camino, en efecto, no existe!».

Así habló Zaratustra.

DE VIEJAS Y NUEVAS TABLAS

1

«Estoy sentado aquí en actitud de espera, rodeado de viejas tablas rotas y otras nuevas a medio escribir. ¿Cuándo llegará mi hora?

La hora de mi descenso y ocaso, pues una última vez quiero encaminarme a los hombres.

He aquí lo que aguardo; pues antes deben aparecer los signos de que ha llegado, en efecto, mi hora: el león riente y la bandada de palomas.

Entretanto, hablo conmigo mismo, como uno que tiene tiempo. Como que nadie me cuenta novedades, me cuento mi propia persona».

2

«Cuando llegué a los hombres, los encontré sentados sobre una inveterada presunción: todos pretendían saber, desde hacía mucho tiempo, todo lo que era bueno y malo para los hombres.

Todo hablar de virtud se les antojaba una cosa vieja y cansada; y quien deseaba dormir bien hablaba del "bien" y del "mal" antes de acostarse.

Esta paz aletargada la perturbé al enseñar: "¡lo que es bueno y malo *no lo sabe aún nadie* —como no sea el creador—!, que es el que crea la meta del hombre y da a la tierra su sentido y su porvenir; solo él *crea* el bien y el mal."

Y los mandé a derribar sus viejas cátedras y dondequiera que hubiera estado sentada aquella vieja presunción, los invité a reírse de sus grandes dechados de virtud y de sus santos y poetas y redentores.

Los invité a reírse de sus sabios sombríos y de quien hubiera estado posado cual negro espantajo en el árbol de la vida por lo menos una vez.

Me senté al lado de su gran necrópolis y hasta junto a la carroña y los buitres, riéndome de todo su pasado y de su esplendor mustio y arruinado.

Como los exhortadores a penitencia y los necios, troné contra sus cosas grandes y pequeñas y lo pequeño que era aún lo mejor de ellos. Me burlé de lo pequeño que era aún lo peor de ellos.

Así gritó y rio mi sabio anhelo nacido en montañas, ¡qué sabiduría tan salvaje! Mi gran anhelo de ruidoso vuelo.

Y muchas veces me arrastró él hacia las alturas, en plena risa; entonces volé estremecido, hecho una flecha, a través de éxtasis embriagado de sol, hacia futuros lejanos que ningún sueño había visto jamás; hacia sures más cálidos que los soñados por artista alguno; allá donde los dioses danzan en desnudez completa; por expresarme mediante parábolas, cojeando y balbuciendo como los poetas, ¡a fe que me da vergüenza tener que ser *todavía* poeta!, donde todo devenir se me antojaba un baile y altivez de dioses y el mundo, travieso y retozón, huyendo de vuelta a sí mismo, un eterno huirse y buscarse de muchos dioses; un inefable contradecirse y entenderse de nuevo de muchos dioses; donde todo tiempo se me antojaba una bienaventurada burla de instantes; donde la necesidad era la libertad misma, que jugaba inefablemente con el aguijón de la libertad; donde yo volvía a encontrar también a mi viejo diablo y enemigo mortal, el espíritu de la gravedad, y todo lo por él creado: coerción, norma, apremio, consecuencia, fin y voluntad, bien y mal.

Pues, ¿no *tiene que haber* cosas por encima de las cuales pueda bailarse? ¿No tienen que existir, por contrariar a los ligeros y ligerísimos, topos y pesados enanos?».

3

«Allí fue también donde recogí en el camino la palabra "superhombre" y la noción de que el hombre es algo que debe ser superado; de que el hombre es puente, no una meta, que se llama a sí mismo bienaventurado por su mediodía y azar como camino de nuevas auroras; la palabra de Zaratustra del gran mediodía y todo lo que suspendí sobre los hombres cual segundas auroras purpúreas.

Les hice ver también nuevas estrellas en nuevas noches, y por encima de las nubes y el día y la noche tendí la risa cual tienda multicolor.

Les enseñé a concebir y aunar *como unidad* cuanto fragmento, enigma y azar pavoroso hay en el hombre; como poeta, adivinador de enigmas y redentor del azar, les enseñé a ser creadores del futuro y redimir creando todo lo que *fue*.

Redimir todo lo pasado en el hombre y transformar mediante su creación "Así fue", hasta que la voluntad proclamara: "¡Así lo quise yo! Así lo querré."

He aquí la redención que les enseñé, he aquí lo que les enseñé a llamar redención.

Ahora espero la hora de *mi* redención, la hora de encaminarme a ellos una última vez.

Pues una última vez quiero encaminarme a los hombres, ¡entre ellos quiero enfrentar mi ocaso, moribundo quiero hacerles entrega del más precioso de mis dones!

Así me lo ha enseñado el sol, ¡el astro pletórico! Vierte él a raudales oro en el mar cuando se hunde debajo del horizonte, ¡de tal manera que aun el pescador más pobre rema con remo *de oro*! Así lo vi cierta vez y mis lágrimas no se cansaron de brotar ante este espectáculo.

Como el sol quiere hundirse también Zaratustra en su ocaso, ahora está sentado aquí en actitud de espera, rodeado de viejas tablas rotas y de otras nuevas a medio escribir».

4

«Aquí está una de estas nuevas tablas; pero, ¿dónde están mis hermanos para que junto conmigo la lleven al valle y la graben en corazones de carne?[42]

Mi gran amor a los más lejanos pide: *¡no tengas consideraciones con tu prójimo!* El hombre es algo que debe ser superado.

Hay muchos caminos y modos de superarse, ¡elija cada cual el suyo! Pero solo el bufón piensa: "el hombre puede también ser *saltado*".

¡Supérate aun en tu prójimo; y derecho que puedas robar, no has de esperar a que te lo den!

Lo que tú haces nadie puede hacértelo a ti. No hay premio y no hay castigo.

42 Expresión bíblica que aparece en Ezequiel y en una Carta de San Pablo a los Corintios.

Quien no puede *mandarse* a sí mismo, debe obedecer. Y más de uno puede mandarse a sí mismo, pero está lejos de obedecerse también a sí mismo».

5

«Tal es el estilo de las almas nobles el no querer tener nada gratis, y menos la vida.

La plebe quiere vivir gratis; nosotros, a los que se ha dado la vida, vivimos con la mente puesta en lo que podemos dar *a cambio*.

En verdad que son palabras nobles las que dicen: "Lo que nos promete la vida, lo cumpliremos *nosotros* a la vida".

No debe pretender gozar el que no hace gozar. Y ¡no debe *pretenderse* gozar!

Pues el gozo y la inocencia son de lo más púdico; no son de esas cosas que uno pueda buscar. Hay que *tenerlos;* pero *buscar,* solamente debe buscarse la culpa y el sufrimiento».

6

«Hermanos míos, todos los precursores están destinados al sacrificio. Pues bien, nosotros somos precursores.

Todos nosotros sangramos en aras secretas. Todos nosotros ardemos y nos consumimos en honor de viejos ídolos.

Lo mejor de nosotros es todavía joven y así excita a los viejos paladares. Nuestra carne es tierna y nuestra piel es tan solo piel de cordero, ¡cómo no iba a agradar a los viejos idólatras!

Dentro de nosotros mismos habita todavía el viejo idólatra que se regala con lo mejor de nosotros. ¡Ay!, hermanos, ¿cómo los precursores no han de estar destinados al sacrificio?

Pero así lo quieren los que son como nosotros, y yo amo a los que no quieren sobrevivir. Amo con toda la fuerza de mi amor a los que se encaminan a su ocaso, pues pasarán "al lado mejor de la vida"».

7

«Pocos pueden ser verdaderos. ¡Y no por poder ser verdadero se quiere serlo! Los que menos pueden serlo son los buenos.

¡Vaya con los buenos! *Los hombres buenos nunca dicen la verdad;* para el espíritu, esta manera de ser bueno es una enfermedad.

Esos buenos son dóciles, resignados; su corazón repite lo que otro les dijeron, su fondo obedece; pero, ¡quien obedece *no escucha su propia voz*!

Todo lo que los buenos tildan de malo, tiene que juntarse para que nazca una verdad. ¡Oh!, hermanos, ¿sois lo bastante malos para *esta* verdad?

La temeraria osadía, la larga desconfianza, el cruel "no", el hastío, el cortar por lo sano, ¡cuán rara vez se junta todo esto! ¡Pero de tal semen, se engendra la verdad!

¡Toda ciencia ha crecido hasta ahora a la sombra de la conciencia perversa! ¡Romped, sabios, las viejas tablas!».

8

«Cuando llega el duro invierno, el domador de ríos, no solamente los estúpidos objetan al que predica: "todo fluye":[43]

Hasta los mismos mentecatos le contradicen. "¿Cómo? ¿Todo fluye? ¿No está todo fijo, por el contrario?". ¡Pero si hay puentes y tendidos sobre la corriente!

Sobre la corriente todo es sólido, todos los valores de las cosas, los puentes, conceptos, todo el "bien" y el "mal"… ¡Todo es *sólido*!

43 Recordando las palabras del filósofo presocrático griego Heráclito.

Pero cuando llega el frío invierno, el domador de ríos, entonces incluso los más maliciosos se tornan desconfiados; y entonces no solo los imbéciles dicen: ¿No será que está inmóvil?

"En el fondo todo está fijo"[44], he aquí una doctrina muy de invierno, buena para tiempos estériles, magnífico consuelo para todos los dormidos en un letargo invernal y para los que se sientan detrás de las hogueras.

"En el fondo, todo está fijo" —¡pero en *contra de esto* predica el viento cálido del deshielo!—.

El viento cálido, un toro de esos que no aran; ¡toro furioso, destructor, que rompe el hielo a coléricas cornadas! Y el hielo *¡abate los puentecillos!*

¡Oh!, hermanos, ¿no son los de hoy tiempos en que todo *fluye*? ¿Y no han arrasado las aguas todo lo fijo —todos los puentes: los conceptos, todo "bien" y "mal"?

¡Ay de nosotros! ¡Dichosos de nosotros! ¡Sopla el viento cálido que rompe el hielo! ¡Difundid por todos los ámbitos, hermanos, esta buena nueva!».

9

«Hay una vieja ficción que se llama el bien y el mal. Alrededor de adivinos y astrólogos ha girado hasta ahora la rueda de esta ficción.

En un tiempo se creía en adivinos y astrólogos, y *por eso* creía: "¡Todo es fatalidad, no tienes más remedio porque te ordena el destino!".

Luego se desconfió de todos los adivinos y astrólogos, y *por eso* se creyó: "¡Todo es libertad; puedes, porque te impulsa tu voluntad!".

¡Oh, hermanos, hasta ahora acerca de los astros y el futuro no se ha sabido, sino tan solo opinado; y por ende hasta ahora acerca del bien y del mal no se ha sabido, sino tan solo opinado!».

44 Alusión al filósofo presocrático Parménides.

10

«"¡No robarás! ¡No matarás!". En un tiempo se tenían por sagradas tales palabras y se doblaba ante ellas la rodilla y la cabeza y se descalzaba.

Pero yo os pregunto: ¿dónde ha habido jamás en el mundo un saldo tan grande de robo y matanza como a causa de tales palabras sagradas?

¿No hay en toda la vida misma un robar y matar? Y al considerarse sagradas tales palabras, ¿no se mataba la *verdad misma?*

¿O sería una prédica de la muerte el considerar sagrado lo que contradecía y desaconsejaba toda vida? ¡Oh, hermanos, romped las viejas tablas!».

11

«Lo que me hizo compadecer de todo lo pasado fue la comprobación de que está librado a la merced, al espíritu, a la demencia, de todas las generaciones que surgen y, valorando, convierten todo lo que fue en puente que a ellas ha conducido.

Podría presentarse un gran déspota, siniestro y listo, que a su antojo forzara y estrechara todo lo pasado hasta dejarlo convertido en puente y presagio y heraldo y canto del gallo.

Y he aquí el otro peligro y el otro motivo de mi compasión: la memoria de la plebe se detiene en el abuelo, y más allá del abuelo se acaba el tiempo.

De suerte que todo lo pasado está expuesto, pues podría llegar un día en que la plebe señoreara y en aguas poco profundas ahogara todo tiempo.

Por esto, hermanos, es menester una *nueva nobleza* que se oponga a toda plebe y todo despotismo e inscriba de nuevo en nuevas tablas la palabra "noble".

¡Pues *para que haya una nobleza* son menester muchos nobles y muchas clases de nobles! O como dije cierta vez en lenguaje alegórico: "¡Consiste la divinidad en que hay dioses, pero no un Dios!"».

12

«Oh, hermanos, os consagro y enseño una nueva aristocracia: habéis de ser reproductores y criadores, y sembradores del porvenir; y en verdad que no para que surja una nobleza que podáis comprar como los mercaderes y con oro vil; pues lo que tiene precio tiene poco valor.

¡En adelante, no vuestro origen, sino vuestra meta ha de ser vuestro título de honor! ¡Vuestra voluntad y vuestros pies ansiosos de pasar más allá de vosotros ha de constituir vuestro nuevo título de honor!

Por cierto que no el haber servido a un príncipe, ¡qué importan hoy los príncipes!, ¡ni el haberos convertido en baluarte de lo que estaba en pie, para que estuviera más sólido todavía!

No el haberse vuelto cortesano vuestro linaje en cortes y el haber aprendido vosotros a estar de pie, engalanados de muchos colores, cual los flamencos, durante horas en estanques poco profundos; pues *el poder* de estar de pie es lo que distingue a los cortesanos; ¡y todos los cortesanos creen que de la bienaventuranza forma parte *el poder* sentarse!

Tampoco el haber conducido un espíritu, que llaman santo, a vuestros antepasados a tierras de promisión. ¡Bonito nombre para una tierra donde creció el más funesto de todos los árboles: la Cruz!

¡Y en verdad que donde quiera que este "espíritu santo" condujera sus huestes, siempre *precedieron* cabras y gansos y de cruzados mentecatos!

¡Oh, hermanos, vuestra nobleza ha de mirar no hacia el pasado, sino hacia el porvenir! ¡Debéis estar expulsados de todos los países de los padres y de los antepasados!

¡Habéis de amar la *tierra de vuestros hijos* perdida en el mar más lejano y aún ignota, tal debe ser vuestra nueva nobleza! ¡Hacia ella os invito a enderezar afanosamente vuestras velas!

¡En vuestros hijos debéis reparar el ser vosotros los hijos de vuestros padres, todo lo pasado lo debéis redimir así! ¡He aquí la tabla nueva que suspendo sobre vosotros!».

13

«"¿Para qué vivir? ¡Vanidad de vanidades! Vivir es trillar paja, es quemarse sin entrar en calor."

Tal disparate anticuado es tenido todavía por "sabiduría", y se lo honra tanto más cuanto que es viejo y huele a moho. También el moho ennoblece.

Así podían hablar los niños: ¡ellos *rehúyen* el fuego porque alguna vez se han quemado! Hay mucho infantilismo en los viejos libros sapienciales.

Quien siempre "trilla paja" no tiene derecho a hablar mal de la trilla. ¡Habría que amordazarles el hocico a tales dementes!

Se sientan a la mesa sin traer nada, ni siquiera apetito, y entonces claman: "¡Vanidad de vanidades!"

¡Pero comer y beber bien, hermanos, no es, en verdad, un arte vano! ¡Romped las tablas de los eternos descontentos!».

14

«Según el pueblo: "para el casto todo es pudor". Pero yo os digo: ¡para el cerdo todo es inmundicia!

Por eso los místicos y cabizbajos, que andan también con el corazón gacho, predican: "El mundo mismo es un monstruo inmundo".

Pues todos ellos son gente de espíritu sucio, ¡sobre todo esos trasmundanos que se empeñan en ver el mundo *por detrás!*

A esos les digo en la cara, aunque no suene bien, que el mundo se parece al hombre en eso de tener un trasero.

Hay en el mundo mucha inmundicia, *sí:* ¡pero no por eso el mundo mismo es un monstruo inmundo!

Hay sabiduría en el hecho de que muchas cosas en el mundo huelan mal, ¡el mismo asco hace crecer alas y fuerzas que presienten manantiales!

Aun en los mejores hay cosas que dan asco, y aun los mejores son algo que debe ser superado.

Oh, hermanos, ¡hay mucha sabiduría en el hecho de que haya mucha inmundicia en el mundo!».

15

«He aquí las palabras que he oído a los piadosos trasmundanos decir a su conciencia, y por cierto que sin falsía ni malicia, aun cuando no hay en el mundo nada más falso ni más malo:

"¡Hay que desentenderse del mundo! ¡No mováis un *solo* dedo contra él!

¡Dejad que quien quiera oprimir y acosar y maltratar a las gentes lo haga! Así terminarán por renunciar al mundo.

Y tu propia razón la debes estrangular; pues es una razón de este mundo; así tú mismo terminarás por apartarte del mundo".

¡Romped, hermanos, estas viejas tablas de los piadosos! ¡Destruid las palabras de los que calumnian el mundo!».

16

«"Quien mucho aprende, se olvida de todo deseo violento" —así se lo susurran hoy día las gentes en todas las callejas oscuras.

"La sabiduría cansa, nada vale la pena, ¡no codiciarás!" —esta nueva tabla la he encontrado colgada hasta en las plazas públicas.

¡Romped, hermanos, también esta *nueva tabla!* La han colocado en la pared los cansados del mundo y los predicadores de la muerte, y también los tiranos; pues es también una prédica a favor de la esclavitud.

De haber aprendido mal y no haber aprendido lo mejor; y de haber aprendido todo demasiado temprano y demasiado de prisa; y de haber comido mal, les ha venido esta indigestión; pues una indigestión de su espíritu; este los lleva a aconsejar la muerte. ¡Pues el espíritu, hermanos, *es* un estómago!

La vida es una fuente de placer; pero donde habla un estómago empachado, el padre de la turbación, están contaminadas todas las fuentes.

¡Es el conocimiento un *placer* para los impulsados por voluntad leonina! Pero quien se ha cansado, solo es objeto de la voluntad, con él juegan todas las olas.

Propio del hombre débil es perderse por sus caminos. Y al final aún pregunta su cansancio: "¿A qué he recorrido caminos? ¡Todo da igual!".

A este le suena gratamente en los oídos la prédica: "¡Nada merece la pena! ¡No querrás!". Pero esta es una prédica de la esclavitud.

¡Oh, hermanos, como un fuerte vendaval es Zaratustra para todos los cansados, hará estornudar aún a muchas narices!

¡Hasta a través de muros y en el interior de prisiones y espíritus aprisionados sopla mi aliento libre!

El querer libera, pues querer es crear, así lo enseño yo. ¡Y *solo* para crear habéis de aprender!

Y aun el aprender habéis de *aprenderlo* de mí, ¡el aprender bien! ¡Quien tiene oídos para oír, escuche!».

17

«Aquí está la barca, por allá se pasa quizás a la gran nada. Pero no hay quien esté dispuesto a embarcarse en este quizás.

¡Ninguno de vosotros está preparado para embarcarse en la barca de la muerte! ¿Qué hay, entonces, de vuestro *cansancio del mundo*?

¡Cansados del mundo! ¡Pero si ni siquiera habéis cortado las amarras de la tierra! ¡Os he encontrado todavía concupiscentes de las cosas terrenas, enamorados hasta de vuestro cansancio de la tierra!

No en vano tenéis el labio colgante, ¡un pequeño deseo terrenal está aún encaramado en él! ¿Y no flota en vuestro ojo una nubecilla de placer terrenal no olvidado?

Abundan en la tierra las buenas invenciones, ya útiles o agradables; por ellas hay que amar la tierra.

Y existe en ella también no poca cosa inventada que es como el pecho de la mujer: útil y agradable a un tiempo.

¡Cansados del mundo! ¡Perezosos de la tierra! ¡Hay que daros de azotes! ¡Con azotes hay que infundiros renovados bríos para espabilaros las piernas!

Pues si no sois unos enfermos o pillos decrépitos de los que la tierra está cansada, sois unos perezosos astutos, o bien unos felinos lascivos y díscolos. ¡Y si os resistís a mover de nuevo ágilmente los pies, debéis iros del mundo!

No hay que pretender curar a los incurables, así lo enseña Zaratustra.

Pero se necesita más *valor* para poner fin que para componer un nuevo estribillo, como bien lo saben todos los médicos y los poetas».

18

«¡Oh!, hermanos, hay tablas que creó la fatiga y tablas que creó la pereza; aun cuando hablan igual expresan cosas distintas.

¡Mirad a este hombre agotado! Está a dos pasos de su meta, pero de tan cansado, el valiente se ha tendido aquí en el polvo, porfiado.

De tan cansado que está, bosteza en la cara del camino y de la tierra y de la meta y de sí mismo. No quiere el valiente dar un solo paso más.

Ahora lo abrasa el sol y los perros lamen su sudor, pero él está tendido ahí, porfiado, y prefiere perecer de sed; ¡perecer de sed a dos pasos de su meta! ¡Por los cabellos tendréis que arrastrar a su cielo a este héroe!

Más vale que lo dejéis tirado ahí, para que le llegue el sueño confortante cual baño refrescante.

Dejadlo tendido ahí hasta que se despierte por sí mismo, ¡hasta que se retracte por sí mismo de toda fatiga y de todo cuanto enseñó el cansancio por conducto suyo!

¡Solo que debéis ahuyentar, hermanos, los perros, esas viles bestias en acecho, y todo el enjambre vil de los "cultos" que se regala con el sudor de todo héroe!».

19

«Trazo en mi derredor círculos y fronteras sagradas, son cada vez menos los que ascienden conmigo a montañas cada vez más altas. Levanto una cadena de montañas cada vez más sagradas.

Pero, donde quiera que ascendáis conmigo, hermanos, ¡tened cuidado de que no suba con vosotros un *parásito!*

Es el parásito un gusano rastrero y vil que quiere engordar en vuestros rincones enfermos y heridos.

Y su arte consiste en localizar el cansancio de las almas que ascienden; en vuestra aflicción o contrariedad, o en vuestra delicada vergüenza, construye su nauseabundo nido.

Donde el fuerte es débil y el noble demasiado indulgente, construye él su nauseabundo nido; vive el parásito allí donde el hombre grande tiene pequeños rincones heridos.

¿Qué es lo más noble de todo ser, y qué es lo más vil? El parásito es lo más vil y el más noble alimenta el mayor número de parásitos.

Pues, ¿cómo el alma que tiene la escala más larga y que alcanza hasta profundidades mayores, no va a alojar el mayor número de parásitos?

El alma más vasta, que puede correr y vagar y deambular dentro del perímetro más grande; la más determinada, que por gusto se precipita dentro del azar; el alma que desde el ser se zambulle en el devenir; el alma poseedora que *tiende* al querer y desear; el alma que huye de sí misma y se da alcance a sí misma dentro de los círculos más vastos; la más sabia, a la que susurra más dulcemente la necedad; la enamorada de sí misma con el amor más entrañable y en la cual todas las cosas fluyen y contrafluyen y tienen su flujo y reflujo, ¡oh!, ¿cómo el alma más noble no va a alojar los peores parásitos?».

20

«¡Oh, hermanos! ¿Soy cruel? En verdad digo: ¡a lo que ya cae, hay que empujarlo!

Todo lo actual cae y decae, ¡no hay quien lo quiera sostener! ¡Pero yo *quiero* aun darle un empujón!

¿Conocéis la voluptuosidad que hace rodar piedras a pavorosos abismos? Esos hombres de hoy, ¡mirad cómo ruedan a mis profundidades!

¡Yo soy un precursor de actores mejores, hermanos! ¡Soy un ejemplo! ¡*Imitad* mi ejemplo!

¡Y a quien no podáis enseñarle a volar, enseñadle *a caer más rápidamente!*».

21

«Amo a los valientes, pero no deben darse palos de ciego.

Muchas veces es más valiente el que se contiene y pasa de largo, ¡*a fin* de reservarse para otro enemigo más digno!

Debéis tener únicamente enemigos que podáis odiar, no enemigos que tengáis que despreciar; debéis estar orgullosos de vuestros enemigos, ya os lo enseñé en otra ocasión.

Debéis reservaros, amigos míos, a otro enemigo más digno; por eso muchas veces habéis de pasar de largo; sobre todo en el caso de mucha chusma que os atosiga con palabrería de pueblo y pueblos.

¡Apartad los ojos de su pro y contra! Abundan allí la razón y la sinrazón; quien fija allí la mirada, se encoleriza.

Golpe de vista y golpe de espada es allí *todo uno,* ¡por eso id a los bosques y no empuñéis la espada!

¡Id por *vuestros* caminos y dejad a pueblo y pueblos que vayan por los suyos! ¡Caminos oscuros, en verdad, donde ya no relampaguea ni *una sola* esperanza!

¡Que el mercader vil señoree allí donde es oro vil todo lo que reluce todavía! Han pasado los días de los reyes; lo que hoy día se llama pueblo, no merece tener reyes.

¡Hay que ver cómo esos pueblos se portan ahora como los mercaderes: hurgan todos los desperdicios en busca de las más pequeñas ventajas!

Siempre se acechan y roban unos a otros, a eso le llaman "buena vecindad". Oh, cuán lejos estamos de los tiempos dichosos en que los pueblos se decían: "¡quiero *señorear* sobre pueblos!"

Pues, hermanos, lo mejor debe dominar; ¡lo mejor *quiere* también dominar! Y donde se predica otra cosa, *falta* lo mejor».

22

«Si esas gentes tuviesen el pan gratis, ¡ay, por qué gritarían! Su sustento es el entretenimiento adecuado a ellas, ¡y la vida debe resultarles difícil!

Son animales de presa, aun su "trabajar" es un "robar" y hasta su "ganar" es un engaño. ¡Por esto la vida debe resultarles difícil!

Para que de esta suerte lleguen a ser fieras mejores: más finas, más listas, *más parecidas a hombres.* Pues el hombre es el mejor animal de presa.

Todos los animales han sido despojados ya por el hombre de sus virtudes, y es que de todos los animales el hombre es el que ha tenido la vida más difícil.

Ya únicamente los pájaros están por encima de él. Y si el hombre aprendiese hoy a volar, ¡ay, *hasta qué alturas* volaría su rapacidad!».

23

«Quiero que el hombre sea buen guerrero y la mujer buena parturienta; y ambos buenos bailarines con la cabeza y las piernas.

¡Hemos de considerar perdido el día en que no se haya bailado ni tan solo *una vez!* ¡Y hemos de tener por falsa toda verdad que no haya dado lugar siquiera a *una carcajada!*».

24

«¡Tened cuidado con el objetivo de vuestro enlace matrimonial! Es una soldadura hecha con demasiada rapidez; por eso le sigue: el quebrantamiento matrimonial.

Y es mejor quebrantar el matrimonio que torcerlo, que mentir el matrimonio. Una mujer me dijo: "Es verdad que he quebrantado el matrimonio, ¡pero antes el matrimonio me había quebrantado a mí!".

Siempre los mal apareados son los más vengativos: hacen que todo el mundo sufra lo que ellos ya no pueden hacer por separado.

Por eso quiero que los honestos se digan el uno al otro: "Nos amamos, ¡*veamos* que no sufra deterioro nuestro amor! ¡No sea que nuestro compromiso nos meta en una equivocación!

¡Dadnos un plazo y un matrimonio breve, para que veamos si servimos para el matrimonio grande! ¡Es una gran cosa estar dos siempre juntos!".

Así lo aconsejo a todos los honestos, ¡y qué sería mi amor al superhombre y a todo lo por venir si aconsejase y hablase de otro modo!

¡Vuestro procrear, hermanos, debe ser un superar creando! y a eso os ayuda el jardín matrimonial».

25

«Quien ha llegado a conocer los orígenes remotos, concluye por ir en busca de fuentes del futuro y nuevos orígenes.

¡Oh, hermanos, antes que transcurra mucho tiempo surgirán *nuevos pueblos* y nuevas fuentes bajarán a nuevos valles!

Pues los terremotos ciegan muchas fuentes, esto causa gran sequía y muerte y también saca a la luz fuerzas interiores y secretos recónditos.

Los terremotos alumbran nuevas fuentes, y quien exclama: ¡He aquí *una* fuente para muchos sedientos, *un* corazón para muchos anhelosos, *una* voluntad para muchos instrumentos, se ve al pronto rodeado de un *pueblo*, esto es, de gentes que experimentan.

¡Quién sabe mandar y quién tiene que obedecer, *he aquí lo que* experimentan! ¡Ay, qué arduo buscar y tentar y errar y aprender y ensayar de nuevo!

Es la sociedad humana un ensayo, un arduo buscar: ¡busca ella al que haya de mandar!

¡Un experimento, hermanos, no un "contrato"! ¡Romped esta palabra de los corazones débiles y los amigos de componendas!».

26

«¡Oh, hermanos! ¿Dónde reside el peligro más grave para el futuro humano? ¿No reside en los buenos y justos?

Por ser los que sostienen y sienten: "Sabemos lo que es bueno y justo, y también lo tenemos; ¡ay de los que lo andan buscando todavía!"

¡Y cuales sean los daños que causan los malos, el de los buenos es el daño más dañino de todos!

¡Y por grave que sea el daño que causan los que calumnian al mundo, el de los buenos es el daño más dañino de t odos!

¡Oh, hermanos! Cierta vez los buenos y justos fueron descubiertos por uno que dijo: "Son fariseos." Pero no le entendieron.

Los buenos y justos mismos no pudieron entenderlo, su espíritu se halla preso en su conciencia tranquila. La estupidez de los buenos es insondablemente sabia.

¡Lo cierto es que los buenos *tienen que* ser fariseos forzosamente!

Los buenos *tienen que* crucificar al que se inventa su propia virtud. ¡Tal *es* la verdad!

El segundo en descubrir su tierra: tierra, corazón y suelo de los buenos y justos, fue aquel que preguntó: "¿a quién odian con más encono?"

Odian con más denuedo al hombre *creador*, al hombre que rompe tablas y viejos valores; le llaman corrompido.

Pues los buenos *no son capaces* de crear, son siempre el comienzo del final: crucifican al que inscribe nuevos valores en nuevas tablas; sacrifican en aras de *sí mismos* el porvenir, crucifican todo porvenir humano.

Los buenos siempre han sido el comienzo del final».

27

«¡Oh, hermanos! ¿Habéis comprendido lo que os he dicho? ¿Y lo que dije cierta vez del "último hombre"?

¿Dónde reside el peligro más grave para todo porvenir humano? ¿No reside en los buenos y justos?

¡Romped, os lo ruego encarecidamente, a los buenos y justos! ¡Oh, hermanos! ¿Habéis comprendido lo antedicho?».

28

«¿Me huis? ¿Sentís miedo? ¿Tembláis ante esta palabra?

¡Oh, hermanos! Solo cuando os incité a destrozar a los buenos y las tablas de los buenos, embarqué al hombre rumbo a su alta mar.

Y solo ahora llega su hora del gran espanto, del gran mirar a su alrededor, de la gran enfermedad, del gran asco, de la gran náusea.

Los buenos os han enseñado costas falsas y seguridades falsas, habéis nacido y os habéis criado en las mentiras de los buenos. Todo son mentiras y deformaciones de los buenos.

Mas quien descubrió la tierra "hombre", descubrió también la tierra "futuro humano". ¡Ahora habéis de ser navegantes intrépidos y pacientes!

¡Caminad erguidos y al compás, ¡oh, hermanos! ¡Aprended a caminar erguidos! Hay mar de fondo, muchos ansían enderezarse con vuestra ayuda.

Hay mar de fondo, todo está en el mar. ¡Ea! ¡Adelante, viejos lobos de mar!

¡Qué importa la patria! ¡Enfila nuestra proa *hacia allá*, donde está la *tierra de nuestros hijos!* ¡Hacia allá se lanza, más fogoso que el mar, nuestro gran anhelo!».

29

«“¿Por qué eres tan duro? —dijo un día el carbón de fogón al diamante—; ¿acaso no somos parientes?...”

¿Por qué tan blandos? Os pregunto *yo* a vosotros, hermanos; ¿acaso no sois mis hermanos?

¿Por qué tan blandos y tan dóciles? ¿Por qué hay tanta renuncia y repudio en vuestro corazón? ¿Tan poca fatalidad en vuestro mirar?

Y si no estáis dispuestos a ser fatales e inexorables, ¿cómo podréis vencer junto conmigo?

Y si vuestra dureza se niega a levantar chispas, ¿cómo podréis crear junto conmigo?

Pues los creadores son duros. Y bienaventuranza debéis encontrar en el grabar en milenios la impronta de vuestra mano como en cera; inscribir en la voluntad de milenios cual en bronce, más duros y más nobles que el bronce. Solo lo más noble es de máxima dureza.

¡Volveos duros! He aquí la nueva tabla que coloco sobre vosotros».

30

«¡Oh, voluntad mía! ¡Supremo consuelo, mi necesidad! ¡Presérvame de toda victoria pequeña!

¡Oh, providencia de mi alma, que llamo destino! ¡Tú que estás dentro y por encima de mí! ¡Guárdame y resérvame para un gran destino!

Y tu grandeza suprema, mi voluntad, ¡resérvala para tu último instante, para que seas inexorable en tu victoria! Ay, ¿quién no sucumbió a su victoria?

¡Ay, quién no se ofuscó en este ebrio crepúsculo! ¡Ay! ¿Quién no titubeó en la victoria y ya no supo estar de pie?

¡Para que yo esté pronto y maduro cuando llegue el gran mediodía; pronto y maduro cual bronce candente, nubarrón tormentoso a punto de descargar el rayo, y túrgida ubre; pronto a mí mismo y a mi voluntad más recóndita: arco que ansía su flecha, flecha que ansía su estrella; estrella pronta y madura en su cenit; ardiente, enamorada y ebria de destructoras flechas de sol; sol e inexorable voluntad solar pronta a aniquilar en la victoria!

¡Oh, voluntad, supremo consuelo, *mi* necesidad! ¡Resérvame para *un* gran triunfo!».

Así habló Zaratustra.

El convaleciente[45]

1

Cierta mañana, poco después de su regreso a la caverna, Zaratustra se levantó de su lecho de un salto frenético, gritó con voz terrible y se comportó como si además de él, otro estuviese tendido en el lecho y se negase a abandonarlo. Y resonó de tal modo la voz de Zaratustra, que sus animales acudieron presas de terror, en tanto que de todas las cavernas y guaridas vecinas a la suya huyeron todos los demás animales: volando, aleteando, dando saltos o arrastrándose por el suelo. Y Zaratustra habló como sigue:

«¡Sube de mis profundidades, pensamiento abismal! Yo soy tu gallo y tu crepúsculo matutino, gusano adormilado. ¡Arriba! ¡Arriba! ¡Mi voz ha de arrancarte del sueño!

¡Desata tus oídos! ¡Escucha! ¡Pues quiero oírte! ¡Arriba! ¡Arriba! ¡Aquí hay bastantes truenos para que hasta los sepulcros aprendan a escuchar!

45 Otro título pensado por Nietzsche fue «La evocación».

¡Y límpiate los ojos del sueño y de toda necedad y ceguera! ¡Escúchame también con tus ojos, mi voz sana aun a los que han nacido ciegos!

Y una vez que te hayas despertado has de estar despierto eternamente. ¡No es propio de mí arrancar del sueño a los bisabuelos nada más que para mandarles que sigan durmiendo!

¿Te mueves? ¿Te desperezas? ¿Ronroneas? ¡Arriba! ¡Arriba! ¡No has de roncar, sino de hablar! ¡Te llama Zaratustra el ateo!

¡Yo Zaratustra, el paladín de la vida, el paladín del sufrimiento, el paladín del círculo, llamo a mi pensamiento más abismal!

¡Dichoso de mí! Ya vienes, ¡te oigo! ¡Mi abismo *habla,* he sacado a luz mi profundidad más última!

¡Dichoso de mí! ¡Acércate! Dame la mano. ¡Ah! ¡Déjame! ¡Ja, ja! ¡Asco! ¡Asco! ¡Asco! ¡Ay de mí!».

2

No bien Zaratustra hubo hablado así, se desplomó como fulminado y durante largo tiempo permaneció tendido, como si hubiese muerto. Y cuando volvió en sí estaba intensamente pálido, temblaba de pies a cabeza y permanecía acostado, negándose a comer y a beber. Se prolongó este estado por espacio de siete días; mas sus animales no le abandonaron un instante, salvo cuando el águila levantaba vuelo en busca de alimento. Y el que conseguía lo depositaba en el lecho de Zaratustra, de manera que este iba desapareciendo bajo una capa de bayas amarillas y rojas, uvas, manzanas, rosas, hierbas aromáticas y piñas. Y a sus pies estaban tendidos dos corderos que el águila había arrebatado dificultosamente a sus pastores.

Al cabo de siete días, Zaratustra se incorporó al fin en su lecho, tomó una manzana rosada y aspiró complacido su olor. Entonces, sus animales creyeron llegado el momento de hablarle.

«Oh, Zaratustra —dijeron—, llevas ya siete días tendido así con los ojos cargados de sueño; ¿no quieres por fin incorporarte?

Sal de tu caverna, que el mundo te espera cual un jardín. El viento juega con densos aromas que te buscan y todos los arroyos quisieran seguirte en tu carrera.

Todas las cosas anhelaban tu presencia mientras permaneciste solo por espacio de siete días. ¡Sal de tu caverna! ¡Todas las cosas ansían curarte!

¿Te vino acaso un nuevo conocimiento, arduo y penoso? Estuviste tendido cual masa a la que han puesto levadura, tu alma fermentó hasta desbordarse por todos lados».

«Oh, mis animales —respondió Zaratustra—; ¡seguid hablando así y dejadme escuchar! Me hace bien escuchar vuestra charla; donde se charla, ya el mundo se presenta cual un jardín.

Qué agradable que existen palabras y sonidos, ¿no son las palabras y sonidos arcos iris y puentes ficticios tendidos entre lo que está separado por todas las eternidades?

Cada alma forma parte de un mundo distinto, para cada alma toda otra alma es un trasmundo.

Precisamente entre lo más afín miente la apariencia del modo más hermoso, pues el abismo más angosto es el más difícil de salvar.

Para mí, ¿cómo va a haber nada exterior a mí? ¡No hay exterior alguno! Pero nos hacen olvidar esto todos los sonidos: ¡qué agradable es lo que olvidamos!

¿No están conferidos nombres y sonidos a las cosas para que el hombre se reconforte con ellas? Hermosa necedad es el hablar, permite al hombre bailar por encima de todas las cosas.

¡Qué agradable es todo hablar y todo engaño de los sonidos! En alas de sonidos baila nuestro amor sobre multicolores arcos iris».

«¡Oh! Zaratustra —dijeron entonces los animales—, para los que piensan como nosotros, todas las cosas bailan de por sí. Todo es acercarse y darse la mano y reír y huir y volver.

Todo se va y vuelve, eternamente gira la rueda del ser. Todo muere, todo resucita; eternamente transcurre el año del ser.

Todo se desintegra y se reintegra, eternamente se construye el mismo edificio del ser. Todo se separa, todo se junta de nuevo; eternamente permanece fiel a sí mismo el anillo del ser.

A cada instante comienza el ser: alrededor de cada Aquí gira la esfera Allá. Por doquier está el centro. La senda de la eternidad describe un círculo».

«¡Oh, villanos organilleros! —respondió Zaratustra, y sonrió de nuevo—. ¡Qué bien sabéis lo que hubo de consumarse en el término de siete días!

¡Y cómo aquel monstruo se me introdujo en la garganta, así que estuve en trance de perecer asfixiado! Pero le arranqué la cabeza de un mordisco y la escupí lejos de mí.

¿Y vosotros ya habéis hecho de eso una canción de organillo? En tanto yo estoy tendido aquí, todavía cansado de este morder y escupir, todavía enfermo de mi propia redención.

¿Y vosotros presenciasteis todo eso? ¡Oh! Mis animales, ¿es que vosotros también sois crueles? ¿Quisisteis ser espectadores de un gran dolor, como los hombres? Pues el hombre es el animal más cruel.

Nunca se ha sentido él tan a gusto sobre la tierra como presenciando tragedias, corridas de toros y crucifixiones; y cuando inventó el infierno, he aquí que era su cielo en la tierra.

Cuando grita el gran hombre, acude con rapidez el pequeño, con la lengua colgándole fuera de la boca. Mas él le llama su "compasión".

El hombre pequeño, sobre todo el poeta, ¡cómo se afana en acusar la vida! ¡Escuchad y no paséis por alto el placer que hay en toda acusación!

De esos acusadores de la vida da cuenta la Vida con un guiñar de ojos. "¿Me amas?", dice la muy descarada, "aguarda un poco, que no tengo todavía tiempo para ti."

El hombre es para consigo mismo el animal más cruel, ¡y en todo el que se llama "pecador" y "penitente" y habla de "llevar la cruz", no habéis de pasar por alto la voluptuosidad que hay en este lamentar y denunciar!

Y yo mismo, ¿acaso pretendo, así, denunciar al hombre? ¡Oh! Mis animales, lo único que he aprendido hasta ahora es que el hombre necesita de lo peor para lo mejor; que lo peor es su mayor *fuerza* y la piedra más dura para el creador supremo; y que el hombre debe volverse más bueno y más malvado.

No estuve clavado en esta cruz para saber que el hombre es malo, sino que grité como nunca nadie ha gritado:

"¡Ay, lo pequeño que es lo peor de él! ¡Ay, lo pequeño que es lo mejor de él!".

El gran tedio del hombre —he aquí lo que se me atravesó en la garganta, así que estuve en trance de perecer asfixiado; amén del vaticinio del adivino: "Todo da igual, nada vale la pena, el saber ahoga."

Se arrastraba delante de mí un gran crepúsculo, una tristeza mortalmente agotada y ebria de muerte, que decía entre bostezo y bostezo:

"Retorna eternamente el hombre del que estás hastiado, el hombre pequeño." Así hablaba mi tristeza entre bostezo y bostezo, arrastrando los pies, sin poder conciliar el sueño.

Entonces la tierra de los hombres se me tornaba en caverna, su pecho se hundía en ella, la vida toda se convertía para mí en podredumbre humana y hueso y caduco pasado.

Mi suspiro estaba sentado en todos los sepulcros humanos y ya no podía levantarse; mi suspiro e interrogación se lamentaban y rumiaban y gemían día y noche:

"¡Ay, el hombre retorna eternamente! ¡El hombre pequeño retorna eternamente!".

Cierta vez había visto yo desnudos al hombre más grande y al más pequeño: demasiado parecidos el uno al otro, ¡demasiado humano aun el más grande!

¡Demasiado pequeño aun el más grande! He aquí mi tedio del hombre. ¡Y retorno eterno aun del más pequeño, he aquí mi tedio de toda existencia! ¡Ay! ¡Asco! ¡Asco! ¡Asco!».

Así habló Zaratustra y sollozó, estremeciéndose, pues recordaba su enfermedad. Pero en ese punto lo interrumpieron sus animales.

«¡No sigas hablando, convaleciente! —dijeron—. Sal afuera, donde el mundo te espera cual un jardín.

¡Sal afuera, donde están las rosas y las abejas y las bandadas de palomas! ¡Y sobre todo las aves cantoras, para que aprendas de ellas a *cantar!*

Pues propio del convaleciente es cantar, hablar es cosa del sano. Y aun cuando también el sano ha menester canciones, requiere otras canciones que el convaleciente».

«¡Callaos, pícaros organillos! —respondió Zaratustra, sonriéndose de sus animales—. ¡Qué bien conocéis el consuelo que me inventé en estos siete días!

Que yo debía cantar de nuevo, he aquí el consuelo y la convalecencia que me inventé. ¿Vais a hacer también de esto enseguida una canción de organillo?».

«No sigas —le contestaron otra vez sus animales—, antes bien procúrate una lira, ¡oh!, convaleciente, una lira nueva.

Pues mira, ¡oh!, Zaratustra, que para tus canciones nuevas son menester liras nuevas.

Canta y desbórdate, ¡oh!, Zaratustra, ¡cura tu alma con nuevas canciones para que soportes tu gran destino, que jamás ha sido el destino de hombre alguno!

Pues tus animales, ¡oh!, Zaratustra, saben muy bien quién eres y has de llegar a ser. ¡Mira que tú *eres el maestro del eterno retorno* —tal es ahora tu destino!

El que te toque ser el primero en enseñar esta doctrina, ¿cómo tan magno destino no va a ser también tu más grave peligro y enfermedad?

Bien sabemos lo que enseñas: que todas las cosas retornan eternamente y nosotros junto con ellas; y que hemos existido ya eternas veces, y todas las cosas junto con nosotros.

Enseñas que existe un gran año del devenir, un monstruoso año que, cual reloj de arena, tiene que invertirse siempre de nuevo para que transcurra y se consuma de nuevo: de modo que todos esos años son idénticos en lo más grande y también en lo más insignificante; y por ende, nosotros somos idénticos en todos los grandes años, en lo más grande y también en lo más pequeño.

Y si ahora murieses, ¡oh, Zaratustra!, sabemos también lo que dirías para tu interior; ¡pero tus animales te piden que no te mueras todavía!

Sin temblar, por el contrario, ebrio de felicidad por habérsete quitado de encima, ¡oh, pacientísimo!, un gran peso y pesadilla, hablarías como sigue:

"Ahora me muero y desaparezco y al instante seré una nada. Las almas son tan mortales como los cuerpos.

Pero retorna el nudo de causas del que estoy prendido; ¡este nudo me volverá a crear! Yo mismo figuro entre las causas del eterno retorno de todas las cosas.

Retornaré junto con este sol, esta tierra, esta águila y esta serpiente, *no* a nueva vida, no a mejor vida ni a otra vida parecida a esta; retornaré eternamente a esta misma vida, en lo más grande y también en lo más insignificante, para que enseñe de nuevo el eterno retorno de todas las cosas; para que diga de nuevo la palabra del gran mediodía de la tierra y del hombre; para que anuncie de nuevo el Superhombre a los hombres.

He dicho mi palabra y sucumbo a mi palabra, así lo quiere mi eterno destino. ¡Sucumbo como anunciador!

Ha llegado la hora en que Zaratustra, en trance de hundirse, se bendice a sí mismo. Así *termina* el ocaso de Zaratustra."».

Hablado que hubieron así los animales, se callaron y esperaron a que Zaratustra les dijera algo. Pero Zaratustra no oyó que se habían callado. Estaba tendido ahí inmóvil, con los ojos cerrados, como si durmiese; no dormía, sin embargo, pues dialogaba con su alma. El águila y la serpiente, al verle así tan callado, respetaron el profundo silencio que le envolvía y se retiraron con cuidado.

Del gran anhelo

«¡Oh, alma mía! Te he enseñado a decir "hoy" igual que "antaño" y un "día por venir" y a bailar por encima de todo aquí y allá y acullá.

¡Oh, alma mía! Yo te salvé de todos los rincones; te he limpiado del polvo, la penumbra y las arañas.

¡Oh, alma mía! Te he enjugado todo el pudor de la virtud mezquina y te he persuadido a presentarte desnuda ante el sol.

Con la tempestad que se llama "espíritu" soplé por sobre tu mar agitado poniendo en fuga las nubes y estrangulando hasta al estrangulador que se llama "pecado".

¡Oh, alma mía! Te conferí el derecho a decir "no" como la tempestad y decir "sí" como el cielo despejado: serena como la luz eres ahora y pasas por las tempestades que dicen "no".

¡Oh, alma mía! Te he devuelto la libertad sobre lo creado y lo por crear; ¿y quién conoce, como tú, la voluptuosidad del futuro?

¡Oh, alma mía! Te he enseñado el desprecio que no es como carcoma, el gran desprecio amoroso que más ama cuando más desprecia.

¡Oh, alma mía! Te he enseñado a persuadir de tal modo que persuades a los argumentos mismos; como el sol persuade al mar hacia su altura.

¡Oh, alma mía! Te he depurado de toda obediencia, adoración y servidumbre; conocido por "consuelo supremo" y "destino".

¡Oh, alma mía! Te he brindado nombres nuevos y variados entretenimientos; te he llamado "destino", "perímetro de los perímetros", "cordón umbilical del tiempo" y "campana azul".

¡Oh, alma mía! He regado tu tierra con toda sabiduría, con todos los vinos nuevos y también todos los vinos fuertes, inconmensurablemente viejos, de la sabiduría.

¡Oh, alma mía! He derramado sobre ti todo sol y toda noche, todo silencio y todo anhelo: así que creciste como una viña.

¡Oh, alma mía! Hete aquí exuberante y cargada, una vid de turgentes ubres y apretados racimos de amarillas uvas; apretada y abrumada por tu dicha, expectante de tan ubérrima y avergonzada aun de tu expectativa.

¡Oh alma mía! ¡Ya no existe en parte alguna alma más amorosa ni más comprensiva y voluminosa! ¿Dónde se dan más juntos que en ti lo futuro y lo pasado?

¡Oh, alma mía! Te he dado todo y de tanto darte me quedo con todas las manos vacías. ¿Y ahora? Ahora me dices, sonriendo con melancolía: "¿Cuál de los dos debe estar agradecido? ¿No debe estar agradecido el que ha dado al que ha tomado? ¿No es el dar una necesidad? ¿No es el tomar un apiadarse?"

¡Oh, alma mía! Comprendo la sonrisa de tu melancolía: ¡Tu propia superabundancia tiende ahora manos anhelantes!

Tu plenitud mira por sobre mares agitados y busca y espera; ¡al cielo sonriente de tus pupilas asoma el anhelo de la superabundancia!

Y en verdad, alma mía, ¿quién puede ver tu sonrisa sin llorar a lágrima viva? Los ángeles mismos lloran a lágrima viva ante la bondad suprema de tu sonrisa.

Tu bondad y bondad suprema no quieren quejarse y llorar; y sin embargo, ¡oh, alma mía!, tu sonrisa ansía las lágrimas y tu boca trémula, el sollozo.

"¿No es todo llorar un lamentarse? ¿Y no es todo quejarse un acusar?". Así te lo dices, alma mía, y por eso prefieres sonreír a exteriorizar tu pena, a exteriorizar en un torrente de lágrimas tu pena por tu plenitud y el ansia de la vid por el vendimiador y su podador.

¡Mas si no quieres llorar, ni desahogar en llanto tu melancolía de púrpura, tendrás que *cantar*, oh, alma mía! ¡Ah! Yo mismo sonrío al predecirte esto hasta que sobre silenciosos y anhelantes mares se deslice la barca, el portento áureo en derredor de cuyo oro brincan todos los seres maliciosos y grandes, como también gran número de animales grandes y menudos y cuanto es ligero y prodigioso de pies, así que puede recorrer sendas violetas, hacia el portento de oro, la barca voluntaria y su amo, que es el vendimiador que espera con podadera de diamante en la mano, tu gran libertador, ¡oh, alma mía!, el sin nombre al que solo cantos futuros pondrán nombre. Y a fe mía que ya tu aliento exhala perfume de cantos futuros, ¡ya ardes y sueñas; ya bebes sedienta en todas las profundas y sonoras fuentes que brindan consuelo, ya tu melancolía reposa en la dicha bienaventurada de cantos futuros!

¡Oh, alma mía! Acabo de darte todo, y aun lo último que me quedaba; y de tanto darte me he quedado con las manos todas vacías; *¡el haberte invitado a cantar* ha sido lo último que yo podía darte!

Al haberte invitado yo a cantar, *¿cuál* de los dos debe ahora agradecer? Pero mejor aún: ¡Cántame, canta, oh, alma mía! ¡Y déjame a mí agradecer!».

Así habló Zaratustra.

LA SEGUNDA CANCIÓN DE BAILE

1

«Días pasados te miré a los ojos, ¡oh, vida! ¡Vi brillar oro en el fondo oscuro de tus ojos y me pareció morirme de voluptuosidad; ¡Vi brillar una barca de oro que se mecía en aguas tenebrosas, haciéndome guiños!

Echaste a mis pies, dados al baile, una mirada interrogadora, riente, lánguida, insinuante.

Dos veces hiciste sonar las castañuelas con delicadas manos, y ya mis pies dados al baile empezaron a mecerse.

Se irguieron los talones, y los dedos prestaron atención para entenderte, que el bailarín lleva el oído en los dedos de los pies.

Corrí hacia ti, pero retrocediste al momento, huyendo de él; y hacia mí lanzó llamas la lengua de sus cabellos fugitivos.

Prestamente me aparté de ti y tus sierpes, caprichosa; y al punto te detuviste y me miraste anhelosa.

Me enseñaste caminos sinuosos con insinuantes miradas, ¡por caminos sinuosos aprendieron mis pies astucias!

Cercana, me aterras; me cautivas alejada de mí; sufro pero, ¡cuán dulce es sufrir por ti!

Tu odio seduce, tu frialdad enardece, tu esquivez incita, tu burla —conmueve.

¿Quién no te odia, oh, atrayente, esplendente, tentadora? ¿Quién no te ama, oh, inocente, impaciente pecadora, rauda como el viento, de ojos infantiles?

¿A dónde me atraes ahora, dulce pícara? ¡Y ahora te me huyes de nuevo, mala víbora!

Bailo tras de ti, por cualquier camino te sigo. ¿Dónde estás? ¡No seas tan esquiva conmigo! Dame la mano, o un dedo tan solo.

Aquí hay rocas y cavernas. ¡Nos extraviaremos! ¡Alto! ¡Detente! No ves cómo revolotean los búhos y los murciélagos. ¡Conque esas tenemos!

Mala mujer, ¿te quieres burlar de mí? ¡Qué picarona eres, y cruel además! ¡Cuánto has aprendido de los perros!

Encantadoramente regañan tus blancos dientes. Por entre rizada melena me fulminan tus ojos ardientes.

¡Qué baile más loco estamos bailando por el cerro! Yo soy el cazador, ¿quieres ser mi gamuza o mi perro?

¡Arriba! ¡Abajo! ¡Corre como nunca has corrido ¡Ahora por allá! ¡Ay, que yo mismo me he caído!

¡Oh, ten piedad conmigo, traviesa! ¡Espera! ¡Quisiera recorrer contigo senda más placentera!; ¡la senda del amor por discretos arbustos callados! ¡O por la orilla de ese lago poblado de peces dorados!

¿Ahora estás cansada? Allí hay rebaños y postrera luz del día; ¿no es lindo dormirse, querida, al son de la flauta de los pastores?

¿Qué estás muy cansada? ¡Pues te llevaré allá! ¡Ven! ¡Y si tienes sed, yo podría apagarla, pero tu boca se niega a beberlo!

¡Zas! ¡Te me escurriste, víbora! ¡Bruja maldita! ¡Pero en cada mejilla me has estampado una roja manchita!

¡Harto estoy en verdad del vano galantear! Yo te he cantado, ahora tú me has de ¡gritar!

Bailar y gritar te toca al compás de mi látigo. ¿Me habré olvidado el látigo? ¡Oh, no!».

2

Entonces, la vida se tapó sus graciosos oídos y me contestó:

«¡Oh! Zaratustra, ¡no metas tanto ruido con el látigo! Bien sabes que el ruido mata los pensamientos, y justamente me vienen unos pensamientos delicados.

Más allá del bien y del mal hemos encontrado nuestra isla y nuestra verde pradera ¡los dos solitos! ¡Por eso tenemos que ser buenos el uno para el otro!

Y aun cuando no nos amamos de todo corazón, ¿hay que andar como perro y gato cuando no se ama de todo corazón?

Y bien sabes que te tengo cariño, y muchas veces demasiado cariño, pues te envidio tu sabiduría. ¡Ah, esa vieja sabiduría necia tuya!

Si un día se te escapara tu sabiduría, ¡ay, enseguida se te escaparía también mi amor!».

Después de decir eso, la vida miró hacia atrás y en torno con aire pensativo y dijo en voz baja: «¡Oh, Zaratustra no me eres lo suficientemente fiel!

No me amas ni con mucho tan entrañablemente como pretendes, sé que piensas abandonarme pronto.

Hay una vieja y pesada campana retumbante cuya bronca voz sube de noche hasta tu caverna; cuando oyes esta campana dar la medianoche piensas entre la una y las doce; tú piensas, ¡oh, Zaratustra, sé que quieres abandonarme pronto!».

«Es cierto —contesté vacilante—, pero también sabes esto». —Y le dije algo al oído, por entre la maraña de sus rubios cabellos.

«¿Tú *sabes* esto, oh, Zaratustra? —exclamó entonces la vida—: esto no lo sabe nadie».

Y nos miramos el uno al otro y extendimos la mirada sobre la verde pradera, por sobre la cual soplaba la fresca brisa vespertina, y lloramos juntos. En aquellos momentos la vida me era más querida que jamás toda mi sabiduría.

Así habló Zaratustra.

3

¡La una!
¡Oh, hombre! ¡Presta atención!
¡Las dos!
¿Qué dice la profunda medianoche?
¡Las tres!
«Dormía yo; dormía,
¡Las cuatro!
De profundo sueño me desperté.
¡Las cinco!
El mundo es profundo
¡Las seis!
Y más profundo de lo que creía el día.
¡Las siete!
Profunda es su pena
¡Las ocho!
El gozo aun más profundo que la pena.
¡Las nueve!
Dice la pena: ¡Pasa!
¡Las diez!
Pero todo gozo quiere eternidad,
¡Las once!
Quiere eternidad profunda, oh, tan profunda!».
¡Las doce!
Eternidad de alegría y de dolor

LOS SIETE SELLOS

(O LA CANCIÓN DEL SUBLIME DECIR SÍ)

1

Si yo soy un vanidoso y traspasado de ese espíritu clarividente que mora en alta cresta entre dos mares, caminando cual negro nubarrón entre lo pasado y lo futuro; hostil a la atmósfera pesada del llano y a todo lo que está cansado y no puede morir ni vivir; dispuesto a descargar del lóbrego seno el rayo y el redentor destello de luz; preñado de rayos que dicen "¡Sí!" y ríen "¡Sí!" ¡de rayos proféticos!

¡Bienaventurado el que así está preñado! ¡Y en verdad que durante largo tiempo debe colgar de la montaña como nube tormentosa quien un día ha de encender la luz del futuro!

¡Oh! ¿Cómo no voy a anhelar yo la eternidad y el nupcial anillo de los anillos? ¡El anillo del retorno!

Nunca aun encontré la mujer de la que deseara tener hijos, como no fuese esta mujer que amo: ¡pues te amo, oh, eternidad!

¡Pues te amo, oh, eternidad!

2

Si alguna vez mi cólera destrozó sepulcros, desplazó mojones y rompió viejas tablas haciéndolas rodar a las profundidades cortadas a pico.

Sí alguna vez mi escarnio pulverizó palabras caducas y fui escoba que barrió las arañas de cruz y ráfaga que aireó mohosas y polvorientas criptas funerarias.

Sí alguna vez estuve sentado, jubiloso, en las tumbas de antiguos dioses, bendiciendo y amando el mundo junto a los monumentos fúnebres de los antiguos calumniadores del mundo; pues amo incluso las iglesias y las tumbas de dioses cuando el ojo puro del cielo mira por sus bóvedas ruinosas; me gusta estar posado cual pasto y roja amapola en iglesias derruidas.

¡Oh! ¿Cómo no voy a anhelar yo la eternidad y el nupcial anillo de los anillos, el anillo del retorno?

Nunca aún encontré la mujer de la que deseara tener hijos, como no fuese esta mujer que amo, ¡pues te amo, oh, eternidad!

¡Pues te amo, oh, eternidad!

3

Si un día me llegó un soplo del soplo creador y de esa celeste necesidad que fuerza incluso los azares a bailar danzas estelares.

Si un día reí con la risa del rayo creador al que sigue gruñendo, pero obediente, el trueno prolongado de la acción;

Si un día me senté a jugar a los dados con los dioses en la mesa de juego de dioses, que es la tierra; así que se estremecía y rompía la tierra proyectando hacia arriba ríos de fuego; pues la tierra es mesa de juego de dioses y se estremece bajo el impacto de palabras creadoras y jugadas creadoras de dioses.

¡Oh! ¿Cómo no voy a sentir yo anhelos de eternidad y el nupcial anillo de los anillos, el anillo del retorno?

Nunca todavía encontré la mujer de la que deseara tener hijos, como no fuese esta mujer que amo; ¡pues te amo, oh, eternidad!

¡Pues te amo, oh, eternidad!

4

Si un día bebí a grandes tragos de aquel espumante jarro de especias y mosto donde están bien mezcladas todas las cosas.

Si jamás mi mano derramó lo más lejano sobre lo más cercano, el fuego al espíritu, el gozo al dolor y lo peor a lo mejor.

Si yo mismo soy un grano de esa sal redentora que hace que todas las cosas se mezclen bien en el cáliz; pues hay una sal que liga el bien con el mal; y hasta lo peor es digno de servir para sazonar y consumar el desbordamiento, de la espuma del cántaro.

¡Oh! ¿Cómo no voy a anhelar yo la eternidad y el nupcial anillo de los anillos, el anillo del retorno?

Nunca todavía encontré la mujer de la que deseara tener hijos, como no fuese esta mujer que amo; ¡pues te amo, oh, eternidad!

¡Pues te amo, oh, eternidad!

5

Si yo amo al mar y a todo lo marino, máxime cuando se parece al mar cuanto más iracundo me contradice airadamente.

Si me impulsa ese deleite de la exploración que endereza las velas hacia lo desconocido, si mi deleite es deleite de navegante.

Si una vez exclamé jubiloso: «¡Ha desaparecido la costa —se ha desprendido de mí la última atadura!

¡Envuélveme el infinito inefable! ¡Hasta escenarios lejanos me refulgen el espacio y el tiempo! ¡Arriba, viejo corazón!».

¡Oh! ¿Cómo no voy a anhelar yo la eternidad y el nupcial anillo de los anillos, el anillo del retorno?

Nunca todavía encontré la mujer de la que deseara tener hijos, como no fuese esta mujer que amo; ¡pues te amo, oh, eternidad!

¡Pues te amo, oh, eternidad!

6

Si la mía es virtud de bailarín y muchas veces salté adentro de éxtasis de oro y esmeralda;

Si la mía es una malicia riente que habita entre rosaledas y campos de azucenas; pues en la risa se da cita lo malo, más santificado y absuelto por su propia beatitud inefable; y si mi Alfa y Omega es que todo lo pesado ha de volverse ligero, que todo cuerpo ha de hacerse bailarín, y todo espíritu, pájaro, ¡en verdad que tal es mi Alfa y Omega!

¡Oh! ¿Cómo no voy a anhelar yo la eternidad y el nupcial anillo de los anillos, el anillo del retorno?

Nunca todavía encontré la mujer de la que deseara tener hijos, como no fuese esta mujer que amo; ¡pues te amo, oh, eternidad!

¡Pues te amo, oh, eternidad!».

7

Si una vez extendí sobre mí cielos apacibles y en alas propias volé hacia cielos propios.

Si nadé, retozando, por infinitos ámbitos de luz y mi libertad aprendió sabiduría alada, reza la sabiduría de pájaro: «¡Mira que no hay arriba ni abajo! ¡Lánzate por todos lados, hacia adelante, hacia atrás, oh, ligero! ¡No hables más! ¡Canta!

¿No están hechas todas las palabras para los pesados? ¿No mienten para el ligero todas las palabras? ¡No hables más! ¡canta!».

Oh, ¿cómo no voy a anhelar yo la eternidad y el nupcial anillo de los anillos, el anillo del retorno?

Nunca aún encontré la mujer de la que deseara tener hijos, como no fuese esta mujer que amo; ¡pues te amo, oh, eternidad!

¡Pues te amo, oh eternidad!».

Cuarta y última parte

«¡Siempre las tonterías más grandes han sido cometidas por los compasivos! ¡Y jamás nada en el mundo ha causado tantos sufrimientos como las tonterías de los compasivos!
¡Ay de todos los amantes que no tengan una altura por encima de su compasión!
Un día el diablo me confesó: "También Dios tiene su infierno: su amor a los hombres".
Y el otro día le oí decir: "Dios ha muerto: sucumbió Dios a su compasión por los hombres"».

Zaratustra, «De los misericordiosos» (II, pág. 98)

La ofrenda de miel

Y otra vez pasaron meses y años sobre el alma de Zaratustra, sin que él lo advirtiese; pero sus cabellos se volvieron totalmente blancos. Un día que estaba sentado en una piedra junto a la entrada de su caverna, mirando plácidamente hacia la lejanía —pasaba la mirada desde allí por sobre el mar y tortuosos precipicios—, sus animales le dieron la vuelta con aire pensativo y finalmente se encararon con él.

«¡Oh! Zaratustra —dijeron—, buscas con la mirada tu felicidad, ¿no?».

«¿Qué importa la felicidad? —les respondió Zaratustra—. Hace tiempo que ya no aspiro a la felicidad, aspiro a mi obra».

«¡Oh! Zaratustra —dijeron los animales—, hablas así colmado de bien. ¿No reposas en un lago azul como el cielo, colmado de felicidad?».

«¡Pícaros! —respondió Zaratustra, sonriéndose—. ¡Qué bien elegisteis la imagen! Pero sabéis también que mi felicidad es pesada y no como líquida ola de agua; me oprime y me acosa, pegajosa como pez hirviente».

Entonces los animales le dieron otra vez la vuelta con aire pensativo y luego se encararon nuevamente con él.

«¡Oh! Zaratustra —dijeron—, ¿esta es pues la causa de que te vuelvas cada vez más amarillo y oscuro, a pesar de que tus cabellos pretenden aparecer blancos? ¡Mira, estás apoyado sobre tu pez y en tu desgracia!».

«¿Qué decís, mis animales? —exclamó Zaratustra riendo—. Por cierto que me propasé al hablar del pez. Me ocurre lo que a todos los frutos maduros. Es la *miel* de mis venas la que espesa mi sangre y tempera también mi alma».

«Así es, sin duda, ¡oh!, Zaratustra —contestaron los animales y se le arrimaron más—. Pero, ¿no quieres subir hoy a una alta montaña? El aire es puro y se alcanza a ver hoy más mundo que nunca antes».

«Sí, mis animales —respondió Zaratustra—, vuestro consejo es acertado y concuerda con mi propio deseo; ¡subiré hoy a una alta montaña! Pero cuidad de que allí esté a mi disposición miel: miel de colmena, amarilla, blanca, buena y fresca. Pues habéis de saber que me propongo hacer en la cumbre la ofrenda de miel».

Sin embargo, una vez que Zaratustra hubo llegado a la cumbre, mandó de vuelta a los animales que lo habían acompañado; y cuando se hubo cerciorado de que estaba solo, rio de buena gana, miró en torno y habló como sigue:

«He aludido a ofrendar y hacer una ofrenda de miel pero fue una treta y, en verdad, una travesura útil. Aquí arriba me es dable gastar un lenguaje más franco que ante cavernas y animales domésticos de eremitas.

¡Qué voy a ofrendar yo! ¡Yo derrocho lo que me dan, derrocho con mil manos! ¡Cómo podría llamarle a eso ofrendar!

Y cuando pedí miel, solo pedí cebo y almíbar dulce, que les gusta también a osos gruñones y a las aves raras, esquivas y malignas; el mejor cebo, de ese que necesitan los cazadores y los pescadores. Pues si el mundo es como un lóbrego bosque poblado de animales y coto delicioso de todos los cazadores furtivos, se me antoja en un grado aún mayor, y preferentemente, un mar insondable y rico, un mar donde abundan toda clase de peces y cangrejos, capaces de atraer hasta a los dioses e inducirles a pescar y echar la red. ¡Tan rico es el mundo en seres curiosos, grandes y pequeños!

Sobre todo el mundo humano, el mar de los hombres; a *él* lanzó ahora mi anzuelo de oro y digo: ¡Ábrete, abismo humano! ¡Ábrete y arrójame tus peces y relucientes cangrejos! ¡Con mi mejor cebo echo hoy el anzuelo a los más raros peces humanos!

Mi misma felicidad lanzó a lo lejos, a todas las latitudes, entre levante, mediodía y poniente, por si muchos peces humanos aprenden a morder el anzuelo de mi felicidad; hasta que víctimas de mis puntiagudos y ocultos ganchos, tengan que subir a mi altura, al más malicioso de todos los pescadores de hombres.

Pues tal es desde siempre mi afán: atraer hacia mí y hacia arriba, levantar y elevar. No en balde me prediqué en un tiempo a mí mismo: "¡Llega a ser el que eres!"

Que los hombres *suban*, pues, a mi altura; pues todavía espero la señal de que ha llegado la hora de mi descanso; todavía no me hundo, como lo quiere mi destino, entre los hombres.

He aquí lo que espero aquí, astuto y burlón, en altas montañas; ni paciente ni impaciente, sino como uno que se ha olvidado también de la paciencia porque ha dejado de ser un "paciente".

Pues mi destino se hace esperar, ¿me habrá olvidado? ¿O estará escondido detrás de alguna grande piedra, a la sombra, cazando moscas?

Y por cierto que estoy agradecido a mi destino eterno porque no me urge y apremia, sino que me deja tiempo para bromas y travesuras; así que hoy subí a esta alta montaña para pescar.

¿Pescó jamás hombre alguno peces en altas montañas? Y aun cuando es una sandez lo que me propongo y hago aquí arriba, es preferible a ponerme solemne y verde y amarillo, allá abajo, de tanto aguardar, furibundo, intransigente, como una santa tempestad que baja de la montaña, impaciente que grita a los valles: "¡Escuchad; o si no, os fustigaré con el azote de Dios!".

No es que yo me enoje con tales furibundos, ¡son para mí cosa de risa! ¡Cómo no van a impacientarse esos bombos que se desatan hoy o nunca!

Mi destino y yo, en cambio, no nos dirigimos ni al hoy ni al nunca; nos sobra paciencia y tiempo para hablar. Pues un día Él llegará necesariamente y no le será lícito pasar de largo.

¿Quién llegará un día necesariamente y no podrá pasar de largo? Nuestro gran Hazar, es decir, nuestro grande y lejano reino de los hombres, el Reino milenario de Zaratustra. ¿Cuán lejana será tal "lejanía"? ¡Qué me importa! No por eso es menos firme su fundamento, que yo piso con pie firme sobre ese fundamento; fundamento eterno, duro granito primario, la más alta y granítica montaña primaria donde convergen todos los vientos preguntando ¿por dónde?, ¿de dónde? y ¿a dónde?

¡Aquí ríe, ríe, mi sana y santa perfidia! ¡Desde las altas montañas arroja tu rutilante carcajada burlona! ¡Que tu brillo les haga morder el anzuelo a los más hermosos peces humanos!

Y lo que me pertenece en todos los mares, lo que me es afín en todas las cosas, esto debes sacármelo, *esto* debes levantarlo a mi altura; he aquí lo que espero yo, pérfido pescador como no hay otro.

¡Vuela, vuela, mi mirada! ¡Oh, cuántos mares me rodean! ¡Y cuantos futuros humanos apenas entrevistos! Y en lo alto, ¡qué quietud rosada! ¡Qué silencio en un brillante cielo azul!».

EL GRITO DE SOCORRO

Al día siguiente, Zaratustra estaba sentado de nuevo en la piedra junto a la entrada de su caverna, en tanto los animales recorrían el mundo en busca de alimento, también de nueva miel, pues Zaratustra había gastado y derrochado totalmente la que tenía. Mientras estaba sentado ahí, recorriendo a punta de vara el contorno de la sombra que proyectaba sobre la arena y meditando —¡por cierto que no sobre sí y su sombra!—, se estremeció de pronto, sobresaltado, al ver otra sombra junto a la suya propia. Y cuando se dio la vuelta rápidamente y saltó en sus pies, vio de pie, a su lado, al adivino que cierta vez había reconfortado, del gran cansancio, que enseñaba: "Todo da igual, nada vale la pena, el mundo carece de sentido, el saber ahoga." Pero entretanto había mudado su semblante; y cuando Zaratustra le miró a los ojos, se sobresaltó otra vez al ver los presagios siniestros y rayos lúgubres que recorrían su faz.

El adivino, dándose cuenta de lo que tenía lugar en el alma de Zaratustra, se pasó la mano por la cara, como si quisiese limpiarla, y Zaratustra hizo lo mismo. Cuando ambos se habían dominado y fortalecido así en silencio, se dieron la mano en señal de que estaban dispuestos a reconocerse.

«¡Bienvenido seas —dijo Zaratustra—, adivino del gran cansancio; no en balde fuiste un antiguo huésped y comensal mío! ¡Come y bebe también hoy conmigo y perdona que un viejo alegre se siente a la mesa contigo!».

«¿Un viejo alegre? —contestó el adivino, sacudiendo la cabeza—. Pero quienquiera que seas o pretendas ser, oh, Zaratustra, no lo serás mucho tiempo más aquí arriba, ¡dentro de poco estará a flote tu barca».

«¿Es que ha quedado en seco?», preguntó Zaratustra, riéndose.

«Las olas que circundan tu montaña —respondió el adivino— suben cada vez más: estas olas del gran apremio y aflicción pronto levantarán también tu barca y te arrastrarán —Zaratustra calló, maravillado y el adivino prosiguió—: ¿No oyes aún nada? ¿No llega a tus oídos el bramido y rumor que asciende desde el abismo?».

Zaratustra calló, en actitud de escucha; y entonces oyó un grito interminable que rodó entre los abismos, pues ninguno quería quedarse con él, tan funesto sonaba.

«Siniestro vaticinador —dijo al fin Zaratustra—: este es un grito de socorro, el grito de un hombre lanzado desde quién sabe qué mar tenebroso. Pero, ¡qué me importa a mí la miseria humana! El último pecado que me está reservado, ¿sabes cómo se llama?».

«¡*Compasión!* —contestó el adivino desde el fondo de su corazón y levantando los brazos—. ¡Oh, Zaratustra, he venido para hacerte cometer tu último pecado! —Y no bien hubo hablado así, volvió a sonar el grito, más prolongado y angustioso aun que la primera vez y también mucho más cerca. —¿Oyes, oh, Zaratustra? —exclamó el adivino—. Este grito se dirige a ti, te llama: ¡ven, ven, *ven*, que ya es hora!».

Zaratustra calló, turbado y conmovido; al fin preguntó, como uno que está indeciso en su fuero interno: «¿Quién es el que allí me llama?».

«Bien lo sabes —repuso el adivino con grosería—, ¿por qué te escondes? ¡Te llama *el hombre superior!*».

«¿El hombre superior? —gritó Zaratustra, lleno de espanto—. ¿Qué quiere ese? ¿Qué quiere ese? ¿El hombre superior? ¿Qué quiere ese aquí?». —Y la piel se le cubrió de sudor.

Pero el adivino no reaccionó a la angustia de Zaratustra, sino que escuchó con el oído atento. Cuando había pasado mucho tiempo sin que se repitiese el grito desde las profundidades, volvió a fijar la mirada en Zaratustra y se dio cuenta de que temblaba de pies a cabeza.

«¡Oh!, Zaratustra —dijo apenado—, no pareces por cierto un hombre abrumado por su felicidad. ¡Tendrás que bailar para no caerte al suelo!

Pero, aunque pretendieses bailar y brincar ante mí, nadie habría de manifestarme: "¡Aquí baila el último hombre alegre!"

En vano subiría a esta cima quien aquí lo buscase. Encontraría cavernas ocultas y escondites para gentes dadas a jugar al escondite, pero no pozos de la suerte ni nuevos filones de oro de la dicha.

La dicha, ¡cómo encontrar la dicha entre tales lobos solitarios y ermitaños! ¿Habré de ir a buscar la dicha última a islas felices y lejanas, allá por mares olvidados?

¡Mas todo da igual, nada vale la pena, se busca en vano, tampoco hay más islas afortunadas!».

Así se lamentó el adivino. Pero a su último suspiro Zaratustra recuperó su serenidad luminosa, cual uno que emerge de un profundo abismo.

«¡No! ¡No! ¡Tres veces no! —exclamó con voz firme, acariciando su barba.

¡Nada de eso! ¡Hay todavía islas afortunadas! ¡De *eso* no hables, viejo llorón! ¡Para tu lluvia! Ya estoy empapado hasta los huesos.

Me voy para secarme y no has de asombrarte de ello.

En cuanto a tu hombre superior, bien, voy a buscarlo a aquellos bosques, que desde allí llegó su grito. Quizá lo acosa allí alguna bestia feroz.

Está en *mis* dominios, y aquí no ha de sufrir daño. Y a fe mía que abundan por aquí las bestias feroces».

Diciendo esto, Zaratustra se apartó con ánimo de irse. Entonces dijo el adivino:

«¡Oh, Zaratustra, eres un bribón!

Ya sé que quieres librarte de mi presencia. ¡Prefieres incluso ir a los bosques a cazar bestias feroces!

Pero es en vano. A la noche volverás a tenerme encima; estaré sentado ahí, en tu propia caverna, paciente y pesado como un bloque, ¡allí te esperaré!».

«Muy bien —le gritó Zaratustra volviendo la cabeza, pues ya se había alejado un trecho—; ¡y lo que es mío en la caverna te pertenece también a ti, mi huésped!

Y si encontraras allí todavía miel, ¡lámela, oso gruñón, y endulza tu alma! Pues a la noche estaremos de bueno humor, alegres y contentos, ¿eh? ¡Y celebraremos el que haya finalizado esta jornada! Y tú mismo habrás de bailar al son de mis canciones.

¿No lo crees? ¿Meneas la cabeza? ¡Vamos! ¡Vamos ¡Viejo oso! Yo también soy adivino».

Así habló Zaratustra.

Coloquio con los reyes

1

Cuando Zaratustra aún no había recorrido por espacio de una hora sus montañas y bosques, vio de pronto una comitiva curiosa. Por el camino que se proponía bajar, subían dos reyes ataviados con sendas coronas y cinturones de púrpura y ropas abigarradas cual plumaje de flamenco, que arreaban un asno cargado. «¿Qué andarán buscando esos reyes en mis dominios?», se preguntó, sorprendido, y se escondió rápidamente tras una zarza. Mas cuando los reyes habían llegado muy cerca de él, dijo a media voz, como quien habla para sus adentros: «¡Qué raro! ¿Cómo es esto? ¡Dos reyes y un solo asno!».

Entonces, los dos reyes detuvieron el paso, se sonrieron, miraron hacia el lugar de donde había partido la voz y finalmente cambiaron una mirada.

«También ahí abajo piensan cosas así —dijo el rey de la derecha—, pero se las callan».

El rey de la izquierda se encogió de hombros y respondió:

«Será algún cabrero. O algún ermitaño que hace demasiado tiempo que vive entre rocas y árboles. Pues también la falta de compañía pierde los buenos modales».

«¿Los buenos modales? —repuso el otro rey con tono malhumorado y amargo—. ¿Acaso no estamos huyendo precisamente de los "buenos modales", de nuestra "buena sociedad" bien que se llame "nobleza"? Allí todo es falso, todo está podrido, empezando por la sangre, por culpa de viejas enfermedades perniciosas y curanderos aún más perniciosos.

Lo mejor y más grato es hoy para mí el campesino sano y derecho, torpe, ladino, terco y tenaz; esto es hoy la especie más noble.

El campesino es hoy lo mejor, ¡y debiera prevalecer hoy día el modo de ser campesino! Sin embargo, reina la chusma, a mí no me engañan. Y la chusma quiere decir mescolanza escandalosa.

En la mezcolanza plebeya hay de todo: santo y bribón, noble y villano, y cualquier bicho del arca de Noé.

¡Las buenas costumbres! ¡Pero si ahí abajo todo es falso, todo está podrido! Nadie quiere ya venerar, de esto precisamente nos escapamos. Son perros importunos y aduladores.

¡Lo que más náusea me da es que los reyes mismos nos hemos vuelto falsos, muñecos presupuestos luciendo atavío caduco, para los más tontos y los más listos y cuantos trafican hoy día con el poder!

No somos los primeros, y sin embargo, *tenemos que pasar portales*. Nos hemos cansado y asqueado al fin de esta farsa.

Hemos huido de la chusma; de todos esos vocingleros y moscardones que escriben, del hedor de los mercaderes viles, del forcejeo de los ambiciosos, del mal aliento. ¡Qué asco alternar con la chusma!

¡Qué asco ser los primeros entre la chusma! ¡Ay! ¡Asco! ¡Asco! ¡Asco! ¡Qué importamos aun los reyes!».

«Te ataca tu vieja enfermedad —dijo el rey de la izquierda—, la náusea, pobre hermano. Pero ya sabes que alguien nos está escuchando».

Al momento Zaratustra, que había seguido con máxima atención este diálogo, salió de su escondrijo, se adelantó hacia los reyes y dijo:

«El que os escucha, y complacido por cierto, oh, reyes, se llama Zaratustra.

Yo soy Zaratustra, que en un tiempo predicaba: "¡Qué importan hoy los reyes!". Perdonadme, me gustó oíros decir: "¡Qué importamos ya los reyes!".

Estos son *mis* dominios y señorío, ¿qué andáis buscando en mi reino? Pero quizás hayáis *hallado* en el camino lo que ando buscando: el hombre superior».

Al oír los reyes estas palabras, se golpearon el pecho y exclamaron al unísono: «¡Nos ha reconocido! Con la espada de esta palabra, ¡oh!, Zaratustra, cortas la noche más cerrada de nuestro corazón. Has descubierto nuestra angustia, pues has de saber que hemos salido en busca del hombre superior; del hombre superior a nosotros, por más que seamos reyes. Le llevamos este asno. Pues el hombre supremo debe ser también el amo supremo en la tierra.

No existe desgracia alguna en todo destino humano como cuando los poderosos de la tierra no son también los primeros hombres. Entonces todo resulta falso torcido y monstruoso.

Y cuando para peor son los últimos y, más que hombres, bestias, la plebe se cotiza cada vez más alto y al final hasta proclama la virtud plebeya: "¡Yo sola soy virtud!"».

«¡Hay que ver! —exclamó Zaratustra— ¡Cuánta sabiduría vertida por boca de rey! ¡Estoy entusiasmado, y ya me dan ganas de ponerlo en verso!; aunque salga un verso que no suena bien para todos los oídos. Hace tiempo que ya no tengo consideraciones con los que tienen las orejas largas y puntiagudas. ¡Bien! ¡Sea!».

(En este punto ocurrió que el asno terció en la conversación rebuznando con malicia).

En otro tiempo —allá por el año de gracia uno—
Dijo la Sibila, ebria, sin haber bebido:
"¡Ay, que ya no hay honor alguno!
¡Ruina! ¡Ruina! ¡Nunca cayó tan bajo el mundo!
¡Roma se ha hecho punto de cita de putas y burdel!
¡El César se ha hecho bestia vil; Dios mismo se hizo judío!"».

2

Aplaudieron los reyes estos versos de Zaratustra, y el rey de la derecha dijo: «¡Oh, Zaratustra, hemos acertado en venir a verte!

Tus enemigos nos descubrían tu imagen en su espejo, reflejaba este un aspecto sardónico y repugnante, así que te teníamos miedo.

¡Pero no había nada que hacer! Una y otra vez tus palabras hacían impacto en nuestros oídos y nuestro corazón. Hasta que al fin dijimos: ¡Qué importa el aspecto que tiene!

Tenemos que *oír* al hombre que enseña: ¡debéis amar la paz como medio para nuevas guerras, y la paz breve más que la larga!

Nunca nadie pronunció palabras guerreras como estas: "¿Qué es bueno? Ser valiente es bueno. La buena guerra santifica todas las causas."

¡Oh, Zaratustra! Al oír tales palabras se agitaba en nuestras venas la sangre de nuestros padres, era como si la primavera hablase a viejos toneles de vino.

Cuando las espadas se entrecruzaban cual serpientes manchadas de rojo, la vida se les hacía buena a nuestros padres; el sol de toda paz se les antojaba tibio y flojo, y la paz larga los avergonzaba.

¡Los suspiros que daban nuestros padres cuando veían espadas bien limpitas y ociosas colgadas de las paredes! Al igual de ellas ansiaban la guerra. Pues las espadas son sedientas de sangre y centellean con deseo».

Al hablar y manifestar los reyes así de la felicidad de sus padres, le dieron a Zaratustra grandes ganas de burlarse de su entusiasmo; pues eran bien observados unos reyes muy pacíficos de facciones viejas y finas los que tenía delante. Pero se contuvo.

«¡Muy bien! —dijo—. Por allá sube el camino a la caverna de Zaratustra, y esta jornada debe concluir en una noche bien larga. Pero ahora un grito de socorro me obliga a separarme de vosotros sin dilación.

Honra mi caverna el que reyes me esperen en ella, por cierto, que tendréis que aguardar mucho tiempo.

¡Y bueno! ¡No importa! ¿Dónde se aprende hoy día mejor a esperar que en las cortes? Y la virtud que les queda aún a los reyes, ¿no se llama hoy día: *Saber aguardar*?».

Así habló Zaratustra.

LA SANGUIJUELA

Y Zaratustra siguió su camino, abstraído en pensamientos, pasando por bosques y junto a ciénagas. Y como ocurre siempre cuando uno medita sobre cosas profundas, pisó, sin darse cuenta, un hombre. De improviso le saltaron a la cara un ¡ay! de dolor, dos maldiciones y veinte invectivas perversas, así que de puro sobresaltado blandió el bastón y encima pegó al que había pisado. Pero seguidamente recobró el dominio de sí mismo, y su corazón se regocijó por la tontería que acababa de cometer.

«Perdóname —dijo al hombre pisado, que se había incorporado, iracundo, y sentado en el suelo—, perdóname y escucha ante todo la siguiente parábola.

Como un viajero, que sueña con cosas lejanas, pisa por error un perro que se ha echado a dormir al sol en la calle desierta; como los dos se sobresaltan y se enfrentan, bajo los efectos del susto mortal, cual enemigos mortales, así nos ha acontecido a los dos.

¡Y sin embargo, poco faltó para que cambiaran caricias, ese perro y ese viajero! ¡Como que uno y otro son solitarios!».

«Quienquiera que seas —contestó el hombre pisado, todavía colérico—, ¡me pisas aun con tu parábola, no solamente con tus pies!

¡Mira que yo no soy un perro!», y diciendo esto se levantó el hombre y sacó del pantano su brazo desnudo. Pues al principio había estado tendido en el suelo cuan largo era, oculto y camuflado, como los que acechan algún animal de las ciénagas.

«¿Qué estás haciendo aquí? —exclamó Zaratustra alarmado, pues veía correr por el brazo abundante sangre— ¿Qué te ha pasado? ¿Te mordió algún bicho maligno, desventurado?».

El otro rio, todavía enojado.

«¿A ti qué te importa? —dijo, con ánimo de marcharse—. Estos son mis dominios. Pregúnteme quien quiera, pero no estoy dispuesto a responder a un bruto».

«Estás equivocado —dijo Zaratustra con tono caritativo reteniendo al hombre—. Estás muy equivocado, estos no son tus dominios sino los míos, y nadie ha de sufrir daño en ellos.

Llámame como quieras, yo soy el que he de ser. Yo mismo me llamo Zaratustra.

¡Bien! Por allá el camino sube a la caverna de Zaratustra; no queda lejos, ¿no deseas curar allí tus heridas?

Lo pasaste muy mal, desventurado, en esta vida; ¡primero te mordió la bestia y luego te pisó el hombre!».

Al oír el atropellado el nombre de Zaratustra, cambió por completo de talante.

«¡Vamos! —exclamó—. ¿Quién se interesa todavía por mí en esta vida, sino este solo hombre llamado Zaratustra y ese solo animal que se alimenta de sangre, la sanguijuela?

Por las sanguijuelas estaba yo en acecho aquí, como un pescador, y ya en mi brazo sumergido se habían fijado diez, cuando se fijó en mí otro bicho aún más hermoso, Zaratustra mismo.

¡Qué ventura! ¡Qué milagro! ¡Alabado sea el día que me atrajo a este pantano! ¡Alabada sea la mejor y más viva ventosa que existe hoy en día, la gran sanguijuela de la conciencia: Zaratustra!».

Así habló el pisado y Zaratustra se alegró de sus palabras y su modo de decir delicado y reverente.

«¿Quién eres? —preguntó, y le tendió la mano—. Queda aún mucho por aclarar y despejar entre nosotros, pero me parece que ya despunta un día claro y luminoso».

«Yo soy el *escrupuloso del espíritu* —respondió el otro—. En las cosas del espíritu difícilmente hay quien proceda con mayor severidad, rigor y estrechez, salvo aquel del que lo he aprendido: Zaratustra mismo.

¡Más vale no saber nada que saber muchas cosas a medias! ¡Más vale ser un necio por su cuenta, que un sabio según criterio ajeno! Yo voy al fondo de las cosas.

¿Qué importa que sea grande o pequeño? ¿Que se llame pantano o cielo? ¡Con un palmo de fondo me basta siempre que sea fondo de verdad!

Un palmo de fondo basta para afirmar en él los pies. En la verdadera ciencia, conciencia, no hay ni cosas grandes ni cosas pequeñas».

«¿Así que te aplicas acaso a conocer la sanguijuela —preguntó Zaratustra— indagando hasta los fondos últimos, escrupuloso del espíritu?».

«¡Oh, Zaratustra! —respondió el otro—, esto sería una empresa ardua, ¡cómo podría yo aventurarme a eso!

¡En lo que soy maestro y conocedor es el *cerebro* de la sanguijuela, este es mi mundo!

¡Y qué mundo! Perdona mi jactancia, pero en este terreno no hay quien me iguale. Por eso dije que este era mi dominio.

¡El tiempo que vengo persiguiendo el cerebro de la sanguijuela, para que aquí ya no se me escurra la verdad escurridiza! ¡Este es mi dominio!

Por este solo objetivo dejé a un lado el resto, me desentendí de todas las demás cosas; e inmediatamente detrás de mi saber está mi negra ignorancia.

La conciencia de mi espíritu exige que yo conozca una sola cosa y que no sepa nada de todo lo demás; me asquean todas las medias tintas del espíritu: todos los vagos, fluctuantes y errantes.

Donde termina mi honradez estoy ciego, y quiero estarlo. En cambio, donde quiero saber quiero también ser honrado, esto es, duro, severo, cruel, implacable.

Lo que cierta vez predicaste: "El espíritu es la vida que desgarra la vida", me condujo y sedujo a tu doctrina. ¡Y a fe mía que con sangre propia acrecenté mi saber!».

«¡En efecto!» —dijo Zaratustra, pues todavía se escapaba la sangre por el brazo desnudo del escrupuloso del espíritu. El caso es que diez sanguijuelas se habían fijado en él.

«¡Cuántas cosas me enseña esta evidencia, es decir, tú mismo! ¡Y no todo es, acaso, conveniente para tus oídos severos!

¡Bien! ¡Ha llegado el momento de separarnos! Pero me gustaría volverte a ver. Por allá sube el camino a mi caverna; esta noche has de ser allí mi grato huésped.

Quisiera reparar también en tu cuerpo el haberte pisado. ¡Voy a pensarlo! Ahora un grito de socorro me obliga a irme lejos de ti, sin tardanza».

Así habló Zaratustra.

El mago[46]

I

Cuando Zaratustra dobló una roca, se encontró en el mismo camino, no muy abajo de él, a un hombre que se retorcía como en un acceso de demencia y finalmente se desplomó en tierra. «¡Alto! —dijo Zaratustra a su corazón—. ¡Ese ha de ser el hombre superior que profirió aquel angustioso grito de socorro! Voy a ver si puedo ayudarle». Cuando llegó al lugar donde el hombre estaba tendido en el suelo, encontró a un viejo que temblaba de pies a cabeza, con los ojos puestos en blanco; y por más que Zaratustra se esforzase por levantarlo, fue inútil. Por otra parte, el desgraciado parecía no darse cuenta de que alguien estuviese junto a él; con ademanes conmovedores miraba constantemente a su alrededor como quien está desamparado y abandonado por todo el mundo. Al fin, tras mucho temblar y estremecerse y retorcerse, empezó a lamentarse de este modo:

«¿Quién me calienta, quién me ama todavía?
¡Dadme manos calientes!
¡Vengan, braseros del corazón!
¡Postrado, estremecido de horror!
Como medio muerto al que le calientan los pies
Agitado, ¡ay!, por fiebres desconocidas,
Tiritando de puntiagudas flechas de frío,
Acosado por ti, pensamiento!
¡Innombrable! ¡Encubierto! ¡Espantoso!
¡Cazador oculto tras nubes!
¡Fulminado por ti, ojo burlón,
Que me mira desde las tinieblas
Estoy tendido aquí y me retuerzo,
Torturado por todos los tormentos eternos,
Herido por ti, cruelísimo cazador,
¡Oh, Dios desconocido! [47]

46 Otro de los títulos pensados por Nietzsche era «El penitente del espíritu».
47 Según los "Hechos de los Apóstoles" se trataría del Dios encontrado por San Pablo en el Areópago de Atenas.

¡Hiere más hondo!
¡Hiere una última vez!
¡Traspasa, rompe este corazón!
¿A qué esta tortura
con flechas embotadas?
¿Por qué lanzas otra vez,
no cansado aún del suplicio humano,
tu maliciosa y fulminante mirada divina?
¿No quieres matar,
sino tan solo torturar sin tregua?
¿Para qué me torturarme a mí,
malicioso Dios desconocido?—
¡Ah! ¿Te acercas a escondidas?
¿Qué quieres? ¡Habla!
En esta medianoche
me acosas, me oprimes.
¡Ah! ¡Demasiado cerca ya!
¡Fuera! ¡Fuera! Espías mi aliento,
Auscultas mi corazón, celoso
¿De qué tienes celos?
¡Fuera! ¡Fuera! ¿A qué la escalera?
¿Quieres penetrar
en mi corazón;
en mis más íntimos
conocimientos?
¡Impúdico!
¡Oh, ladrón al que no conozco!
¿Qué deseas robar?
¿Qué deseas espiar?
¿Qué deseas arrebatar torturando?
¡Atormentador!
¡Oh, Dios-verdugo!
¿O he de arrastrarme
ante ti como un perro?
¡Devoto, ebrio de entusiasmo,
menear la cola sumiso?

¡En vano! ¡Sigue punzando,
cruelísimo aguijón! No;
no soy perro, tan solo tu presa.
¡Cruelísimo cazador!
¡Tu prisionero más orgulloso,
salteador que acechas tras nubes!
¡Habla por fin!
¿Qué quieres, asaltante, de mí?
¡Envuelto en rayos! ¡Desconocido! ¡Habla!
¿Qué quieres, oh, Dios desconocido?
¿Cómo? ¿Rescate?
¿Cuánto pides?
¡Exige mucho, así lo aconseja mi orgullo!
¡Y sé breve, así lo aconseja mi segundo orgullo!
¡Ah! ¿Me quieres a mí? ¿A mí?
¿A mí entero?...
¡Ah! ¿Y me torturas, necio?
¿Torturas mi orgullo hasta dejarlo deshecho?
Dame amor. ¿Quién me calienta todavía?
¿Quién me ama todavía? Da manos ardientes:
Dame braseros para el corazón;
Dame al más solitario,
Al que el hielo, ¡ay!, más profundo
enseña a ansiar
incluso enemigos;
Dame, ríndeme,
Cruelísimo enemigo,
A ti
¡Se fue!
¡Huyó también él,
mi último, único, amigo,
mi gran enemigo,
mi desconocido,
mi Dios-verdugo!
¡No! ¡Regresa!
¡Con todas tus torturas!

¡Oh, vuelve al lado del último
de todos los solitarios!
¡Todos mis ríos de lágrimas
corren hacia ti!
¡Y la postrera llama de mi corazón
arde para ti!
¡Oh, regresa,
mi Dios desconocido! ¡Mi dolor! ¡Mi última felicidad!».

2

Pero, Zaratustra, no pudiendo contenerse por más tiempo, blandió su bastón y lo descargó con toda la fuerza de que era capaz sobre el que así se lamentaba.

«¡Cállate! —le gritó, prorrumpiendo en una risa áspera— ¡Cállate, farsante! ¡Embustero! ¡Mentiroso desvergonzado! ¡Yo te conozco bien!

¡Yo te haré entrar en calor, repelente mago! ¡Entiendo muy bien de hacer sudar a gentes de tu calaña!».

«¡No me pegues, oh, Zaratustra! —dijo entonces el viejo, incorporándose del suelo de un salto—. ¡Se trata tan solo de una broma!

Prácticas así forman parte de mi arte, ¿sabes? ¡Pensaba ponerte a ti mismo a prueba al darte esta prueba! ¡Y a fe mía que has salido triunfante!

Pero también tú me diste de ti una prueba nada pequeña. ¡Eres *duro*, sabio Zaratustra! Pegas duro con tus "verdades", tu bastón me arranca *esta* verdad!».

«¡No intentes embaucarme! —replicó Zaratustra, todavía enojado y con la mirada sombría—. ¡Véanlo al embustero hablando de verdad!

Fatuo, océano de vanidad, ¿qué papel representaste, asqueroso brujo? ¿En qué pretendiste hacerme creer cuando te lamentaste de aquella manera?».

«*En el penitente del espíritu* —contestó el viejo—, ¡tú mismo acuñaste este término; en el poeta y mago que concluye por volver contra sí su espíritu, el transformado que sucumbe al frío de su maléfica ciencia y conciencia.

¡Y has de admitir, oh, Zaratustra, que tardaste mucho tiempo en descubrir mi arte y mentira! Creíste efectivamente en mi desventura cuando sostenías mi cabeza entre tus manos.

Te oí lamentarte: "¡No lo han amado lo suficiente! ¡No lo han amado lo suficiente!" Mi malicia se regocijó en secreto por haberte engañado hasta tal punto».

«Bien puedes haber engañado a otros más sutiles que yo —dijo Zaratustra con dureza—. Yo no me pongo en guardia contra los embusteros; yo *tengo que* vivir sin cautela, así lo quiere mi suerte.

En cambio tú *tienes que* engañar, eso me consta sobre ti. ¡Tienes que ser siempre ambiguo! ¡Tampoco lo que acabas de admitir fue, ni con mucho, tan cierto ni tan falso como debía serlo!

¡Cómo podrías ser de otro modo, mal embustero! Paliarías aun tu enfermedad si te presentases desnudo ante tu médico.

Así también aminoraste ahora tu mentira, al decir: "¡fue tan solo una broma!" No fue tan solo una broma, ¡tienes en efecto algo de penitente del espíritu!

A mí no me engañas; has encantado a todo el mundo, pero ante ti mismo ya no te quedan mentiras ni trampas, ¡ante ti mismo estás desencantado!

Has cosechado el tedio como tu única verdad. Palabra que dices es mentira, pero tu boca es sincera, es decir, el tedio que a ella asoma».

«¿Quién crees que eres? —gritó entonces con tono altanero el viejo mago—. ¿Quién se atreve a hablar de esta manera a mí, al más grande que vive hoy día? —Y sus ojos fulminaron un rayo de rencor contra Zaratustra. Pero al momento cambió de actitud y dijo entristecido—: ¡Oh, Zaratustra! Estoy harto de mis engaños; no soy grande, ¿a qué fingir? ¡Más bien sabes que busqué la grandeza!

Quise hacerme pasar por un gran hombre y en verdad que engañé a muchos, pero esta mentira fue superior a mis fuerzas. Esta mentira me aniquila.

¡Oh, Zaratustra, todo en mí es mentira, pero el que estoy destrozado es la pura verdad!».

«El que buscaste la grandeza —dijo Zaratustra con tono sombrío, apartando la mirada—, te honra, pero también te delata. Tú no eres grande.

Mal mago, lo que tienes de mejor y más honesto y honro en ti es que estás harto de ti mismo y confesaste: "Yo no soy grande".

En esto te honro como penitente del espíritu, y siquiera por un segundo, por ese instante, fuiste auténtico.

Pero dime, ¿qué andas haciendo aquí en *mis* bosques y cerros? Y al tenderte aquí en el camino para mí, ¿a qué prueba te proponías ponerme?».

Y al hacer estas preguntas le brillaban los ojos. El viejo mago calló un rato, luego dijo: «¿Te puse a prueba? Tan solo ando buscando.

¡Oh, Zaratustra! Voy en busca de un hombre genuino, íntegro, simple, inequívoco; un dechado de honestidad, un pozo de sabiduría, un santo del conocimiento, un gran hombre.

¿No sabes, oh, Zaratustra, que *ando buscando a Zaratustra*?».

Y entonces se hizo entre los dos un prolongado silencio, y Zaratustra se abismó en sí mismo cerrando los ojos. Al fin se volvió de nuevo hacia su interlocutor, le tomó la mano y le dijo gentil y con malicia:

«¡Bien! Por allá sube el camino a la caverna de Zaratustra. Te permito buscar en ella al que ansías encontrar.

Y dirígete a mis animales, mi águila y mi serpiente, para que te ayuden. Mi caverna es espaciosa.

Yo mismo hasta ahora, por cierto, no he visto a ningún gran hombre. Para la grandeza, aun la vista de los más finos es hoy grosera. Hoy día impera la plebe.

He encontrado a más de uno que se hinchaba tan ufano, que la gente gritaba: "¡He aquí un gran hombre!" Pero, ¿de qué sirven los fuelles? A la postre escapa el viento.

Al final revienta esa rana que se infla demasiado tiempo, y escapa el aire. Divertido pasatiempo se me antoja pincharle el vientre a tal inflado. ¡Tomad nota de ello, muchachos!

El día de hoy pertenece a la plebe. Lo que quiere decir que se ha perdido la idea de lo grande y lo pequeño. ¡Cómo para buscar hoy día con fortuna la grandeza! Solo lo hacen los alienados, y que les sale bien la empresa.

¿Andas buscando grandes hombres, pobre demente? ¿Quién te metió en la cabeza esta idea? ¡Estos no son tiempos para búsqueda semejante! Mal buscador, ¿por qué me tientas?».

Así habló Zaratustra, sereno, y prosiguió su camino riendo para sus adentros.

El jubilado

Poco después de haberse librado del mago, Zaratustra vio a alguien sentado junto al camino que él recorría: un hombre grande vestido de negro, de cara pálida y demacrada. A la vista de este hombre se fastidió sobremanera. «¡Ay! —dijo para sus adentros—, ahí hay aflicción tapujada que huele a la especie de los sacerdotes; ¿qué anda buscando ese en mis dominios?

¡Cómo! ¡No bien he escapado de aquel mago y se me cruza en el camino otro nigromante; algún mago de esos que trabajan con imposición de las manos y cosas por el estilo, un tenebroso taumaturgo por la gracia de Dios: un ungido difamador del mundo, ¡maldito sea! ¡Que se lo lleve el diablo!

Pero el diablo nunca está allí donde se lo necesita. ¡Siempre llega tarde ese maldito enano y pateta!».

Así maldecía Zaratustra, impaciente, en su corazón, y pensó deslizarse con la mirada disimulada junto al hombre negro. Pero en ese instante, este reparó en él y como quien reacciona a un inesperado golpe de fortuna, saltó a sus pies y corrió a Zaratustra.

«Quienquiera que seas, viajero —dijo—, ¡ayuda a uno que se ha extraviado y busca; a un viejo hombre al que fácilmente puede ocurrirle algún daño por aquí!

Este mundo me es desconocido y extraño, también he sentido aullidos de animales salvajes, y el que hubiera podido ampararme no existe ya.

Andaba buscando yo al último hombre pío, un santo y ermitaño que solo él no se había enterado aún en su bosque de lo que todo el mundo sabe hoy día».

«¿Qué es lo que todo el mundo sabe hoy día? —preguntó Zaratustra—. ¿Acaso que ya no vive el viejo Dios en el que creía antaño todo el mundo?».

«Eso es —respondió el anciano, apesadumbrado—. Y yo serví a ese viejo Dios hasta su postrera hora.

Ahora ya no sirvo a nadie porque estoy jubilado; pero no por eso soy libre, ni soy feliz, salvo cuando me abandono a mis recuerdos.

Por eso he subido a estas montañas, para celebrar por fin de nuevo una fiesta como cuadra a un viejo papa y jefe eclesiástico, pues yo soy el último papa —una fiesta de recuerdos piadosos y oficios divinos.

Pero él también ha muerto, el hombre más pío, aquel santo en el bosque que alababa constantemente a su Dios canturreando y componiendo canciones.

A él mismo no lo encontré cuando llegué a su choza; pero sí a dos lobos que aullaban lamentando su muerte, pues todos los animales lo habían querido. Entonces eché a correr.

¿Habría subido, pues, en vano, a estos bosques y montañas? Entonces resolvió mi corazón que yo debía buscar al más pío de todos los que no creen en Dios: ¡a Zaratustra!».

Así habló el anciano, mirando fijamente a su interlocutor. Zaratustra le tomó la mano al viejo papa y la contempló largamente, lleno de admiración.

«¡Qué mano tan hermosa y fina, oh, anciano venerable! —dijo por último—. Es la mano de uno que siempre ha impartido la bendición. Ahora descansa ella en la del hombre que buscas, Zaratustra.

Soy yo, el ateo Zaratustra que dice: "¿Quién es más ateo que yo, para que me imparta enseñanza?"».

Así habló Zaratustra, penetrando con su mirada los pensamientos abiertos y recónditos del viejo papa. Al fin este dijo:

«Quien más lo amó y poseyó, más lo ha perdido ahora; ¿no soy ahora más hombre sin Dios que tú? ¡Pero cómo para que cualquiera se alegre de ello!».

«Tú le serviste hasta el fin —dijo Zaratustra con aire pensativo, rompiendo un profundo silencio—. ¿Sabes cómo murió? ¿Es cierto lo que dicen: que la compasión lo estranguló; que vio *al hombre* clavado en la cruz y no tuvo fuerzas para soportar el espectáculo; que el amor al hombre llegó a ser su infierno y finalmente le acarreó la muerte?».

El viejo papa no contestó. Tímidamente, y con una expresión dolorosa y sombría, desvió la mirada.

«Déjalo —dijo Zaratustra tras larga meditación, mirándolo todavía fijamente a los ojos.

Déjalo, que se ha ido y no ha de volver más. Y aun cuando te honra el piadoso recuerdo que le guardas a este muerto, sabes tan bien como yo *quien* fue, y que anduvo por caminos extraños».

«Entre los dos —declaró el viejo papa, más alegre—, en materia de Dios yo estoy más al tanto que el mismísimo Zaratustra, y me es lícito.

Mi amor le sirvió durante largos años y mi voluntad se plegó dócilmente a la suya. Y bien, un servidor leal está enterado de todo y aun de no pocas cosas que su señor se oculta a sí mismo.

Fue aquel un Dios reticente que siempre andaba por caminos furtivos. Hasta a su hijo lo tuvo así. En la puerta de su credo está inscrita la palabra "adulterio".

Quien lo exalta como Dios del amor no tiene del amor un concepto lo suficientemente elevado. ¿No se erigió ese Dios también en juez? Pero el amante ama más allá de la recompensa o retribución.

Cuando era joven, ese Dios de Oriente fue duro y vindicativo, y se construyó un infierno para deleite de sus favoritos.

Pero al fin se hizo viejo y blando, transigente y compasivo, más parecido a un abuelo, y aún más a una decrépita abuelita que a un padre.

Agotado y achacoso, estaba sentado junto a la estufa, afligido porque le flaqueaban las piernas, cansado del mundo, con la voluntad cansada; y un día se ahogó en excesos de compasión».

«¿Viste *esto* con tus propios ojos, viejo papa? —le interrumpió Zaratustra—. Bien puede haber ocurrido así la cosa, así y de otro modo. Los dioses, cuando mueren, siempre mueren muchas clases de muerte.

¡Pero no importa! ¡Así o así, se ha ido y no ha de volver más! Por cierto que lastimó mis oídos y mi vista. En fin, no está bien hablar mal de un muerto.

Me gusta el mirar franco y el lenguaje sincero. Pero él, en fin, bien sabes, viejo sacerdote, que tuvo algo de ti y de los que son como tú, fue ambiguo.

Y también fue oscuro. ¡Lo enojado que estaba con nosotros aquel furibundo porque lo entendíamos mal! Pero, ¿por qué no habló con mayor nitidez?

Y si la culpa la tuvieron nuestros oídos, ¿por qué nos dio oídos que oían mal?

¡Lo que pasa es que se le malogró demasiado a ese alfarero torpe! Pero eso de vengarse en sus hechuras de que le habían salido mal, fue un pecado contra el *buen gusto.*[48]

Hay también en la piedad un buen gusto, este proclamó al fin: "¡Fuera *semejante* Dios! ¡Más vale no tener Dios alguno y hacer destino por cuenta propia! ¡Más vale ser un demente, a ser uno mismo dios!"».

«¡Qué oigo! —exclamó el viejo papa, que le escuchaba atentamente—. ¡Oh, Zaratustra, eres más piadoso de lo que crees, con semejante descreimiento! ¡Algún Dios dentro de ti te ha convertido a tu ateísmo!

¿No es tu piedad misma la que ya no te deja creer en un dios? ¡Y tu probidad excesiva un día te arrastrará más allá del bien y del mal!

48 Alusión a la creación del hombre con barro.

¿Qué te está reservado? Tienes ojos y manos y una boca que desde todas las eternidades están destinados a bendecir. No se bendice solo con la mano.

En torno tuyo, por más que pretendas ser el más ateo, percibo secreto perfume e incienso de largas bendiciones, que me llena el alma de gozo y de sufrimiento a la vez.

¡Permíteme ser tu huésped, oh, Zaratustra, por una sola noche! ¡En ninguna parte de la tierra me siento ahora tan bien como a tu lado!».

«¡Amén! ¡Que así sea! —dijo Zaratustra, con gran admiración—. Por allá sube el camino a la caverna de Zaratustra.

De buena gana te serviría de guía, venerable anciano, pues amo a todos los hombres píos, pero un grito de socorro me obliga a despedirme de ti a toda prisa.

En mis dominios nadie ha de sufrir daño, mi caverna es puerto seguro. Y nada me agradaría tanto como poner a todos los tristes de nuevo en tierra firme y pies firmes.

Mas, ¿quién puede quitarte de encima tu tristeza? Yo no tengo fuerzas suficientes para ello. ¡Ya podemos esperar a que viniera uno a resucitar a tu dios!

Pues ese viejo dios ha muerto, bien muerto está».

Así habló Zaratustra.

El más feo de todos los hombres

Y de nuevo Zaratustra recorrió bosques y montañas, y sus ojos buscaron y rebuscaron, pero en ninguna parte vieron al que ansiaban ver: al gran angustiado que había proferido el gran grito de socorro. Pero su corazón se sentía gozoso sin cesar, traspasado de gratitud. «¡Qué cosas tan buenas —decía para sus adentros— me ha deparado esta jornada a cambio de su mal comienzo! ¡Qué interlocutores tan singulares he encontrado en mi camino!

Voy a rumiar largamente sus palabras cual buenos granos, ¡mis dientes han de molerlas hasta que se me derramen como leche por el alma!».

Pero al llegar a un recoveco del camino, el paisaje cambió de golpe y entró en un reino de la muerte. Surgían por doquier peñascos negros y rojos y no había pasto, árboles ni canto de pájaros. Pues se trataba de un valle del que todos los animales huían, incluso las bestias feroces; solo una especie de repelentes y gruesas serpientes verdes iba allá a morir cuando se habían hecho viejas. De ahí que los pastores llamaban a este valle "Sepulcro de Serpientes".

Y Zaratustra se abismó en un negro recuerdo, pues le pareció que hubiera estado ya alguna vez en este maldito valle. Y su mente se fue sumiendo en creciente oscuridad, así que retardó cada vez más el paso y finalmente se paró. Pero cuando volvió a abrir los ojos, entonces vio algo sentado junto al camino que se parecía a un ser humano, y sin embargo casi no podía ser tenido por tal, algo inenarrable. Y de pronto asaltó a Zaratustra la gran vergüenza de haber mirado algo así; ruborizándose hasta las raíces de sus blancos cabellos, apartó la mirada y se dispuso a alejarse de tal tétrico lugar. Pero he aquí que el desolado yermo cobró voz: del suelo brotó un áspero y estertoroso sonido, como cuando de noche el agua se abre paso por caños obstruidos, y este sonido se transformó en una voz humana que habló de esta manera:

«¡Zaratustra! ¡Zaratustra! ¡Resuelve mi enigma! A ver, *¿qué significa el vengarse del testigo?*

¡Mira que te atraigo a una pista de hielo! ¡Cuida de que tu orgullo no resbale y se fracture las piernas!

¡Te tienes por sabio, orgulloso Zaratustra! ¡Resuelve la adivinanza, duro cascanueces, la adivinanza que represento yo mismo! A ver, ¿quién soy yo?».

Cuando Zaratustra oyó estas palabras, ¿qué creéis que tuvo lugar en su alma? *Le embargó la compasión* y de pronto se desplomó en el suelo como un roble que durante largo tiempo ha resistido a muchos leñadores, pesada y repentinamente, asustando aun a los que querían derribarlo. Pero al momento se levantó y su rostro se endureció.

«Bien te reconozco —dijo en una voz de bronce—; *¡tú eres el asesino de Dios!* ¡Déjame marchar!

¡No *soportaste* al que te veía siempre, te miraba hasta el fondo de tu ser, hombre más feo! ¡Te vengaste de este testigo!».

Así habló Zaratustra y se dispuso a continuar el viaje; pero el inenarrable lo sujetó por la ropa y empezó de nuevo a proferir sonidos inarticulados en un esfuerzo por hablar.

«¡Quédate! —dijo al fin—. ¡Quédate! ¡No te vayas! He adivinado el hacha que te derribó. ¡Dichoso de ti, oh, Zaratustra, por estar de nuevo en pie!

Adivinaste, bien lo sé, el estado de ánimo del que lo mató, del asesino de Dios. ¡Quédate! Siéntate a mi lado, no será inútil.

¿A quién me proponía buscar sino a ti? ¡Quédate, siéntate! ¡Pero no me mires! ¡Honra así mi fealdad!

Me persiguen, ahora tú eres mi último refugio. No me persiguen con sus odios, sus esbirros, ¡oh, me burlaría y enorgullecería y alegraría de tal persecución!

¿No ha correspondido todo éxito hasta ahora a las víctimas de persecución bien planeada? Y quien persigue con sabiduría, fácilmente aprende a *seguir* ¡como que va detrás! Su *compasión*, su compasión es lo que me hace huir y buscar refugio en ti. ¡Protégeme, oh, Zaratustra, mi último refugio, el único que me descubrió!

Adivinaste el estado de ánimo del asesino de aquel. ¡Quédate! Y si insistes en irte, impaciente, no te vayas por el camino por el cual he llegado, pues es un mal camino.

¿Estás enojado conmigo porque no para mi torpe hablar? ¿Porque ya te dé consejos? Has de saber que yo, el hombre más feo, tengo también los pies más enormes y plomizos. Donde yo he caminado el camino queda estropeado. Yo echo a perder todos los caminos.

El que pasaste junto a mí en silencio, el que te acaloraste —bien lo vi—, me reveló que eras Zaratustra.

Cualquier otro me hubiera lanzado su limosna y compasión, con su mirada y su palabra. ¡Pero tú adivinaste que no soy mendigo, que con esto me baste; que para eso soy demasiado *rico* en cosas grandes y terribles, en lo más feo e inenarrable! ¡Tu vergüenza, oh Zaratustra, me *honró!*

Con dificultad me libré del asedio de los compasivos, para encontrar al único que hoy día enseña: "La compasión es importuna", ¡a ti, oh, Zaratustra!

Ya sea la compasión de un Dios o la de los hombres, la compasión es un atentado contra el pudor. Y negarse a ayudar puede ser más noble que la virtud solícita.

Pero aún entre la pequeña gente, la compasión es considerada hoy como la virtud. Esa gente no siente respeto por la gran desgracia, la gran fealdad, el gran fracaso.

Miro por sobre todos esos como un perro mira por sobre los innumerables lomos de grandes rebaños. Son gente pequeña y gris, lanosa, benévolas.

Como un jinete mira con desdén por sobre aguas bajas, miró por sobre el hormigueo de pequeñas olas y voluntades y almas grises.

Durante demasiado tiempo se le daba la razón a esa pequeña gente; así que se ha acabado por darle también el poder. Ahora enseñan: "solo es bueno lo que la pequeña gente tiene por bueno."

Y "verdad" se llama hoy lo que enseñó el predicador salido de su seno, ese santo raro y defensor de la gente pequeña que dijo de sí mismo: "Yo soy la verdad".

Hace mucho que ese presuntuoso tiene ensoberbecida a la pequeña gente; —ese inmodesto que enseñó un error de bulto al enseñar: "Yo soy la verdad".[49]

¿Jamás se dio respuesta más cortés a un presuntuoso? Pero tú, oh, Zaratustra, pasaste de largo y dijiste: "¡No! ¡No! ¡Tres veces no!".

Previniste contra su error, fuiste el primero en prevenir contra la compasión: no a todos, no a nadie, sino a ti y a los que son de tu especie.

49 Véase el Evangelio de San Juan.

Te avergüenza la vergüenza del que sufre en cantidad. Y a fe mía que cuando dices: "¡Por el lado de la compasión amenaza un negro nubarrón; tened cuidado, hombres!"; cuando enseñas: "Todos los creadores son duros, todo gran amor está por encima de su compasión", ¡cuán experto te me antojas en los signos del tiempo!

¡Pero ponte en guardia también a ti mismo contra tu compasión! Pues van hacia ti muchos que sufren, dudan, desesperan, se ahogan, se hielan.

Te prevengo también contra mí. Descifraste mi mejor y peor enigma: a mí mismo y lo que he hecho. Conozco el hacha que te derriba.

Pero, ese *debía* absolutamente morir. Veía con ojos que veían *todo;* veía las profundidades y fondos del hombre, toda su ignominia y fealdad ocultas.

Su compasión desconocía la vergüenza, se metía en mis más sórdidos rincones. Ese harto curioso, importuno, demasiado compasivo, debía morir sin remisión.

Siempre me miraba, estaba yo resuelto a vengarme de tal testigo o morir yo mismo.

¡El Dios que veía todo, *incluso al hombre,* tenía absolutamente que morir! El hombre no *soporta* a testigo de esa naturaleza!».

Así se confesó el hombre más feo. Y Zaratustra se levantó y se dispuso a marcharse, pues sentía un frío que le penetraba hasta la médula.

«Inenarrable —dijo—, me has prevenido contra tu camino. En señal de gratitud te recomiendo el mío. Por allá se sube a la caverna de Zaratustra.

Mi caverna es espaciosa y profunda y cuenta con muchos rincones, allí el más oculto encuentra donde ocultarse.

Y por sus alrededores abundan los escondrijos y guaridas para toda clase de seres que se arrastran, saltan o vuelan.

Expulsado que te expulsaste a ti mismo, ¿no quieres vivir entre los hombres y la compasión humana? ¡Muy bien, haz como yo! Así aprenderás también de mí. Solo quien obra aprende.

¡Y habla ante todo con mis animales! El animal más orgulloso y el más sabio, ¡cómo no han de aconsejarnos bien!».

Hablado que hubo así Zaratustra, prosiguió su marcha, con aire aún más dubitativo y paso todavía más lento que antes, pues en su interior se hacía muchas preguntas nada fáciles de responder.

«¡Cuán miserable es el hombre! —pensó en su interior—, ¡cuán feo y doliente y lleno de vergüenza escondida!

Dicen que el hombre se ama a sí mismo, ¡ay, lo grande que tiene que ser este amor propio! ¡El desprecio que tiene que afrontar!

Nunca he encontrado tan profundo desprecio de sí mismo, esto también es altura. ¡Ay!, ¿sería ese el hombre superior cuyo grito oí?

Amo a los hombres del gran desprecio. Pero el hombre es algo que tiene que ser superado».

EL MENDIGO VOLUNTARIO

Cuando Zaratustra se separó del hombre más feo, sentía frío y se sentía solo; pues cruzaban por su mente muchas cosas frías y solitarias, al punto que se le enfriaban también los miembros. Pero conforme proseguía su camino cuesta arriba y cuesta abajo, ora pasando junto a verdes praderas, ora cruzando fragosas y pedregosas cañadas donde en tiempos pasados se precipitaría un tumultuoso torrente, se sintió de pronto más confortable y contento.

«¿Qué me ha ocurrido? —se preguntó—. Me recrea algo cálido y palpitante, que debe estar cerca de aquí.

Ya estoy menos solo, me rodean compañeros y hermanos desconocidos cuyo aliento caliente roza mi alma».

Pero cuando miró en torno buscando a los que así confortaban su soledad, he aquí que se trataba de vacas que se agrupaban en lo alto de una loma y cuya proximidad y olor habían animado su corazón. Estas vacas parecían escuchar atentamente a uno que hablaba, al punto que no prestaban atención en el que se acercaba. Cuando Zaratustra había llegado muy cerca de ellas, oyó claramente una voz humana que partía de entre las vacas, y era manifiesto que estaban allí con la cabeza vuelta hacia el que hablaba.

Entonces Zaratustra subió con rapidez y separó los animales, pues temía que alguien hubiera sufrido daño, daño que la compasión de las vacas en verdad no podía remediar. Pero se equivocaba, pues he aquí, sentado en el suelo, un hombre que parecía empeñado en convencer a los animales de que no tenían por qué tenerle miedo; un hombre pacífico y manso cuyos mismos ojos predicaban bondad. «¿Qué andas buscando aquí?», preguntó Zaratustra, con asombro.

«¡Pues lo mismo que tú, aguafiestas! —respondió el otro—; la felicidad sobre la tierra.

Para tal fin quiero aprender de las vacas. Llevo horas hablándoles y justamente ahora estaban a punto de contestarme. ¿Por qué las estorbas?

Si no nos volvemos atrás y somos como las vacas no ganaremos el cielo. Pues debiéramos aprender de ellas el rumiar.

Aunque el hombre conquistase el mundo entero y no aprendiese el rumiar, ¿de qué le valdría? No se libraría de su tribulación; de su gran tribulación, que hoy se llama náusea. ¿Quién no tiene hoy el corazón, la boca y los ojos llenos de náusea? ¡Tú también! ¡Tú también! ¡En cambio mira a estas vacas!».

Así habló el hombre; luego volvió los ojos hacia Zaratustra —pues hasta aquí había hablado con la mirada fija amorosamente en las vacas— y de pronto cambió de ademanes.

«¿Con quién estoy hablando? —exclamó, presa de alarma, y saltó sobre sus pies.

¡Pero si es el hombre sin náusea, Zaratustra mismo, el vencedor de la gran náusea; el ojo, la boca y el corazón de Zaratustra mismo!».

Y mientras hablaba así besó, con lágrimas en los ojos, las manos del hombre al que hablaba y se comportaba en un todo como uno al que cae de improviso del cielo un don precioso. Las vacas presenciaban la escena con interrogación.

«¡No hables de mí, hombre raro y encantador! —dijo Zaratustra, atajando su ternura—; ¡háblame primero de ti! ¿No eres el mendigo voluntario que un día renunció a una gran riqueza; que se avergonzó de su riqueza y de los ricos y se refugió entre los pobres para brindarles su plenitud y su corazón? Pero no lo aceptaron».

«Pero no lo aceptaron —confirmó el mendigo voluntario—, tú lo has dicho. Por esto acabé cuidando a los animales y a estas vacas».

«De ellos aprendiste —le interrumpió Zaratustra— que es más difícil dar bien que tomar bien y que regalar bien es un arte, el arte última y más delicada maestría de la bondad».

«Sobre todo hoy en día —contestó el mendigo voluntario—, pues hoy en día todo lo bajo y vil se ha vuelto rebelde y esquivo y arrogante a su manera, a la manera de la plebe.

¡Pues bien sabes que ha llegado la hora de la grande y funesta, larga y lenta sublevación de los plebeyos y los esclavos, que crece cada vez más!

¡Ahora, toda caridad y regalo pequeños indignan a los bajos y que tengan cuidado los ricachones!

Codicia lasciva, envidia enconada, resentimiento vindicativo, orgullo plebeyo, todo esto me saltó a la cara. Ya no es cierto eso de bienaventurados los pobres. Y el reino de los cielos es de las vacas».

«¿Y por qué no de los ricos?», interrogó Zaratustra tentando al otro, mientras acariciaba a las vacas que le resoplaban cariñosamente en la cara al pacífico.

«¿Por qué me tientas? —contestó este—. ¡Si tú mismo lo sabes todavía mejor que yo! ¿Qué me impulsó a alternar con los nuestros ricachones?

Los esclavos de la riqueza que con ojos fríos y pensamientos lascivos escarban en cualquier basura en busca de ventajas; esa chusma que huele a muerte; esa plebe dorada y pervertida cuyos padres fueron ladrones o asaltantes o traperos, con mujeres complacientes, lascivas y olvidadizas, que todas ellas son poco menos que vulgares prostitutas.

¡Plebe arriba y plebe abajo? ¡Qué significan hoy en día todavía las palabras "pobre" y "rico"? Yo ya no conozco tal diferencia. De esto hui, cada vez más lejos, hasta que fui a parar junto a estas vacas».

Así habló el pacífico, dando a su vez resoplidos y sudando mientras hablaba, así que las vacas se asombraron de nuevo. Zaratustra escuchó su diatriba con la mirada fija, sonriente, en su cara y sacudiendo la cabeza en silencio.

«Te haces violencia utilizando un lenguaje tan duro —le dijo—. Ni tu boca ni tus ojos están hechos para semejante lenguaje.

Ni tampoco, me parece, tu estómago; no le sienta tanto fulminar y odiar y tronar. Tu estómago necesita cosas más dulces. Tú no eres un carnicero.

Antes bien te me antojas un hortelano y entendido en jardines y campos de labor. Acaso muelas granos. En todo caso eres un enemigo de los placeres carnales y te gusta la miel».

«Bien me adivinaste —respondió, aliviado, el mendigo voluntario—. Me encanta la miel y también muelo granos, pues busqué lo que agradara al paladar y purificara el aliento; y requiriera largo tiempo; algo que llenara la jornada y la boca, para mansos, holgazanes y gandules.

Por cierto que quienes más lejos llegaron en esto han sido las vacas, que se inventaron el rumiar y estar al sol. También se abstienen de todo pensamiento pesado que hincha al corazón».

«¡Muy bien! —exclamó Zaratustra—. Quiero que veas también a mis animales, a mi águila y mi serpiente, que hoy no tienen igual en el mundo.

Por allá sube el camino a mi caverna, sé mi huésped esta noche. Y habla con mis animales de la felicidad de los animales hasta que yo regrese. Pues ahora un grito de socorro me impulsa a despedirme de ti a toda furia. En mi caverna encontrarás también miel nueva, fresca y lozana miel dorada. ¡Pruébala!

¡Pero ahora despídete enseguida de tus vacas, raro! ¡Simpático! Aunque te cueste, pues son tus más cordiales amigas y maestras».

«Excepción hecha de uno que quiero todavía más —respondió el mendigo voluntario—. ¡Tú mismo eres bueno, y aún mejor que una vaca, oh, Zaratustra!».

«¡Eh! ¡Vete! ¡Lisonjeador vil! —gritó Zaratustra maliciosamente—. ¿Por qué me echas a perder con tal elogio y zalamería? ¡Vete! ¡Vete de aquí!» —gritó otra vez amenazando con su bastón al tierno mendigo. Y este echó a correr.

La sombra[50]

Apenas se hubo marchado el mendigo voluntario y Zaratustra estaba de nuevo solo, oyó a sus espaldas otra voz que llamaba: «¡Alto, Zaratustra! ¡Espera! ¡Soy yo, oh, Zaratustra!, ¡Tu sombra!». Pero Zaratustra no esperó, pues le embargó una súbita contrariedad por la afluencia de extraños a sus montañas.

«Se acabó mi soledad —dijo para su interior—. Ya estoy harto. Mi reino ya no es de *este* mundo; necesito nuevas montañas.[51]

¿Me llama mi sombra? ¡Y qué me importa mi sombra! ¡Que corra tras de mí! Yo echo a correr para escaparle».

Así habló Zaratustra para su interior y echó a correr. Mas el que estaba a sus espaldas lo siguió, de suerte que pronto eran tres los que corrían unos tras otros: el mendigo voluntario, Zaratustra y, por último, su sombra. Cuando aún no habían corrido un largo trecho, Zaratustra se dio cuenta de su tontería y se quitó de encima, de un solo golpe, toda su contrariedad y fastidio.

«¡Cómo! —se dijo—, ¿no hemos sido siempre los viejos ermitaños y santos los que hacíamos las cosas más risibles?

¡Cómo ha crecido mi necedad en la montaña! ¡Seis viejas piernas de demente corriendo unas tras otras!

50 Aquí retorna la sombra de «De los grandes acontecimientos». Tema que desarrollará más ampliamente en su libro *El viajero y su sombra* (1879).

51 Cita del Evangelio de San Juan.

Pero, ¿está bien que Zaratustra le tenga miedo a una sombra? Además, me parece que ella corre más ligero que yo».

Así habló Zaratustra, riendo con los ojos y las entrañas. De pronto, se detuvo y se dio vuelta tan rápidamente que por poco derriba al suelo a su perseguidor y sombra, de tal modo este le pisaba los talones y tan flojo era. Zaratustra, al mirarlo de cerca, se sobresaltó como a la vista de un repentino fantasma al verlo tan flaco, negruzco, frágil y decrépito.

«¿Quién eres tú? —preguntó Zaratustra con vehemencia—. ¿Qué estás haciendo aquí? ¿Y por qué te llamas mi sombra? ¡No eres de mi agrado!».

«Perdona —contestó la sombra— que lo sea; y si no lo soy, bueno, por eso te elogio a ti y tu buen gusto, ¡oh!, Zaratustra.

Soy un viajero que lleva ya mucho tiempo pisándote los talones; siempre en camino, pero sin rumbo fijo, y sin hogar: en verdad, poco me falta para ser el judío errante, salvo que no soy errante ni tampoco judío.

¿Cómo? ¿He de estar siempre en camino? ¿Arrastrado por todos los vientos, trashumante, corrido a través del mundo? ¡Oh!, tierra, ¡demasiado redonda me resultas!

Me he posado ya en todas las superficies, cual polvo cansado me he echado a dormir en espejos y vidrios de ventanas, todo me quita algo, nada me da nada; voy mermando a ojos vistas, poco falta para que me parezca a una sombra.

Y tras ti, ¡oh!, Zaratustra, he volado y corrido más tiempo; y si bien me escondía ante ti, era tu mejor sombra; donde quiera que te sentaras yo también me sentaba.

Contigo he vagado por los mundos más lejanos y fríos, cual un fantasma que se complace en andar por tejados nevados y la nieve.

Contigo he penetrado en todo lo prohibido, más perverso y remoto; y si hay en mí algo que merece que se le llame virtud, es el no haber temido a prohibición alguna.

Contigo he roto todo lo que veneraba antes mi corazón, he derribado todos los límites e ídolos y he corrido tras los deseos más peligrosos; en verdad que no hay crimen por encima del cual no haya pasado.

Contigo he perdido la fe en las palabras y los valores y los grandes nombres. Cuando el diablo muda la piel, ¿no se desprende de él también su nombre? Pues este también es una piel. Quizás el propio diablo es una piel.

"Nada es verdadero, todo es permitido" así me persuadía a mí mismo para arrimarme. Me zambullía de cabeza y corazón en las aguas más frías. ¡Cuántas veces estuve luego ahí, desnudo, cual cangrejo cocido!

¡Ay!, ¿dónde han ido a parar todo el bien y toda vergüenza y toda fe en los buenos? ¡Ay!, ¿dónde ha ido a parar la mentida inocencia que poseía en un tiempo, la inocencia de los buenos y sus nobles mentiras?

Con harta frecuencia le pisé los talones a la verdad, entonces ella me golpeó en la cabeza. A veces creí mentir, ¡pero he aquí que solo entonces di con la verdad!

Demasiadas cosas se han aclarado para mí, ahora ya no me importan. Ya no hay nada que yo ame, ¡nada para amarme todavía a mí misma!

"Vivir como me da la gana o no vivir", así lo quiero yo y así lo quiere aún el más santo varón. Pero, ¡ay!, ¿acaso me dan todavía ganas?

¿Tengo yo todavía una meta? ¿Un puerto hacia el cual enfilar *mis* velas?

¿Un viento propicio? ¡Ay, solo el que sabe *a dónde* va, sabe también qué viento es propicio para él!

¿Qué me ha quedado? Un corazón fatigado e insolente, una voluntad inquieta, alas cortadas, una columna vertebral rota.

Esa búsqueda de *mi* hogar, ¡oh!, Zaratustra, era *mi* tribulación, me devora.

"¿Dónde está *mi* hogar?". Por él pregunto, y lo he buscado, y busco todavía; pero no lo he encontrado. ¡Oh, eterno en todas partes! ¡Oh, eterno en ninguna parte! ¡Oh, eterno en vano!».

Así habló la sombra, y conforme hablaba, el rostro de Zaratustra asumió una expresión de pesadumbre. «¡Eres mi sombra! —dijo al fin, con tristeza.

¡Corres un grave peligro, espíritu y viajero libre! Tu jornada ha sido mala, ¡ten cuidado de que la noche no te resulte aún peor!

Los inquietos y trashumantes como tú terminan por entusiasmarse incluso con la cárcel. ¿Viste jamás dormir a un criminal apresado? Duerme como un ángel, gustoso de su nueva seguridad.

¡Ten cuidado de que a la postre no te aprese alguna fe estrecha, alguna ilusión rígida y severa! Pues te seduce y tienta ahora todo lo riguroso y sólido.

Has perdido la meta, ¡ay!, ¿cómo sobrellevarás esta pérdida? ¡Al perder la meta has perdido también el camino!

¡Pobre errante, mariposa cansada! ¿Quieres disfrutar esta noche de descanso y hogar? ¡Pues sube a mi caverna!

¡Por allá sube el camino a mi caverna! Y ahora voy a escaparme de ti de nuevo sin tardanza. Ya siento como si una sombra estuviese proyectada sobre mí.

Quiero correr solo, para que todo vuelva a ser claro en torno mío. Para tal fin tengo que andar aún largo trecho a pie firme. ¡Y esta noche habrá baile en mi caverna!».

Así habló Zaratustra.

A mediodía

Y Zaratustra corrió a pie firme y ya no volvió a encontrar a nadie; estuvo solo y durante horas se encontró, una y otra vez, a sí mismo gozando con deleite de su soledad y pensando pensamientos luminosos. A la hora del mediodía, cuando el sol estaba directamente sobre su cabeza, pasó junto a un añoso árbol nudoso y retorcido que estaba abrazado por el generoso amor de una vid y se hallaba escondido a sí mismo: de él colgaban abundantes racimos de doradas uvas ofreciéndose al caminante. Entonces tuvo ganas de apagar su leve sed y arrancar un racimo, pero cuando ya extendía el brazo, deseó aún más vivamente tenderse al pie del árbol a la hora del pleno mediodía y dormir.

Así lo hizo Zaratustra: y en cuanto estuvo tendido en el suelo, sumergido en la tranquilidad e intimidad del variado escenario, se olvidó de su leve sed y se quedó dormido. Pues como asegura la sentencia de Zaratustra: "Unas cosas más necesarias que otras". Solo que sus ojos permanecían abiertos, pues no se cansaban de mirar y ensalzar el árbol y el amor de la vid. Y cuando estaba a punto de adormecerse, Zaratustra habló así a su corazón:

«¡Silencio! ¡Silencio! ¿No alcanza el mundo en este instante su perfección? ¿Qué me ocurre?

Como brisa ligera que, invisible, baila con pies alados sobre mar liso como artesonado, baila sobre mí el sueño.

No me cierra los ojos, y me deja despierta el alma. En verdad que baila con pies ligeros.

Me persuade no sé cómo, me toca por dentro con mano insinuante, me obliga. Sí, obliga mi alma a echarse a dormir; ¡cómo se estira y está de cansada mi alma extraña! ¿Le llegó justamente a mediodía la noche de un séptimo día? ¿Habrá vagado demasiado tiempo, ebria de felicidad, por entre cosas buenas y maduras?

Se estira ella todo lo que puede, cada vez más; yace ahí, inmóvil, mi alma extraña. Ha saboreado ya demasiadas cosas buenas; esta tristeza áurea la agobia, tuerce el gesto.

Como un barco que entró en su más tranquila bahía: se recuesta contra la tierra, cansado de los largos viajes y los mares inciertos. ¿No es la tierra más fiel que el mar?

Como tal barco se recuesta tiernamente contra la tierra: basta con que una araña teja hacia él desde la tierra su tela, no hacen falta amarras más fuertes.

Como tal barco cansado, fondeado en la bahía más tranquila, descanso también yo ahora, recostado contra la tierra, fiel, confiado y expectante, atado a ella por los más tenues hilos.

¡Oh, felicidad! ¡Oh, felicidad! ¿Quieres cantar, alma mía? Yaces en el pasto. Pero esta es la hora íntima y solemne en que ningún pastor toca su flauta de pan.

¡No te animes! Un mediodía abrasador duerme tendido sobre la tierra. ¡No cantes! ¡Silencio! El mundo está perfecto.

¡No cantes, insecto cobijado en el pasto, alma mía! ¡No murmures siquiera! Mira, ¡silencio! Duerme el viejo mediodía; mueve los labios —¿no bebe en este instante una gota de dicha, una rancia gota de felicidad dorada, vino dorado? Sobre su rostro pasan tenues reflejos, ríe su felicidad. Así ríe un dios. ¡Silencio!

En un tiempo decía yo: "¡Cuán poco hace falta para ser feliz!", y me tenía por sabio. Sin embargo tales palabras eran una blasfemia, he aquí lo que acabo de aprender. Los sabios locos están mejor enterados.

Justamente lo mínimo, lo más sutil y ligero, el movimiento fugaz de un lagarto, un hálito, un leve soplo, un abrir y cerrar de ojos *poco* determina la esencia de la mejor felicidad. ¡Silencio!

¿Qué me ha pasado? ¡Silencio! Siento una punzada, ¡ay! en el corazón. ¡En el corazón! ¡Oh, deja de latir, corazón, tras felicidad semejante, punzada semejante!

¿Cómo? ¿No ha alcanzado el mundo en este momento su perfección? ¿Su redondez y madurez? ¡Oh, el circular aro de oro! ¿A dónde volará? ¿Corro tras él? ¡Ah!

Silencio (y en este punto Zaratustra estiró los miembros sintiendo que dormía).

¡Arriba!, dijo para sus adentros. ¡Arriba, dormilón! ¡Dormirte a mediodía! ¡Ea, arriba, viejas piernas! Ya es hora, os queda aún por recorrer un buen trecho.

Habéis dormido lo suficiente, ¿cuánto tiempo? ¡Media eternidad! ¡Ea, arriba, viejo corazón! Después de tal sueño, ¿cuánto tiempo podrás estar despierto? ¿Lo suficiente?

(Pero he aquí que Zaratustra volvió a dormirse, y su alma le contradijo y se resistió y volvió a echarse a dormir.)

¡Déjame! ¡Silencio! ¿No alcanzó el mundo en este momento la perfección? ¡Oh, la redonda bola de oro!

¡Levántate —dijo Zaratustra—, ladronzuela, perezosa! ¿Cómo? ¿Todavía tumbada y bostezar y suspirar y caer a pozos profundos?

¡Hay que ver! ¡Oh, alma mía! (y en este punto se sobresaltó, pues un rayo de sol descendió del cielo y dio de lleno en su rostro.)

Oh, cielo en lo alto —dijo dando un suspiro, y se incorporó—, ¿me estás contemplando? ¿Estás escuchando a mi alma extraña?

¿Cuándo beberás esta gota de rocío que ha caído en todas las cosas de la tierra? ¿Cuándo te beberás esta alma extraña?

¿Cuándo, ¡oh, pozo de la eternidad! ¡Plácido, pavoroso abismo de mediodía!, ¿beberás mi alma para reincorporarla en ti?».

Así habló Zaratustra y se levantó como de una ebriedad extraña. Y he aquí que el sol estaba todavía directamente sobre su cabeza. De lo cual pudiera deducirse que Zaratustra no durmió mucho tiempo.

El saludo

Ya era muy entrada la tarde, Zaratustra, tras de correr y vagar largo tiempo en vano, regresó a su caverna. Cuando ya ni veinte pasos lo separaban de ella, ocurrió lo que entonces menos hubiera esperado: oyó de nuevo un gran *grito de socorro*. ¡Y esta vez partía de su propia caverna! Era un grito prolongado, múltiple y extraño, y Zaratustra distinguió claramente que se componía de muchas voces, aunque de lejos sonase como un grito clamado por una sola boca.

Entonces Zaratustra corrió hasta su caverna, y he aquí un espectáculo que lo asombró aún más que el grito que acababa de oír. ¡Ahí estaban sentados juntos todos los que había encontrado durante la jornada: el rey de la derecha y el rey de la izquierda, el viejo mago, el papa, el mendigo voluntario, la sombra, el escrupuloso del espíritu, el adivino triste y el asno; el hombre más feo se había ataviado con una corona y dos cinturones de púrpura

—pues como todos los feos le gustaba disfrazarse y alardear. En medio de tan esperpéntico grupo estaba el águila de Zaratustra, inquieta y con el plumaje erizado, pues se le hacían demasiadas preguntas que su orgullo no le permitía contestar; a la serpiente sabia la tenía arrollada al cuello.

Miró Zaratustra esta escena con gran asombro; luego examinó a sus huéspedes uno por uno, con curiosidad benévola, leyó en sus almas y se extrañó otra vez. Entretanto, los reunidos se habían puesto de pie y esperaban respetuosamente a que Zaratustra les dirigiera la palabra. Y Zaratustra les habló como sigue:

«¡Desesperados! ¡Extraños! ¡De forma que escuché *vuestro* grito de socorro! Y ahora sé también dónde ha de buscarse a aquel que en vano busqué todo el día: *el hombre superior:* ¡en mi propia caverna se halla el hombre superior! Pero, ¿y cómo me extraña esto? ¿No lo he atraído yo mismo por ofrenda de miel y reclamo artero de mi felicidad?

Pero me parece que no os lleváis bien, que os exasperáis mutuamente cuando estáis juntos aquí. Hace falta uno que os haga reír de nuevo; un bueno y alegre hazmerreír, un bailarín y viento y diablo de travieso; algún viejo loco, ¿no os parece?

¡Perdonadme, desesperados, que gaste ante vosotros un lenguaje tan pueril, indigno de tales huéspedes! Mas no adivináis lo que me llena de orgullo el corazón: ¡vosotros mismos y el espectáculo que ofrecéis, con perdón vuestro! ¡Pues a la vista de un desesperado no hay quien no se anime! Todo el mundo se cree lo suficientemente fuerte para prodigar a un desesperado palabras de aliento.

¡A mí mismo me habéis infundido esta fuerza, augustos huéspedes! ¡Un don precioso, ciertamente! ¡En verdad un magnífico presente! Permitid, pues, que yo os ofrezca también de lo mío.

Este es mi reino y señorío, pero lo mío ha de ser también lo vuestro por esta noche. Mis animales han de estar a vuestra disposición y mi caverna debe serviros de albergue.

En mi reino nadie ha de desesperarse, en mis dominios protejo a cada cual contra sus bestias salvajes. He aquí lo primero que os ofrezco: ¡seguridad!

Lo segundo es mi meñique. Y teniendo este, ¡tomad la mano entera, y el corazón encima. ¡Bienvenidos a mi caverna, mis huéspedes!».

Así habló Zaratustra y se rio con cariño y malicia. Tras esta salutación, los huéspedes se inclinaron de nuevo y observaron un silencio respetuoso. Y en nombre de todos ellos el rey de la derecha contestó:

«Por la forma como nos ofreciste tu mano y saludo, ¡oh!, Zaratustra, te reconocemos como Zaratustra. Te humillaste ante nosotros; poco faltó para que lastimaras nuestro respeto; mas ¿quién sería capaz de humillarse, como tú, con orgullo semejante? Esto nos *eleva,* esto recrea nuestra vista y nuestro corazón.

Solo para contemplar esto subiríamos de buen grado a montañas más altas que esta. Pues hemos venido a ver lo que tiene la virtud de aclarar los ojos velados.

Y he aquí que ya está olvidado nuestro grito de socorro. Ya están abiertos y extasiados nuestro ánimo y corazón. Poco falta para que se desborde nuestro buen humor.

Nada hay tan grato sobre la tierra, ¡oh!, Zaratustra, como una voluntad sublime y fuerte; tal es su árbol más hermoso. Un paisaje entero se deleita con semejante árbol.

Con un pino comparo a quien crece como tú, oh, Zaratustra: alto, callado, duro, solitario, de la madera más flexible, magnífico; mas tomando posesión, al fin, con recias ramas verdes, de su señorío, interrogando con gallardía a los vientos y las tempestades y cuanto mora en las alturas; dando respuestas aún más enérgicas, autoritario, triunfante. ¡Oh!, ¡quién no estaría dispuesto a escalar altas montañas para asistir a cosa semejante!

Con tu árbol, ¡oh!, Zaratustra, se recrea aún el triste y adusto, el fracasado; tu vista infunde tranquilidad y firmeza aun al que se debate en la zozobra, y cura su corazón.

Y en verdad que en tu montaña y árbol están fijas hoy muchas miradas; un gran anhelo se ha puesto en camino y más de uno ha aprendido a preguntar: "¿Quién es Zaratustra?".

Y a quien un día vertiste en el oído tu canción y tu miel, todos los retraídos y solitarios, los en pareja inclusive, dijeron de pronto para su interior:

"¿Vive Zaratustra todavía? ¡La vida ya no vale la pena de vivirse, todo da igual, todo es en vano, si no convivimos con Zaratustra!"

"¿Por qué no viene el que se ha anunciado mucho? —preguntan muchos—. ¿Lo habrá devorado la soledad? ¿O habremos de ir en busca de él?"

Ahora sucede que la soledad misma se resquebraja y rompe, como un sepulcro que se rompe y no puede contener más a sus muertos. Por doquier se ven resucitados.

Ahora el oleaje va subiendo alrededor de tu montaña, ¡oh!, Zaratustra. Y por muy grande que sea tu altura, muchos tienen que escalarla; tu barca no ha de estar varada mucho tiempo más.

Y el que los desesperados hayamos subido a tu caverna y ya nos hayamos librado de la desesperación no es sino símbolo y presagio de que otros mejores están en camino hacia ti; pues está en camino hacia ti el último resto de Dios entre los hombres, esto es, todos los hombres del gran anhelo, de la gran náusea, del gran tedio; todos los que no quieren seguir viviendo a menos que aprendan de nuevo a *esperar*, a menos que aprendan de ti, ¡oh, Zaratustra, la *gran* esperanza!».

Así se expresó el rey de la derecha y le tomó la mano a Zaratustra para besarla; pero Zaratustra lo atajó y retrocedió, sobresaltado, mudo y como si huyese de pronto a tierras lejanas. Pero al poco tiempo volvió al lado de sus huéspedes, fijó en ellos una mirada clara y penetrante, y les dijo:

«Huéspedes míos, hombres superiores, os voy a ser franco. No sois *vosotros* los que he esperado aquí en la montaña. No dudo de que todos vosotros seáis hombres superiores, pero para mí no sois lo suficientemente fuertes y elevados.

Para mí, quiero decir, para lo inexorable que dentro de mí calla, pero no ha de callar siempre. Y si me pertenecéis, ciertamente no es como mi brazo derecho.

Pues quien anda, como vosotros, en piernas enfermas y delicadas, quiere ante todo, lo sepa o se lo oculte, que se tengan consideraciones con él.

Pero yo no tengo consideraciones con mis brazos y piernas, yo *no tengo consideraciones con mis guerreros,* ¿cómo podríais servir vosotros para *mi* guerra?

Vosotros me echaríais a perder incluso todas las victorias. Y más de uno se amilanaría al solo oír el redoble agudo de mis tambores.

Tampoco sois lo suficientemente hermosos y agraciados para mí. Necesito espejos puros y lisos para mis doctrinas, en vuestra superficie queda deformada aun mi propia imagen.

Vuestros hombros están oprimidos bajo no pocas cargas, no pocos recuerdos; más de un enano maligno está agazapado en vuestros rincones. Hay plebe oculta también en vosotros.

Y aunque seáis superiores y de clase superior, hay en vosotros muchas cosas torcidas y deformes. No existe en el mundo herrero capaz de enderezaros a golpe de martillo.

No sois más que puentes, ¡qué hombres superiores pasen por vosotros a la orilla opuesta! Sois gradas, ¡no estéis irritados, pues, con el que sobre vosotros escale su altura!

Puede que vuestro semen engendre un día un hijo legítimo y heredero perfecto, pero este día es lejano. Vosotros mismos no sois los que estáis destinados a recoger mi herencia y nombre.

No sois vosotros los que espero en esta montaña, no he de bajar con vosotros una última vez a los valles. Solo habéis llegado como presagios de que otros, superiores a vosotros, ya están en camino hacia mí; *no* los hombres del gran anhelo, de la gran náusea, del gran tedio y lo que habéis llamado el último resto de Dios.

¡No! ¡No! ¡Tres veces no! *Otros* son los que espero en esta montaña y sin los cuales no quiero irme de aquí; hombres más elevados, más fuertes, más victoriosos, más gallardos, limpios en cuerpo y alma. ¡Han de venir *leones rientes!*

¡Oh! Mis huéspedes, extraños, ¿no habéis oído aún hablar de mis hijos? ¿Y que están en camino hacia mí?

Habladme de mis jardines, mis islas afortunadas, de mi nueva y hermosa especie. ¿Por qué no me habláis de eso?

Pido de vuestro amor, a título de obsequio, que me habléis de mis hijos. Para eso soy rico, para eso he empobrecido, qué no he dado, ¡qué no daría por tener *estos* hijos, *este* vivero viviente, *estos* árboles de vida de mi voluntad y de mi suprema esperanza!».

Así habló Zaratustra; y de pronto se calló, abrumado por su anhelo, embargado por intensa emoción cerró los ojos y la boca. Y también todos sus huéspedes callaban y estaban ahí, inmóviles y confundidos; solo el viejo adivino hacía señas mediante gestos y mímica.

La cena[52]

Sucedió que en este punto, el adivino interrumpió la salutación de Zaratustra y sus huéspedes; se adelantó a empellones, como uno que tiene mucha prisa, le tomó la mano a Zaratustra y exclamó:

«¡Pero, Zaratustra! Tú mismo enseñas que unas cosas son más necesarias que otras; pues bien, hay para mí ahora una cosa más necesaria que cualquier otra.

Una palabra oportuna: ¿no me invitaste a *cenar*? Y aquí están muchos que han hecho un largo camino. ¿Te propones, acaso, alimentarnos con discursos?

También estoy harto de oíros hablar de perecer de frío, ahogado, asfixiado y otros trances; pero ninguno se ha ocupado de *mi* problema: el de morir de hambre».

(Así hablaba el adivino; y los animales de Zaratustra, al oírle, huyeron presas de alarma, pues se daban cuenta de que las provisiones que habían traído durante la jornada, con ser abundantes, no serían suficientes para saciar el hambre del adivino, ni siquiera para él solo.)

52 Clara referencia a la Última Cena de Jesús.

«Y sediento —prosiguió el adivino—. Aun cuando oigo correr agua cual torrente de palabras sabias, esto es, caudalosa e infatigable, ¡yo quiero *vino!*

No todo el mundo es como Zaratustra, un bebedor de agua empedernido. El agua no conviene, por otra parte, a los cansados y marchitos. ¡A *nosotros* nos hace falta vino, que solo él brinda solaz instantáneo y salud robusta!».

Al pedir así vino el adivino, también el rey de la izquierda rompió por una vez su silencio.

«Del vino —dijo— hemos cuidado nosotros, mi hermano, el rey de la derecha, y yo; trajimos vino de sobra: un asno cargado de vino. De modo que solo falta pan».

«¿Pan? —contestó Zaratustra riéndose—. Es lo único que no tienen los ermitaños. Pero no solo de pan vive el hombre, sino también de buena carne de cordero.

Tengo dos corderos: vamos a sacrificarlos rápidamente y aderezarlos con salvia, que así es como los prefiero. Y no faltan tampoco raíces y fruta buena para satisfacer el paladar más exigente, ni nueces y otros frutos para cascar.

Vamos a preparar, pues, una opípara cena. Pero quien quiera comer tiene que ayudar, incluso los reyes. En el reino de Zaratustra hasta un rey puede hacer de cocinero sin rebajarse».

Esta proposición halló unánime aprobación; solo que el mendigo voluntario puso reparos a la carne, el vino y las especias:

«¡Hay que ver lo sibarita que es Zaratustra! —exclamó en son de broma—. ¿Se va a cavernas y a la montaña para preparar festín semejante?

Ahora comprendo su prédica: "¡Loada sea la pobreza humilde!", y por qué quiere acabar con los mendigos».

«Cálmate —le respondió Zaratustra—. ¡Masca tus granos y bebe tu agua como acostumbras, amigo mío, y alaba tu cocina siempre que te proporcione placer!

Yo soy ley únicamente para los míos, no para todo el mundo. Mas quien se cuenta entre los míos debe ser fuerte y ágil, dado a guerrear y a comer y beber, ni cabizbajo ni soñador, pronto a acometer tanto lo más arduo como la fiesta, sano y santo.

Lo mejor corresponde a los míos y a mí mismo. En caso de que no nos lo den, lo tomamos por la fuerza; ¡el mejor alimento, el cielo más diáfano, los pensamientos más poderosos, las mujeres más bellas!».

Así habló Zaratustra. Y el rey de la derecha comentó:

«¡Qué raro! ¡Jamás han salido palabras tan cuerdas de boca de sabio!

Y un sabio que encima es un hombre cuerdo, ciertamente es lo más raro que pueda darse».

Así habló, extrañado, el rey de la derecha. Y así comenzó esa larga comida que en los libros de historia se denomina «la Cena». Y durante la misma no se habló más que del *hombre superior.*

Del hombre superior

1

«La primera vez que fui a los hombres, cometí la tontería propia de los eremitas, la gran estupidez de hablar en la plaza del mercado.

Y hablando a todos no hablé a nadie. A la noche, mis compañeros fueron volatineros y cadáveres; y poco faltó para que yo mismo fuera cadáver.

Pero al despuntar el nuevo día se me descubrió una nueva verdad, entonces aprendí a decir: "¡Qué me importan la plaza y la plebe y el bullicio de la plebe y las orejas largas de la plebe!"

Hombres superiores, aprended de mí esta lección: en el mercado nadie cree en hombres superiores. Y si os empecináis en hablar allí, daos el gusto; pero la plebe dice, guiñando un ojo: "Todos somos iguales."

"Hombres superiores —dice la plebe guiñando un ojo—, no hay hombres superiores; todos somos iguales, hombre es hombre, ¡ante Dios todos somos iguales!".

¡Ante Dios! ¡Pero este Dios ha muerto! Mas ante la plebe no queremos ser iguales. ¡Hombres superiores, no vayáis al mercado!».

2

«¡Ante Dios! ¡Pero este Dios ha muerto! Hombres superiores, este Dios fue vuestro mayor peligro.

Al bajar él al sepulcro, vosotros habéis resucitado. ¡Solo ahora llegará el gran mediodía! ¡Solo ahora el hombre superior llegará a ser señor!

¿Habéis entendido esta palabra, hermanos, en su plena significación? ¿Estáis asustados? ¿Da vértigo a vuestro corazón? ¿Se abre ante vosotros un abismo? ¿Os ladra aquí el perro infernal?

¡Ea! ¡Arriba, hombres superiores! Solo ahora está de parto la montaña del porvenir humano. Dios ha muerto: viva el superhombre, tal es *nuestra* voluntad».

3

«Los más preocupados preguntan hoy día: "¿Cómo podrá ser conservado el hombre?". Zaratustra, en cambio, es el único y primero en preguntar: "¿Cómo podrá ser *superado* el hombre?".

El Superhombre es lo que yo amo, este es *mi* primordial y único afán; *no* el hombre, no el prójimo, no el más pobre, no el más atribulado, no el mejor.

¡Oh!, hermanos, lo que yo puedo amar en el hombre es que es tránsito y ocaso. Y también en vosotros hay mucho que me hace amar y tener esperanzas.

Vuestro desprecio, hombres superiores, me hace abrigar esperanzas. Pues los grandes despreciadores son los hombres más veneradores.

Vuestra desesperación os honra. Puesto que no habéis aprendido a resignaros, no habéis aprendido las pequeñas corduras.

Pues hoy día señorea la pequeña gente, que predica la resignación y la conformidad sumisa y la cordura y la laboriosidad y la consideración y el largo catálogo de las pequeñas virtudes.

Lo que tiene de especie femenina y de siervo, y sobre todo la plebe vil, pretende hoy regir todo destino humano, ¡Oh, asco! ¡Asco! ¡Asco!

Esas gentes no se cansan de preguntar: "¿Cómo puede conservarse el hombre mejor, más tiempo y del modo más agradable?". Con esto: son los amos del presente.

A esos señores del presente los debéis superar, hermanos. ¡Esa pequeña gente es el mayor peligro del superhombre!

¡Superad, hombres superiores, las pequeñas virtudes, las pequeñas corduras, las consideraciones miserables, el hormiguero, el mísero bienestar vil, la "felicidad del mayor número posible"!

Y antes que resignaros, arrojaos en brazos de la desesperación. ¡Os amo, hombres superiores, porque no sabéis vivir en el presente! ¡Pues así es como *vosotros* vivís mejor!».

4

«¿Tenéis valor, hermanos? ¿Sois gente de corazón? ¿No el valor de vivir ante testigos, sino un valor del eremita y águila al que ni aún un dios mira ya?

Yo no les llamo intrépidos a las almas frías, las mulas, los ciegos ni a los borrachos. Solo puede tener corazón quien conoce el miedo, pero lo supera; quien ve el abismo, pero con orgullo.

Quien ve el abismo, pero con ojos de águila; quien con garras de águila se *aferra* el abismo, ese tiene valor».

5

«"El hombre es malvado". Así hablaron, para consuelo mío, todos los sabios. ¡Oh, si fuera cierto todavía! Pues el mal es la mejor fuerza del hombre.

"El hombre debe volverse mejor y más malo". He aquí lo que enseño yo... Lo peor es menester para lo mejor del superhombre.

El haber sufrido y haber llevado la carga del pecado de los hombres, le convendría a aquel predicador de la pequeña gente. Yo me regocijo del gran pecado como de mi gran *consuelo.*

Pero no digo esto para las orejas largas. Y no todas las palabras han de salir de todo hocico. Se trata de cosas sutiles y remotas que no han de ser accesibles a todo el mundo».

6

«Vosotros hombres superiores, ¿creéis que es mi tarea reparar lo que vosotros habéis estropeado?

¿O que he de aliviar vuestros sufrimientos? ¿O que os debo enseñar nuevas sendas más fáciles a los errados, extraviados y perdidos por los montes?

¡No! ¡No! ¡Tres veces no! Deben sucumbir cada vez más y mejores hombres como vosotros, pues habéis de pasarla cada vez peor y más duro.

Únicamente así, el hombre se elevará a las alturas donde lo alcance y despedace el rayo; ¡lo suficientemente alto para ponerse al alcance del rayo!

Mi mente y anhelo están puestos en lo poco, lo largo y lo lejano; ¡qué me importa vuestra miseria pequeña, mucha y corta!

¡No sufrís aún bastante! Pues sufrís por vosotros mismos, no habéis sufrido todavía *por el hombre.* ¡No lo neguéis, pues sería mentira! Ninguno de vosotros sufre por aquello por lo que yo he sufrido».

7

«No me es suficiente con que ya no cause daño el rayo. No quiero desviarlo, sino que ha de aprender a trabajar para mí.

Desde hace mucho, mi sabiduría se acumula cual una nube; se vuelve más silenciosa y oscura. Así pasa con toda sabiduría que un día ha de engendrar rayos.

Para la humanidad de hoy no quiero ser ni parecer luz. La quiero cegar. ¡Rayo de mi sabiduría, arráncales los ojos!».

8

«No queráis nada que sea superior a vuestras fuerzas. Se origina una perversidad funesta en los que aspiran a algo superior a sus fuerzas.

¡Y sobre todo, cuando quieren cosas grandes! Pues esos sutiles embusteros y farsantes hacen que se desconfíe de las cosas grandes; hasta que acaban por ser falsos ante sí mismos, bizcos, carcoma barnizada, encubierta por palabras altisonantes, virtudes aparatosas y obras falsas y relumbrantes.

¡Mucha cautela, hombres superiores! Nada se me antoja hoy día tan precioso y raro como la honradez.

¿No pertenece el presente a la plebe? Mas la plebe no sabe lo que es lo grande y pequeño de lo honrado y recto; es tortuosa como todo candor, miente siempre».

9

«¡Practicad hoy una saludable desconfianza, hombres superiores! ¡Intrépidos! ¡Sinceros! ¡Y guardad en secreto vuestras razones! Pues el presente pertenece a la plebe.

Ya que la plebe ha aprendido a creer sin razones, ¿cómo podría destruírselo con razones?

Y en el mercado se convence por ademanes. Las razones inspiran desconfianza a la plebe.

Y cuando alguna vez ha triunfado una verdad, preguntaos con sana desconfianza: "¿Qué poderoso error ha combatido por ella?".

¡Cuidado también con los eruditos! Os odian, ¡pues son estériles! Tienen los ojos fríos y secos, ante ellos todas las aves se presentan despojadas de su plumaje.

Esa gente se vanagloria de que no miente nunca, ¡pero de la impotencia para mentir al amor a la verdad hay un gran trecho! ¡Mucho cuidado!

¡No por desconocer la fiebre se es un cognoscente! Yo no creo en los espíritus refrigerados. Quien no sabe mentir no sabe lo que es la verdad».

10

«¡Si aspiráis a las alturas, serviros de vuestras propias piernas! ¡No pretendáis que os suban, no os encaraméis en hombros y cabezas ajenos!

¿Has montado a caballo? ¿Galopas ahora velozmente hacia tu meta? ¡Muy bien, amigo mío! ¡Pero ha montado también tu pie cojo!

Cuando hayas alcanzado tu meta y desmontes, justamente en tu *altura,* hombre superior, ¡tropezarás!».

11

«¡Creadores! ¡Hombres superiores! Uno no engendra más que su propio hijo.

¡No os dejéis inducir a error! ¿Quién es *vuestro* prójimo, vamos a ver? Y aunque obréis "para el prójimo", no creáis por él.

Olvidaos de ese "por", hombres creadores; precisamente vuestra virtud exige que vuestra acción no sepa de "para", "por" ni "porque". Debéis tapar vuestros oídos con estas palabrejas.

Ese "por el prójimo" es únicamente la virtud de la pequeña gente; para esta "todos son iguales" y "uno por todos y todos por uno". Esa gente no tiene ni el derecho ni la fuerza para *vuestro* egoísmo.

¡En vuestro egoísmo, hombres creadores, está la precaución y providencia de las grávidas! Lo que nadie ha visto aún, el fruto, lo protege, conserva y nutre todo vuestro amor.

¡Donde está todo vuestro amor, o sea en vuestro hijo, está también toda vuestra virtud! Vuestra obra, vuestra voluntad, no es *vuestro* "prójimo", ¡no os dejéis inducir a creer en valores falsos!».

12

«¡Creadores, hombres superiores! Quien ha de dar a luz está enfermo, mas quien ha dado a luz es impuro.

Preguntad a las mujeres y os dirán que no se da a luz por diversión. El dolor hace cacarear a las gallinas y a los poetas.

Hombres creadores, hay en vosotros muchas cosas impuras. Es que os ha tocado ser madres.

¡Cuánta nueva suciedad viene al mundo al nacer una nueva criatura! ¡Apartaos! ¡Y quien ha dado a luz debe purificar su alma hasta limpiarla!».

13

«¡No seáis virtuosos por encima de vuestras fuerzas! ¡Y no exijáis nada que sea inverosímil!

¡Seguid las huellas de la virtud de vuestros padres! ¿Cómo queréis ascender si no sube con vosotros la voluntad de vuestros padres?

Y quien quiere ser el primero, debe cuidar de que no llegue a ser también el último. ¡Y no habéis de aspirar a santidad en lo que ha sido el vicio de vuestros padres!

Aquel cuyos mayores fueron dados a las mujeres y los vinos fuertes y la lujuria, ¿qué sería de él si pretendiera vivir en castidad?

¡Sería una necedad! Para uno así, ya me parece mucho que sea el marido de una, dos o tres mujeres.

Y aunque fundase conventos y encima de la puerta escribiese: "el camino de la santidad", yo diría: ¿A qué? ¡Es una nueva necedad!

Fundó para sí mismo un asilo y casa de corrección, ¡allá él! Pero yo no creo en eso.

Florece en la soledad lo que uno lleva a ella, también la bestia que lleva dentro. De ahí que a muchos no conviene la soledad.

Nunca ha habido sobre la tierra nada tan impuro como los santos retirados al desierto. Alrededor de *ellos* andaba suelto, además del diablo, el cerdo».

14

«Muchas veces os he visto apartaros tímidamente, abochornados y torpes, semejantes al tigre al que le ha salido mal un salto. Os había fallado una *jugada.* Pero, hombres superiores, ¿y qué importa? ¡No habéis aprendido a jugar y burlar como hay que jugar y burlar! ¿No estamos sentados en todo momento a una gran mesa de juego y burla?

Y aunque se os haya malogrado algo grande, ¿quiere decir esto que vosotros mismos sois unos malogrados? Y si habéis fallado vosotros, ¿quiere significar esto que ha fallado el hombre? Pero si ha fallado el hombre, ¡bien!, ¡adelante!».

15

«Cuanto más noble y elevada es una cosa, tanto más difícilmente se logra. Hombres superiores aquí reunidos, ¿no habéis todos sido malogrados?

¡Tened valor! ¡Qué importa! ¡Cuántas cosas son todavía posibles! ¡Aprended a reíros de vosotros mismos como hay que reír!

Y no es de extrañar que hayáis salido mal y tan solo a medias, ¡oh, hombres medio destrozados! ¿No se revuelve en vosotros el *porvenir* del hombre?

Lo más remoto, lo más profundo y lo más sublime del hombre, su fuerza inmensa, ¿no hierve todo esto en vuestro puchero?

No es de extrañar, así, que se rompa más de un puchero. ¡Aprended a reíros de vosotros mismos como hay que reír! Hombres superiores, ¡cuántas cosas son todavía posibles!

¡Y cuántas cosas se han logrado ya! ¡Cómo abunda esta tierra en pequeñas cosas buenas, perfectas, bien logradas!

¡Rodeaos de pequeñas cosas buenas, perfectas, hombres superiores! Su áurea madurez sana el corazón. Las cosas perfectas enseñan a tener esperanza».

16

«¿Cuál ha sido hasta ahora el pecado más grave sobre la tierra? ¿No era la palabra del que dijo: "¡Ay de los que aquí ríen!"?

¿No encontró él sobre la tierra motivos para reír? Pues buscó mal. Hasta un niño encuentra sobre la tierra los motivos.

Ese no amó lo suficiente; de lo contrario nos hubiera amado también a nosotros que reímos. Pero nos odió y nos hizo víctimas de su escarnio vaticinándonos llanto y crujir de dientes.

¿Hay que maldecir donde no se ama? Se me antoja esto de mal gusto. Sin embargo, así lo hizo ese incondicional. Había salido de la plebe.

Solo él mismo no amó lo suficiente; de lo contrario, no se hubiera encolerizado tanto porque no se le amara. Todo gran amor *quiere* algo más que amor.

¡Alejaos de todos los incondicionales así! Son una gente miserable y enferma, gente plebeya; ven con malos ojos esta tierra, la encaran con el mal de ojo.

¡Alejaos de todos los incondicionales así! Tienen los pies el corazón pesado. No saben bailar. ¡Cómo la vida no ha de ser para ellos una carga pesada!».

17

«Todas las cosas buenas van hacia su meta por caminos tortuosos. Cual gatos arquean el lomo, hacen rondón para sus adentros ante la proximidad de su felicidad. Todas las cosas buenas ríen.

El modo de andar revela si uno recorre ya, o no, su camino. ¡Así, debéis mirarme andar! Mas quien se acerca a su meta, baila.

No soy, por cierto, una estatua; aún no estoy ahí plantado, rígido, petrificado, cual una columna; me gusta correr veloz.

Y aun cuando hay sobre la tierra terrenos pantanosos y negra aflicción, quien es ligero de pies corre también por sobre el fango y baila como sobre una pista de hielo pulido.

¡Arriba los corazones, hermanos! ¡Cada vez más arriba! ¡Y no olvidéis tampoco las piernas! ¡Arriba también las piernas, buenos bailarines; y mejor aún, andad de cabeza!».

18

«Esta corona del que ríe, esta corona de rosas, yo mismo me la he colocado sobre mi cabeza, yo mismo he canonizado mi risa. No he encontrado a ningún contemporáneo que tuviera fuerzas suficientes para hacerlo.

Zaratustra el bailarín, Zaratustra el ligero, que hace señas a todos los pájaros, pronto y listo, traspasado de ligereza bienaventurada; Zaratustra el vidente; Zaratustra el riente, ni impaciente ni incondicional, dado a saltar y brincar; ¡yo mismo me he ceñido esta corona sobre mi cabeza!».

19

«¡Levantad los corazones, hermanos! ¡Cada vez más arriba! ¡Y no olvidéis tampoco las piernas! ¡Arriba también las piernas, buenos bailarines; y mejor aún, sosteneos incluso sobre la cabeza!

Hay también en la felicidad animales pesados, como si dijéramos cojitrancos natos. Es gracioso verlos afanarse como un elefante que se esforzase por andar patas para arriba.

Pero más vale estar hecho un loco de tan feliz que de tan desgraciado, más vale bailar torpemente que caminar cojeando. Aprended esta sabiduría mía: aun la cosa más mala tiene dos buenos reversos, incluso la cosa más mala tiene buenas piernas de bailarina. ¡Aprended, hombres superiores, a poneros en vuestras piernas derechas!

¡Olvidad la aflicción y toda la tristeza plebeya! ¡Oh, que tristes se me antojan hoy hasta los payasos de la plebe! Pero el presente pertenece a la plebe».

20

«Imitad al viento cuando se precipita fuera de sus cavernas en la montaña, quiere bailar al son que él mismo toca y los mares se estremecen y agitan a su paso.

El que da alas a los asnos y ordeña leonas, ¡alabado sea este buen espíritu indómito que barre cual huracán todo el presente y toda plebe!

El que es enemigo de todo lo árido y reseco y de todas las hojas marchitas y de cualquier cizaña, ¡alabado sea este bueno, y libre espíritu huracanado que por sobre pantanos y aflicciones baila como si fuesen praderas!

El que odia a las carnes tísicas de la plebe menguada y todo lo trunco y tétrico, ¡alabado sea este espíritu de todos los espíritus libres, la tempestad riente que sopla polvo en los ojos de todas las caras fúnebres!

Hombres superiores, lo peor de vosotros es que no habéis aprendido a bailar como hay que bailar: ¡por encima de vosotros mismos! ¡Qué importa que os hayáis malogrado!

¡Cuántas cosas son todavía posibles! ¡*Aprended* a reír por encima de vosotros! ¡Alzad los corazones, buenos bailarines! ¡Cada vez más arriba! ¡Y no olvidéis la buena risa!

Esta corona del riente, esta corona de rosas, ¡os la arrojo a vosotros, hermanos! He santificado la risa: hombres superiores, *¡aprended* a reír!».

La canción de la melancolía

1

Así habló Zaratustra de pie, cerca de la entrada de su caverna; no bien hubo dejado de hablar, se escapó de sus huéspedes y por un breve tiempo huyó al aire libre.

«¡Oh, fragancias pura en torno mío! Pero, ¿y dónde están mis animales? ¡Acercaos, mi águila y mi serpiente!

Decid, mis animales, todos esos hombres superiores, ¿por ventura no huelen bien? ¡Oh, fragancias puras en torno mío! Nunca como ahora he sabido y sentido cuán entrañablemente os amo, mis animales».

Y Zaratustra repitió: «¡Os amo, mis animales!». El águila y la serpiente, al oírle hablar así, se apretaron contra él y alzaron los ojos hacia él. Así permanecieron inmóviles los tres, olfateando y saboreando juntos el aire puro. Pues allí fuera el aire era mejor que en la caverna llena de hombres superiores.

2

Mas no bien Zaratustra hubo abandonado su caverna, se levantó el viejo mago y, lanzando miradas de inteligencia en derredor, dijo: «¡Ha salido!

Y ya, hombres superiores, por halagaros al igual de él con este nombre honroso y lisonjero, ya me asalta mi mal espíritu dado a engañar y embrujar, mi demonio de la melancolía, que es un adversario jurado de ese Zaratustra; no se lo toméis a mal.

Quiere ahora hacer de las suyas ante vosotros, que le da por ahí; inútilmente lucho contra este espíritu maléfico.

A todos vosotros, cualesquiera que sean los honores que os arrogáis; ya os llaméis "los espíritus libres" o "los verdaderos" o "los penitentes del espíritu" o "los emancipados" o "los hombres del gran anhelo"; a todos vosotros que como yo sufrís de la gran náusea; para los que ha muerto el antiguo dios y no ha nacido aún ningún dios nuevo; a todos vosotros tiene simpatía mi espíritu maléfico y demonio mago.

Os conozco a vosotros, hombres superiores, y lo conozco a él; conozco también a Zaratustra, ese bárbaro que amo a pesar mío; mas frecuentemente se me aparece como una hermosa máscara de santo, como una nueva y curiosa máscara en que se complace mi espíritu maléfico, el demonio de la melancolía: amo a Zaratustra, muchas veces se me antoja, por mi espíritu maléfico.

Pero ya me asalta y obliga el espíritu de la melancolía, este demonio del atardecer tétrico; y se complace —¡qué cosa, hombres superiores!— en presentarse *desnudo*, no sé aún si masculino o femenino; pero ya viene y me subyuga, ¡ay!, ¡abrid vuestros sentidos!

El día se extingue: para todas las cosas, aun las mejores, llega ahora la noche. ¡Escuchad y mirad, hombres superiores, qué demonio, hombre o mujer, es este espíritu de la melancolía vespertina!».

Así habló el viejo mago, miró sagaz a su alrededor y tomó su arpa.

3

«Cuando el aire va perdiendo luminosidad
Y la confortación del rocío
Se derrama sobre la tierra,

Invisible, también tampoco oído
pues delicado calzado lleva
el rocío confortante, como todo cuanto conforta.
¿Recuerdas, corazón ardiente,
cómo en un tiempo tenías sed
de lágrimas celestes y gotas de rocío,
abrasado y agobiado por ella,
mientras en los amarillos senderos de la hierba,
corrían en derredor tuyo por entre negros árboles,
miradas malignas del sol vespertino,
deslumbrantes y llenas de perversidad?
"¿Pretendiente de la verdad? ¿Tú?", se burlaban.
"¡Oh, no! ¡Solamente es un poeta!"
Una bestia astuta, rapaz y furtiva
que tiene que mentir
a sabiendas, voluntariamente;
ansiosa de su presa,
enmascarado de colorines,
máscara para sí misma,
presa de sí misma.
¿El pretendiente de la verdad?
¡No! ¡Nada más que un demente! ¡Nada más que poeta!
Solo un parlanchín pintoresco
vociferando frases desde disfraz de demente,
trepando por engañoso andamiaje de palabras.
Por multicolores arcos iris,
entre cielos falsos y tierras falsas,
vagando, flotando por ahí,
¡nada más que demente! ¡Nada más que poeta!
¿Pretendiente de la verdad?
No inmóvil, rígido, liso, frío.
Tornado en estatua.
En columna de Dios;
no apostado delante de templos
como guardián de un Dios.
¡No! Enemigo de tales estatuas de la verdad.

Más a gusto en todas las selvas que delante de templos.
Lleno de petulancia felina,
saltando por todas las ventanas
precipitarse adentro de todos los azares.
Husmear todas las selvas vírgenes,
ávida y anhelosamente,
para correr por selvas
entre fieras de pintado pelaje,
pecaminosamente sano y abigarrado y hermoso,
en las selvas vírgenes
entre animales salvajes de abigarrado pelaje,
de correr robando, deslizándose, mintiendo
con belfos lascivos.
Bienaventuradamente burlón,
bienaventuradamente infernal,
bienaventuradamente sediento de sangre.
¡Oh, semejante al águila que largo tiempo
tiene la mirada fija en abismos,
en sus abismos!
¡Oh, cómo se van enroscando hacia abajo,
en profundidades cada vez más pavorosas!
Luego, de repente, derechamente
con extasiado vuelo,
caer sobre corderos,
atenaceado por el hambre,
ávido de corderos,
hostil a todas las almas de cordero.
Hostil a todo lo que tiene
aspecto ovejuno,
mirar de cordero,
apariencia gris,
mansedumbre de oveja.
Aguileños y de pantera
son los anhelos del poeta,
tus anhelos bajo mil máscaras.
¡Oh, demente! ¡Oh, poeta!

Habiendo visto al hombre
bajo forma de Dios y cordero,
destruir al Dios en el hombre
y el cordero en el hombre,
y reír destruyendo.
¡Tal es tu dicha inefable!
¡Dicha de pantera y de águila!
¡Dicha de poeta y de demente!
Cuando ya raya el alba
y la pálida luna
se desliza verde y envidiosa.
Entre glorias de púrpura;
hostil al día,
segando a cada paso secretamente
furtivamente las rosaledas,
hasta que caen, pálidas,
hacia el seno de la noche;
así también yo caí en otro tiempo
de mi demencia de verdad,
de mis anhelos de día,
cansado del día, enfermo de la luz,
hacia abajo, hacia el seno de la noche,
abrasado por una verdad
y consumido por la sed;
¿recuerdas todavía, corazón ardiente,
cómo entonces te atosigó la sed?
De ser un desterrado, de toda verdad.
¡Nada más que necio!
¡Nada más que poeta!».

DE LA CIENCIA

Así cantó el mago, y todos los presentes cayeron como pajarillos en la red de su astuta y melancólica voluptuosidad. Solo el escrupuloso del espíritu no se dejó atrapar: le arrebató al mago el arpa de las manos al tiempo que exclamaba:

«¡Aire! ¡Dejad que entre aire puro! ¡Que entre Zaratustra! ¡Cómo vicias y envenenas el aire en esta caverna, viejo mago!

Seduces, falso, sutil, con apetitos y selvas desconocidas. Y la cosa es grave cuando hombres como tú se ponen a hablar de la *verdad y la encarecen.*

¡Ay de todos los espíritus libres que no se ponen en guardia contra magos semejantes! Adiós su libertad, tu prédica les atrae de vuelta a prisiones; ¡viejo demonio melancólico, tu lamento suena con atractivo reclamo; te pareces a esos que con su elogio de la castidad incitan solapadamente a la voluptuosidad!».

Así habló el escrupuloso del espíritu. El viejo mago miró en torno y gozó de su victoria, reprimiendo el discurso que le causaba el escrupuloso.

«¡Cállate! —le dijo en voz baja—; una buena canción requiere buena resonancia, tras una buena canción se impone un prolongado silencio.

Así lo entienden todos estos hombres superiores. Parece que tú has comprendido poco mi canción. En ti no hay espíritu de magia».

«Me elogias —repuso él escrupuloso— distinguiendo así entre tú y yo. ¡Pero vosotros! ¡Vaya! Estáis todos sentados ahí con ojos lascivos.

¿Qué ha sido de vuestra libertad, almas libres? Estáis ahí como si largo tiempo hubieseis mirado bailar a perversas muchachas desnudas, ¡vuestra propia alma baila!

En vosotros, hombres superiores, debe haber más de aquello que el mago llama su malvado espíritu y demonio del engaño. Se ve que yo soy distinto de vosotros.

Y en verdad que cambiamos suficientes palabras e ideas en espera del regreso de Zaratustra a su caverna, para haberme dado cuenta de que efectivamente soy distinto de vosotros.

Hasta aquí arriba yo busco otra cosa que vosotros. Yo busco más certidumbre, por eso he venido a ver a Zaratustra. Pues este es hoy día la torre y voluntad más sólida; en estos días en que todo se tambalea y tiembla toda tierra. Vosotros en cambio, a juzgar por las caras que ponéis, parece que buscáis más inseguridad, más estremecimiento, más peligro y temblores de tierra. Casi me parece, y os pido perdón por mi soberbia, hombres superiores, que ansiáis la vida más mala, más peligrosa, que yo temo más que a ninguna otra cosa; la vida de las fieras, bosques, cavernas, escarpadas montañas y abismos laberínticos.

Y los que más os atraen no son aquellos que libran del peligro, sino aquellos que apartan de todos los caminos, los seductores. Pero aunque realmente experimentéis tales ansias, se me antoja imposibles.

Pues el sentimiento original y primario del hombre es el miedo; por el miedo se explican todos los pecados y virtudes originales. En el miedo se ha originado también mi virtud: la ciencia.

Ningún sentimiento viene arraigando en el hombre desde hace tanto tiempo como el miedo a los animales salvajes; al suyo propio inclusive, Zaratustra le llama "la bestia por dentro".

Ese largo e inveterado temor, vuelto al fin sutil, clerical, espiritual, me parece que se llama hoy *ciencia*».

Así habló el concienzudo; pero Zaratustra, que acababa de volver a su caverna y había oído y adivinado sus últimas palabras, le arrojó un puñado de rosas riéndose de sus "verdades".

«¡Cómo! —exclamó—. ¿Qué dices? ¡Vamos, uno de los dos es un necio! Y tu "verdad" la pongo enseguida cabeza abajo.

Pues el *miedo* es nuestra excepción. Todos los antecedentes del hombre se me antojan *valor* y aventura y deleite de la incertidumbre, de la empresa jamás aventurada.

A los animales más salvajes y bravos les ha envidiado y arrebatado todas sus virtudes; solo de esta forma se convirtió en hombre.

Este valor, vuelto al fin refinado, clerical, espiritual; *este* valor humano dotado de alas de águila y sabiduría de serpiente, tengo entendido que se llama hoy».

«¡Zaratustra!» —gritaron a un tiempo todos los reunidos y lanzaron una gran carcajada, que era como un nubarrón que se levantara de ellos. También el mago se rio y dijo cuerdamente:

«¡Bien! ¡Se fue mi espíritu maléfico! ¿Y no os advertí yo mismo haciendo notar que era un demonio del engaño?

En especial cuando se presenta desnudo. Pero yo no tengo la culpa de que sea tan pérfido. ¿Acaso lo he creado yo a él y al mundo?

¡Bien! ¡Regrese pues el buen humor! Y aunque Zaratustra ponga una cara hosca —¡vedle, está enojado conmigo!—, antes de que caiga la noche habrá aprendido de nuevo a quererme y elogiarme, que no puede pasarse sin tales tonterías.

Él ama a sus enemigos, en este arte no hay quien lo iguale. ¡Pero se venga de ello en sus amigos!».

Así habló el viejo mago, y los hombres superiores lo aplaudieron; de suerte que Zaratustra estrechó con malicia y cariño las manos de sus amigos, como uno que tiene que pedir excusas a todo el mundo. Mas cuando así se acercó a la entrada de su caverna sintió de nuevo deseos de disfrutar del aire puro de afuera y de la compañía de sus animales, y se escabulló fuera.

Entre hijas del desierto

1

«¡No te vayas! —dijo entonces el viajero que se llamaba a sí mismo la sombra de Zaratustra—. Quédate aquí, o si no, a lo mejor sucumbimos otra vez a la negra tribulación.

No bien ese viejo mago nos dio lo peor de sí y ya el bueno y piadoso papa tiene lágrimas en los ojos y navega de nuevo por el mar de la melancolía.

Esos reyes ciertamente ponen buena cara, que es lo que ellos entienden hoy día mejor que nadie; pero si no hubiese testigos, apuesto cualquier cosa a que también ellos se abandonarían de nuevo al juego malvado; y a las nubes errantes, la melancolía húmeda, el cielo cubierto, el sol robado, los rugientes vientos de otoño, a nuestro gimoteo y gritos de socorro y demás.

¡Quédate aquí, Zaratustra! Hay aquí mucha miseria oculta ansiosa de hablar, mucho atardecer, mucha nube, mucho aire enrarecido.

Nos has alimentado con comida fuerte y palabras recias, ¡no permitas que de sobremesa nos acometan de nuevo los espíritus blandos y femeninos!

¡Solo tú despejas y tonificas el aire en tu entorno! ¡En ningún lugar de la tierra como aquí en tu caverna he respirado un aire tan puro!

He recorrido muchas tierras y mi olfato ha aprendido a catar muchos aires; pero aquí es donde más se regala mi nariz saboreando el máximo placer.

Voy a cantar, pues. ¡Oh, perdona!, un viejo recuerdo que acude a mi mente. Perdona una canción de sobremesa que compuse un día entre hijas del desierto.

Pues allí, ¿sabes?, respiré un aire límpido de Oriente igualmente bueno; allí estuve más lejos que en ninguna otra parte de la vieja Europa encapotada, húmeda y gris.

En aquel entonces me gustaban tales muchachas de Oriente y otro reino celestial diáfano, despejado de nubes y de pensamientos.

¡Si vierais cuán gentilmente estaban sentadas esas niñas cuando no bailaban; profundas, pero sin pensamientos; cual pequeños misterios, cual enigmas bien dispuestos, cual nueces de sobremesa; desconcertantes y extrañas, sí, ¡pero despejadas de nubes, enigmas indescifrables, para tales muchachas compuse entonces un salmo de sobremesa».

Así habló el viajero que se llamaba la sombra de Zaratustra; y antes de que le contestara ninguno de los presentes, empuñó el arpa del viejo mago, se sentó en cuclillas y miró en torno con aire sabio y sereno, olfateando lenta e inquisitivamente, como quien en país extraño explora aire desconocido y extraño. Después empezó a cantar, o más propiamente, a rugir:

2

«Crece el desierto, ¡ay de quien alberga desiertos!

¡Ah! ¡Muy solemne!
¡Muy solemne, en efecto!
¡Digno comienzo!
¡Solemnidad africana!
Digno de un león
o de un moral mono aullador.
Pero inconveniente para vosotras,
dulcísimas amigas,
a cuyos pies me es dado
por primera vez sentarme,
europeo entre palmeras. Selah.

¡Maravilloso, de verdad!
Estoy aquí sentado
cerca del desierto, y ya
de nuevo alejado de él.
Engullido, ¡ah!
Por este pequeñísimo oasis.
Abrió él en un bostezo
su encantadora boca,
perfumada boquita.
¡Y caí adentro,
abajo, a través,
yendo a parar a vosotras,
encantadoras amigas! Selah.

¡Alabada sea aquella ballena
si brindó así placer
a su huésped![53] ¿Entendéis
mi alusión erudita?
¡Loado sea su vientre,

53 Alusión a Jonás tragado por una ballena.

Si fue como este
agradable vientre-oasis!
Que vengo de Europa,
más dada a recelar
que cónyuge madurita.
¡Dios la mejore! ¡Amén!

Ahora estoy aquí sentado,
semejante a un dátil,
sazonado, pleno, lascivo, ávido
de suave boquita de muchacha,
y aún más de puntiagudos,
fríos y blancos dientecitos de muchacha:
que eso es lo que ansia
todo dátil caliente. Selah.

Semejante, demasiado semejante
a dichos frutos meridionales,
estoy aquí tendido, mientras pequeños insectos alados,
me rodean danzando y jugando
como también de aún más pequeños
deseos y ocurrencias
más locos, más indignos;
asediado por vosotras,
vibrantes muchachas,
Dudú y Suleika
esfingeado,[54] *por expresar*
muchos sentimientos
con una sola palabra;
(¡Dios me perdone
este pecado lingüístico!).
Héme aquí sentado
olfateando el mejor aire de todos,
aire paradisíaco, en verdad
aire ligero, luminoso,

54 Rodeado de esfinges.

aire moteado de oro,
aire como nunca cayó
mejor de la luna.
Se debió esto al azar,
¿o por picardía?
Según cuentan los viejo poetas.
Pero yo lo pongo en duda,
que vengo de Europa,
más dada a la incredulidad
que cónyuge madurita.
¡Dios la mejore! ¡Amén!

Respirando este aire bellísimo
por fosas nasales dilatadas cual cálices,
ajeno al futuro y huérfano de recuerdos,
estoy sentado aquí,
encantadoras amigas,
contemplando la palmera
contonearse cual bailarina;
—¡su ejemplo incita!—.
Cual bailarina, me parece,
que demasiado tiempo ha estado ahí
apoyada en una sola pierna;
así que acabó por olvidarse,
me parece, de la otra pierna.
En vano, por cierto,
busqué la joya gemela
—o sea la otra pierna—
en la santa proximidad
de su muy exquisita,
delicada y flotante
faldita bordada con lentejuelas.
Os aseguro, encantadoras amigas,
¡que la perdió!
¡Se fue la pierna!
¡Se fue para siempre!

¡Qué pena! ¡Era tan deliciosa!
¿Dónde se habrá metido?
¿Llora ella acaso su soledad?
¡Quién sabe si no teme
a algún fiero león de dorada melena!
Siempre que no esté ya roída y devorada
miserablemente, ¡ay!, ¡devorada! Selah.

¡Oh, no lloréis más
tiernos corazones!
¡No lloréis, palomitas,
dulces corazoncitos!
¡No llores más,
pálida Dudú! ¡Ánimo, Suleika!
¿O se impone acaso,
algún tónico para el corazón,
una fórmula consagrada,
una exhortación solemne?
¡Ah! ¡Levántate, dignidad!
¡Dignidad virtuosa!
¡Dignidad de europeo!
¡Sopla, vuelve a soplar,
fuelle de la virtud! ¡Ah!
¡Rugir una vez más aún!
¡Rugir moralmente!
¡Como león moral
ante las hijas del desierto!
¡Pues clamor de virtud,
encantadoras muchachas,
es, más que ninguna otra cosa,
fervor y ansia de europeo!
Y aquí estoy, ya en pie
como europeo,
no puedo hacer otra cosa.
¡Válgame Dios!
¡Amén!

Crece el desierto, ¡ay de quien dentro de sí cobija desiertos!».

La resurrección

1

Tras la canción del viajero que se llamaba la sombra de Zaratustra, la caverna se llenó *de repente* de ruidos y risas; y como todos los huéspedes hablaban a un tiempo y también el asno, alentado por el barullo, rebuznaba de lo lindo, Zaratustra no pudo reprimir un leve disgusto e ironía, aun cuando se alegraba del regocijo de sus visitantes por antojársele síntoma de curación. Salió pues de la caverna y habló a sus animales.

«¡Se les pasó la aflicción! —dijo, y ya se le pasó su propio pequeño hastío—. ¡Parece que en mi caverna se han olvidado de sus gritos de socorro!; aunque todavía no, por desgracia, de gritar». Y se tapó los oídos, pues justamente los rebuznos del asno se combinaban de modo singular con el clamor de los hombres superiores.

«Se divierten —prosiguió—, y quién sabe si no a expensas de quien los hospeda; y si han aprendido de mí a reír, no es, sin embargo, mi risa la que han aprendido.

¡Mas no importa! Son gente vieja: se curan a su manera, se ríen a su manera, cosas peores ya han soportado mis oídos sin enojarse.

Esta es una jornada de victoria, ¡ya cede y huye *el espíritu de la pesadez,* mi enemigo mortal de siempre! ¡Qué bien termina esta jornada que tan mal empezó!

Rápidamente toca ella a su término. Ya viene la noche. ¡Por sobre el mar viene la amazona! ¡Cómo se columpia en sus sillas de púrpura la venturosa que retorna!

Diáfana se tiende en lo alto la bóveda del cielo. Abajo se dilata la tierra. ¡Oh, vosotros, gente extraña que habéis subido a mi montaña, vale la pena el convivir conmigo aquí arriba!».

Así habló Zaratustra. Y otra vez llegó de la caverna la alegría y risa de los hombres superiores. Entonces Zaratustra habló como sigue:

«Muerden el anzuelo, mi cebo es eficaz; también de ellos se retira el enemigo, el espíritu de la pesadez. Ya saben reírse de sí mismos, si no me equivoco.

Obra eficazmente mi comida fuerte, mis palabras tonificantes. ¡Y en verdad que no los alimenté con legumbres flatulentas, sino con platos adecuados a guerreros, conquistadores; desperté en ellos apetitos nuevos!

En sus brazos y piernas hay nueva esperanza, se les expande el corazón. Bailan palabras nuevas, su espíritu no tardará en trasuntar petulancia.

Tal alimento no conviene, por cierto, a los niños ni a las mujercitas sentimentales, viejas o jóvenes. A esos se les persuaden de otra manera las entrañas, y no soy yo su médico y maestro.

La náusea se retira de esos hombres superiores, ¡he aquí mi victoria! En mis dominios cobran seguridad y aplomo, se libran de toda vergüenza estúpida, se desahogan.

Desahogan su corazón. Les retornan las buenas horas. Huelgan y rumian. Se vuelven *agradecidos.*

Su gratitud se me antoja el mejor signo. Pronto se idearán fiestas y erigirán monumentos en memoria de sus alegrías pasadas.

¡Son *convalecientes*!». Así habló Zaratustra para sus adentros, exultante, con la mirada fija en la lejanía. Y sus animales se apretaron contra él y respetaron su felicidad y su silencio.

2

Pero de pronto se sobresaltó el oído de Zaratustra, pues en la caverna donde hasta entonces se habían sucedido sin cesar los gritos y las risotadas, se hizo repentinamente un silencio sepulcral; y su olfato percibió un humo aromático, como de piñas quemadas.

«¿Qué pasa? ¿Qué estarán haciendo?», se preguntó extrañado, y se acercó furtivamente a la entrada de la caverna para observar en secreto a sus huéspedes. Se ofreció entonces a sus ojos un espectáculo en verdad asombroso.

«¡Se han vuelto todos de nuevo *piadosos*! ¡Están *rezando*! ¡Se han vuelto locos!», dijo Zaratustra para sus adentros, presa de estupor. Y en efecto, todos esos hombres superiores —los dos reyes, el papa retirado, el mal mago, el viajero y sombra, el viejo adivino, el escrupuloso del espíritu y el hombre más feo— estaban arrodillados como niños y viejas beatas, adorando al asno. Y justamente el hombre más feo empezaba a proferir sonidos inarticulados y lanzar bufidos, como si algo inenarrable pugnase en su garganta; y cuando al fin atinaba a pronunciar palabras coherentes, he aquí que se trataba de una piadosa y extraña letanía en loor del asno adorado. Y esta letanía rezaba como sigue:

«¡Amén! ¡Y alabanza y honor y sabiduría y gratitud y fuerza para nuestro Dios por todas las eternidades!».

—Y rebuznó el asno. "I. A."

«Él carga con nuestra carga; se hizo siervo, es manso y sufrido y no dice nunca que no; y quien ama a su Dios, lo castiga, probando así su amor».

—Y rebuznó el asno. "I. A."

«Él no habla, como no sea para afirmar siempre el mundo creado por él; así alaba su mundo. Su astucia hace que no hable; así, rara vez no se le da la razón».

—Y rebuznó el asno. "I. A."

«Humilde recorre el mundo. Gris es el color dilecto de su virtud. Si tiene espíritu lo oculta; todo el mundo cree en sus orejas largas y puntiagudas».

—Y rebuznó el asno. "I. A."

«¡Qué sabiduría oculta la de tener las orejas largas y puntiagudas y decir siempre que sí y nunca que no! ¿No ha creado el mundo a su imagen y semejanza, esto es, de lo más estúpido?».

—Y rebuznó el asno. "I. A."

«Andas por caminos rectos y tortuosos; no te importa lo que los hombres tengan por recto o tortuoso. Tu reino está más allá del bien y del mal. Consiste tu inocencia en desconocer la inocencia».

—Y rebuznó el asno. "I. A."

«No rechazas a nadie, ya sea mendigo o rey. Dejas a los niños que vengan a ti, y cuando quieren seducirte los malos, rebuznas con todo candor».

—Y rebuznó el asno. "I. A."

«Te gustan las burras y los higos frescos; sabes apreciar un bocado sabroso. Un cardo te cosquillea el corazón cuando tienes hambre. Hay en esto sabiduría divina».

—Y rebuznó el asno. "I. A."[55]

LA FIESTA DEL ASNO

1

En este punto de la letanía, Zaratustra no pudo contenerse más; imitó a voz en cuello el rebuzno del asno y se precipitó por entre sus huéspedes enloquecidos.

«¿Qué estáis haciendo, hombres? —exclamó, tirando de ellos con fuerza para obligarles a levantarse—. ¡Ay de vosotros si os ve otro que no sea Zaratustra!

¡Todos dirían que con vuestro nuevo credo sois los peores blasfemos o las viejas más idiotas!

Y a ver, viejo papa, ¿cómo se te ocurre adorar así a un asno?».

«¡Oh, Zaratustra! —respondió el papa—; perdóname, pero en materia de Dios yo entiendo aún más que tú. Y ello es justo.

¡Más vale adorar a Dios en esta forma que en forma alguna! Medita sobre estas palabras, mi sublime amigo, te darás enseguida cuenta de que encierran sabiduría.

El que proclamó "Dios es un espíritu" ha dado hasta ahora sobre la tierra el paso y salto más grande hacia la incredulidad.

55 Recuérdese que alemán "Sí, Sí" (Ja, Ja: pronunciado I. A), es el sonido del rebuzno.

¡Es poco menos que imposible reparar una doctrina así sobre la tierra!

Mi viejo corazón brinca y salta de alegría porque todavía hay sobre la tierra algo que uno pueda adorar. ¡Perdona esto, oh, Zaratustra, al corazón de un viejo y piadoso papa!».

«Y tú —dijo Zaratustra al viajero y sombra—, ¿te llamas y crees un espíritu libre, y sin embargo doblas la rodilla como cualquier idólatra y sacerdote?

¡Las gastas aquí aún peor que entre las perversas hijas del desierto, estúpido creyente nuevo!».

«Tienes razón —contestó el viajero y sombra—, pero no me eches la culpa a mí. Ha resucitado el viejo Dios, ¡oh!, Zaratustra, digas lo que digas.

El hombre más feo tiene la culpa de todo, él lo ha resucitado. Y si dice que un día lo mató, tratándose de dioses la *muerte* siempre es tan solo un prejuicio».

«Y tú —dijo Zaratustra—, perverso mago, ¡qué has hecho!

¿Quién va a creer en ti en lo sucesivo, en estos tiempos emancipados, si tú crees en tales asnadas divinas?

Cometiste una gran estupidez. ¡Cómo fuiste capaz de ser tan estúpido, tú que te las dabas de inteligente!».

«¡Oh! Zaratustra —contestó el astuto mago—, tienes razón: fue una estupidez, ¡y vaya si me costó cometerla!».

«Y tú —dijo Zaratustra al escrupuloso del espíritu—, ¡recapacita bien! ¿Cómo es que no se levanta la voz de tu conciencia? ¿No es tu espíritu demasiado puro como para rezar y respirar el vaho de estos beatos en oración?».

«Hay en este espectáculo —respondió el escrupuloso— algo que hasta recrea mi conciencia.

Quizá no me sea permitido creer en Dios, pero lo cierto es que bajo esta forma, es como Dios me parece más fidedigno.

Afirman los más piadosos que Dios es eterno. Quien dispone de tanto tiempo, se toma todo el tiempo que quiera. Con la máxima lentitud y la máxima necedad, así puede llegar muy lejos.

Y quien tiene demasiado espíritu fácilmente se enamora de la estupidez y la necedad. ¡Seguramente tú sabes esto mejor que nadie, oh, Zaratustra!

¡Vaya! ¡A ver si no eres capaz de convertirte en un asno de tan pleno y sabio!

¿No le gusta, acaso, al sabio perfecto andar por los caminos más intrincados? Así lo enseña la evidencia, ¡oh!, Zaratustra, *¡tu* evidencia!».

«Y tú, por último —se dirigió Zaratustra al hombre más feo, que todavía estaba postrado alzando los brazos hacia el asno (pues le daba de beber vino)—, ¡qué has hecho, inexpresable!

Pareces todo transformado, brillan tus ojos y tu fealdad se ha revestido del manto de lo sublime. ¿Qué has hecho?

¿Es cierto que lo resucitaste? ¿Y para qué? ¿No estaba él con razón muerto, y bien liquidado?

Tú mismo pareces un resucitado. ¿Qué hiciste? ¿Por qué te volviste atrás? ¿Por qué te convertiste? ¡Habla, inexpresable!».

«¡Oh, Zaratustra! —contestó el hombre más feo—. ¡Eres un bribón!

¿Cuál de los dos sabe mejor si ese vive todavía o ha resucitado, o está muerto, y bien muerto, vamos a ver?

De todos modos es un hecho que de ti mismo, ¡oh, Zaratustra!, he aprendido que para matar y dejar bien muerto no hay como la risa y rompió a reír.

Tú mismo enseñaste un día: "No la ira, sino la risa mata". Oh, Zaratustra, escondido, aniquilador sin ira, peligroso santo, ¡eres un bribón!».

2

Entonces, Zaratustra, asombrado de tantas respuestas marrulleras, se colocó junto a la entrada de su caverna y volviéndose hacia todos sus huéspedes gritó con fuerte voz:

«¡Tunantes! ¡Payasos! ¡Cómo fingís y os ocultáis ante mí!

¡Cómo os brincaba a todos el corazón de alegría y malicia porque por fin erais una vez más como los niños; esto es, piadosos; porque hacíais una vez más como los niños; esto es, entrelazabais las manos y rezabais al "buen Dios"!

¡Pero ahora abandonad *este* cuarto de niños donde se comete hoy pura niñada! ¡Refrescad afuera vuestros ardores de niños traviesos y el alboroto de vuestro corazón!

Por cierto, que como no seáis como los niños, no ganaréis el cielo. (Y Zaratustra señaló hacia lo alto con las manos.)

Pero es que no nos interesa el reino de los cielos; nos hemos vuelto hombres: *queremos el reino de la tierra*».

3

Y una vez más Zaratustra tomó la palabra.

«¡Oh, mis nuevos amigos! —dijo—, extraños, hombres superiores, ¡cómo me gustáis desde que estáis de nuevo de buen humor! Es como si os hubieseis abierto en flor; me parece que flores como vosotros tienen necesidad de *nuevas fiestas*; algún pequeño y valiente absurdo, algún oficio divino y fiesta del asno, algún viejo y alegre demente a lo Zaratustra, un vendaval que os despeje el alma con un soplo.

¡No olvidéis esta noche y esta fiesta del asno, hombres superiores! ¡He aquí lo que os inventasteis en mi caverna, se me antoja un signo de buen augurio! ¡Una cosa así solo se la inventan convalecientes!

¡Y cuando celebréis otra vez esta fiesta del asno, hacedlo por vosotros, y también por mí! ¡Y en *mi* memoria!».

Así habló Zaratustra.

La canción ebria[56]

Mientras tanto, habían salido uno tras otro al aire libre, adentro de la noche fresca y pensativa; Zaratustra mismo conduciendo de la mano al hombre más feo para mostrarle su mundo

56 Nietzsche había puesto como título, en la primera edición, «La canción del noctámbulo».

nocturno y la luna redonda y llena y los argentinos saltos de agua cercanos a su caverna. Estaban ahí, al fin en silencio; todos ellos cargados de años, pero serenos y animosos, sorprendidos en su fuero interno de que se sintieran tan a gusto sobre la tierra. Y la intimidad callada de la noche se les acercaba cada vez más al corazón. Y de nuevo Zaratustra pensó para sus adentros: «¡Oh, cómo me gustan ahora estos hombres superiores!». Pero no lo expresó, honrando su felicidad y su silencio.

Entonces, ocurrió lo más asombroso de esa larga jornada asombrosa: una vez más, y por última vez, el hombre más feo empezó a proferir sonidos inarticulados y lanzar bufidos; y cuando atinó a pronunciar palabras coherentes, le saltó de la boca una pregunta limpia y plena, una pregunta buena, profunda y clara que agitó el corazón a todos los que le escuchaban.

«Amigos míos —dijo el hombre más feo—, ¿qué os parece? Por este día yo estoy por primera vez satisfecho de toda mi vida pasada.

Y aun no me basta con este testimonio. Vale la pena vivir sobre la Tierra. Un solo día, una sola fiesta en compañía de Zaratustra me ha enseñado a amar la tierra.

"¿Fue *esto* la vida? —diré a la muerte—. ¡Muy bien! ¡Otra vez!"

¿Qué os parece, amigos míos? ¿No diréis como yo a la muerte: "¿Fue eso la vida? ¡Muy bien! ¡Por Zaratustra, otra vez!"».

Así habló el hombre más feo, no lejos de la medianoche. Y he aquí que los hombres superiores, no bien oyeron su pregunta, tuvieron de pronto conciencia de su cambio y curación y a quién lo debían; y se precipitaron en torno a Zaratustra, agradecidos, reverentes y tiernos, besándole las manos; cada uno a su manera, o sea unos riendo y otros llorando. El viejo adivino daba brincos de alegría; y aun cuando, según opinan ciertos cronistas, estaba a la sazón lleno de dulce vino, lo cierto es que estaba a la sazón más lleno de dulce vida y había dicho adiós al abatimiento. Hasta hay quienes cuentan que entonces bailó el asno, señalando que no en balde el hombre más feo le había dado de beber vino. Sea ello como fuere, aunque el asno no bailara aquella noche, acontecieron entonces cosas aun más grandes y singulares que el baile del asno. En resumen, haciendo nuestro proverbio de Zaratustra, ¡qué importa!

2

Cuando hubo ocurrido o contado con el hombre más feo, Zaratustra quedó ahí como un borracho: se le nubló la vista, su boca profirió sonidos inarticulados y le desfallecieron las piernas. ¡Quién sería capaz de adivinar los pensamientos que en esos momentos relampagueaban por su mente! Se percibía que su espíritu retrocedía y huía hacia adelante y moraba en lejanías; dijérase "caminando cual negro nubarrón, como está escrito, en alta cresta entre dos mares, entre lo pasado y lo por venir". Lentamente, sostenido por los brazos de los hombres superiores, volvió en sí un poco y atajó la solicitud de los reverentes y alarmados, pero no dijo palabra. De pronto volvió rápidamente la cabeza, pues le parecía oír algo; entonces se llevó el índice a la boca y dijo: «*¡Venid!*».

Y al punto se hizo en derredor la quietud entrañable y desde abajo subió lentamente el tañido de una campana. Zaratustra aguzó el oído, como también los hombres superiores; luego se llevó otra vez el índice a la boca y dijo: «*¡Venid! ¡Venid! ¡Va para medianoche!*», y su voz había cambiado. Pero todavía no se movió de su sitio. Entonces el silencio se hizo aún más profundo e íntimo y todos prestaron atención, también el asno y los animales de Zaratustra: el águila y la serpiente, así como la caverna de Zaratustra y la grande y redonda luna y la noche misma. Y Zaratustra se llevó por tercera vez el índice a la boca y habló como sigue:

«*¡Venid! ¡Venid! ¡Venid! ¡Vamos ya! ¡Ha llegado la hora! ¡Caminemos por la noche!*».

3

«Hombres superiores, la medianoche se acerca; voy a susurraros al oído algo que me susurra al oído esa vieja campana; en la misma forma íntima, con espanto y cordial como me habla a mí esa campana de medianoche, que ha experimentado más que cualquier hombre; que dio ya las horas emocionales de vuestros padres. ¡Ay! ¡Ay! ¡Cómo suspira! ¡Cómo ríe en sueños! ¡La vieja medianoche profunda! ¡Ah, tan profunda!

¡Silencio! ¡Silencio! No pocas cosas que de día no pueden hacerse oír.

Ahora que sopla una brisa fresca y se ha extinguido también todo ruido en vuestros corazones; ahora hablan, ahora se hacen oír, ahora penetran furtivamente en las lúcidas almas nocturnas. ¡Ay! ¡Ay! ¡Cómo suspira! ¡Cómo ríe en sueños!

¿No oyes la vieja medianoche profunda, ¡oh!, tan profunda, *hablarte* a ti de manera íntima, sobrecogedora y cordial?

¡Alerta, oh, hombre!».

4

«¡Ay de mí! ¿Dónde se ha ido el tiempo? ¿No se ha hundido en profundos, pozos? Duerme el mundo.

¡Ay! ¡Ay! Aúlla el perro, brilla la luna. Prefiero morir, morir, antes que revelaros lo que piensa en estos instantes mi corazón de medianoche.

Ya he muerto. Todo ha terminado. ¿Por qué tejes, araña, en mi derredor? ¿Apeteces sangre? ¡Ay! ¡Ay! Cae el rocío, llega la hora; la hora en que tirito y me hielo; la hora que pregunta con insistencia: "¿Quién es lo suficientemente valiente para esto?

¿Quién ha de ser el señor de la tierra? Quien está dispuesto a decir: "¡Así debéis correr, corrientes grandes y pequeñas!".

Llega la hora, ¡atención, oh hombre, hombre superior! Estas palabras están destinadas a oídos finos, a tus oídos. *¿Qué dice la medianoche profunda?*».

5

«Floto por ahí, mi alma baila. ¡Obra! ¡Obra! ¿Quién ha de ser el señor de la tierra?

La luna es fresca, calla el viento. ¡Ay! ¡Ay! ¿Ya habéis volado bastante alto? Habéis bailado, pero las piernas no son alas.

Hábiles bailarines, se acabó todo placer. El vino se ha tornado en heces, se han vaciado todas las copas, balbucean los sepulcros.

No volasteis suficientemente alto, ahora balbucean los sepulcros: "¡Redimid a los muertos! ¿Por qué se prolonga tanto la noche? ¿No nos emborracha la luna?"

Hombres superiores, ¡redimid los sepulcros! ¡Resucitad a los muertos! ¡Ay!, ¿por qué roe todavía el gusano? Se acerca, ah, se acerca la hora; suena la campana, late todavía el corazón, roe todavía la carcoma, el gusano agazapado en el corazón. ¡Ay! ¡Ay! *¡El mundo es profundo!*».

6

«¡Dulce lira! ¡Dulce lira! ¡Alabo tu sonido, tu emborrachador sonido quejumbroso de rana! ¡De qué lejanías de tiempo y de espacio me llega tu sonido! ¡De los estanques del amor!

¡Vieja campana, dulce lira! Cada dolor te ha desgarrado el corazón: dolor de padre, de mayores, de antepasados. Tu discurso está ya maduro; maduro cual otoño y tardes de oro; cual mi corazón de eremita. Ahora hablas: el mundo mismo ha madurado, se doró la uva; ahora quiero morir; morir de tanta dicha. Hombres superiores, ¿no lo oléis? Surge un perfume secreto, un olor y efluvio de la eternidad, un perfumado e inefable olor a dorado vino de añeja felicidad; de ebria felicidad desfalleciente de medianoche que canta: *¡el mundo es insondable; y más insondable, de lo que creía el día!*».

7

«¡Déjame! ¡Déjame! Soy demasiado puro para ti. ¡No me toques! ¿No acaba de alcanzar mi mundo su perfección?

Mi piel es demasiado pura para tus manos. ¡Déjame, torpe, estúpido, tétrico día! ¿No es la medianoche más luminosa?

Los señores de la tierra han de ser los más puros, los más desconocidos, los más fuertes, las almas de medianoche que son más claras y profundas que cualquier día.

¡Oh!, día, ¿me tientas? ¿Palpas mi felicidad? ¿Me tienes por rico, un tesoro, una veta de oro?

¡Oh!, mundo, ¿me quieres? ¿Te parece profano? ¿Te parezco espiritual? ¿Te parezco divino? Pero, día y mundo, sois demasiado torpes; tened manos más inteligentes; tended hacia la felicidad más profunda, la desgracia más profunda, un Dios cualquiera, pero no a mí; mi desgracia y felicidad son profundas, extraño día, pero no por eso soy un dios, un infierno divino; *profundo es su sufrimiento*».

8

«¡La pena de Dios es más profunda, extraño mundo! ¡Apetece la pena de Dios, no a mí! ¿Qué soy yo? Una dulce lira ebria; una lira de medianoche, una campana que se lamenta que nadie entiende, pero que *tiene* que hablar ante sordos hombres superiores. ¡Pues no me comprendéis!

Os fuisteis, ¡ay!, ¡oh, juventud!, ¡oh, mediodía!, ¡oh, tarde! Ahora ha llegado la noche y la medianoche; aúlla el perro, el viento, ¿no es el viento un perro ? Gime, ladra, aúlla. ¡Ay! ¡Ay! ¡Cómo gime, ríe, da estertores y jadea la medianoche!

¡Cómo está hablando en estos momentos con sobriedad esa ebria poetisa! ¿Habrá excedido su ebriedad? ¿Ha cobrado una lucidez extrema? ¿Rumia?

Rumia la vieja medianoche profunda en sueños su pena, y en mayor grado aún, su felicidad. Pues por muy profunda que sea la pena, *la felicidad es aún más profundo que el sufrimiento*».

9

«¿Viña, por qué me alabas? ¡Si te podé! Soy cruel, sangras, ¿por qué alabas mi ebria crueldad?

Dices: "¡Lo que ha alcanzado la perfección, todo lo maduro, quiere morir!". ¡Bendita sea la podadera! Pero todo lo falto de madurez quiere vivir, ¡ay!

Dice el mundo: "¡Vete! ¡Vete! ¡Vete, dolor!". Pero todo lo que sufre quiere vivir, para que se vuelva maduro y alegre y anheloso, anheloso de cosa más lejana, más elevada, más luminosa. "¡Quiero herederos!", dice todo lo que sufre. "Quiero hijos. No me quiero a mí mismo."

En cambio, el placer no quiere herederos, ni hijos. Se quiere el placer a sí mismo; quiere eternidad, retorno; quiere que todo sea eternamente tal cual.

Dice la pena: "¡Rompe y sangra, corazón! ¡Caminad, piernas! ¡Volad, alas! ¡Hacia arriba! ¡Hacia las alturas! ¡Dolor!" ¡Ea!, mi viejo corazón, dice la pena: *¡Pasa!*».

10

«Hombres superiores, ¿qué os parece? ¿Soy un adivino? ¿Un soñador? ¿Un borracho? ¿Un intérprete de sueños? ¿Una campana de medianoche?

¿Una gota de rocío? ¿Vapor y efluvio de la eternidad? ¿No lo oís? ¿No lo oléis? Mi mundo acaba de alcanzar su perfección, la medianoche es también mediodía; la pena es también placer, la maldición es también bendición, la noche es también sol; huid, o si no aprended que un sabio es también un loco.

¿Dijisteis jamás sí a *un* solo placer? ¡Oh!, amigos míos, en tal caso también sí a *toda* pena. Todas las cosas están entrelazadas, trabadas, entretejidas por el amor; si *una* vez deseasteis que una vez fuera dos veces; si alguna vez confesasteis: "¡Me gustas, felicidad! ¡Instante!", deseasteis el retorno de *todo*.

Si alguna vez deseasteis todo otra vez, todo eterno, todo entrelazado, trabado, entretejido por el amor, ¡oh!, entonces *amasteis* el mundo; eternos, le amáis eternamente, y también a la pena decís: "¡Pasa, pero regresa!". *¡Pues todo* placer *quiere eternidad!*».

11

«Todo placer quiere la eternidad de todas las cosas; miel, levadura y medianoche ebria; sepulcros, lágrimas confortantes y dorado crepúsculo vespertino; *¡qué* no quiere el placer! Es más sediento, más cordial, más hambriento, más terrible, más íntimo que toda pena; se quiere a *sí mismo*, se muerde a *sí mismo*; lucha en él la voluntad del anillo; quiere amor y odio; pleno y pletórico, regala, disipa, suplica que uno lo acepte, agradece al que lo acepta, quisiera ser odiado; tan pleno y pletórico es el placer, que ansía pena, infierno, odio, oprobio, al inválido, al *mundo* —pues este mundo, ¡oh, bien lo conocéis!

¡Hombres superiores, a vosotros ansía el placer desbordante e inefable, vuestra pena, seres fracasados! Todo lo fracasado, he aquí lo que ansía todo placer eterno.

Pues todo placer se quiere a sí mismo, ¡de ahí que quiere también el sufrimiento! ¡Oh, felicidad! ¡Oh, dolor! ¡Oh, sucumbe, corazón! Hombres superiores, aprended que el placer quiere eternidad, que el placer quiere la eternidad de *todas* las cosas, que quiere *eternidad profunda, ¡oh, tan profunda!*».

12

«¿Habéis aprendido mi canción? ¿Habéis adivinado lo que quiere decir? ¡Adelante! Hombres superiores, ¡entonad ahora en coro mi canción!

Cantad ahora vosotros mismos la canción cuyo título es: "¡Otra vez!" y cuyo sentido es "¡Por todas las eternidades!". ¡Cantad, hombres superiores, la canción de ronda de Zaratustra!:

¡Oh hombre! ¡Presta atención!
¿Qué dice la profunda medianoche?
Yo dormía; dormía,—
De profundo sueño me desperté:—
El mundo es profundo,
Y más profundo de lo que el día ha pensado.
Profundo es su dolor.—
El placer —aún más profundo que el dolor.
Dice la pena: ¡Pasa!
Pero todo placer quiere eternidad,—
quiere eternidad profunda, oh, tan profunda!».

El signo

A la mañana siguiente, Zaratustra saltó de su lecho, se ciñó la faja y salió de su caverna ardiente y fuerte como el sol cuando sale detrás de montañas oscuras.

«¡Radiante astro! —dijo, como ya había dicho antes—. ¡Profundo ojo de felicidad! ¿Qué sería tu felicidad si no tuvieses aquellos para los que brillas?

Y si permaneciesen encerrados en sus cuartos en tanto ya estás levantado y vienes a regalar y repartir, ¡cómo se encolerizaría tu orgullosa vergüenza!

Pues bien, duermen todavía esos hombres superiores en tanto yo estoy despierto. ¡No son ellos los compañeros que me faltan! No son ellos los que aguardo aquí en mi montaña.

Ansío mi obra, mi jornada; pero ellos no comprenden las señales de mi mañana, mis pasos no son para ellos un toque de diana.

Duermen todavía en mi caverna, su sueño se inspira todavía en mis canciones ebrias. Falta a sus miembros empero el oído pendiente de *mí,* el oído *obediente*».

Así habló Zaratustra a su corazón al salir el sol; luego, de pronto, miró hacia arriba con aire inquisitivo, pues oyó en lo alto el grito agudo de su águila.

«¡Muy bien! —exclamó—. Así me gusta y me corresponde. Mis animales se han despertado, ya que yo me he despertado.

Mi águila se ha despertado y al igual que yo, honra el sol. Con garras aguileñas prende la nueva luz. Sois en verdad animales muy adecuados para Zaratustra, os amo.

¡Pero faltan todavía los hombres muy adecuados para Zaratustra!».

Así habló Zaratustra; entonces, de repente, sintió en torno suyo como revoloteo de innumerables pájaros, y el rumor de tantas alas batientes alrededor de su cabeza lo abrumó a tal punto que cerró los ojos. Y lo envolvió en verdad como una nube, nube de flechas que se vuelca sobre un nuevo enemigo. Pero he aquí que era una nube del amor que se volcaba sobre un nuevo amigo.

«¿Qué me ocurre?», pensó Zaratustra para su corazón, presa de asombro, y se sentó lentamente en la gran piedra, junto a la entrada de su caverna. Pero cuando agitó los brazos atajando a los pájaros cariñosos, le ocurrió algo aún más raro: su mano se hundió de improviso en espesa y caliente melena; y al mismo tiempo sonaron delante de él rugidos: suaves y prolongados rugidos de león.

«*Llega la señal*», dijo Zaratustra, y su corazón mudó. Y cuando recobró la lucidez, vio una gran bestia de color pardo tendida a sus pies, con la cabeza apretada contra la rodilla y demostrando exclusivamente su cariño, como perro que vuelve a encontrar a su amo. Mas las palomas no le quedaban en zaga en demostrar su amor, y cada vez que una de ellas pasaba rozando la nariz del león, este sacudía la cabeza, maravillado, y reía.

Zaratustra, al ver este espectáculo, solo dijo: «*Ya vienen mis hijos, mis hijos*»; luego enmudeció. Mas su corazón estaba conmovido y de sus ojos brotaban lágrimas que iban a caer en sus manos. Estaba sentado ahí, inmóvil, sin reparar ya en nada y sin atajar más a los animales. Entonces las palomas iban y venían con suave batir de alas, se posaban en sus hombros, le acariciaban los blancos cabellos y no se cansaban de demostrar su cariño y júbilo. Y el poderoso león lamía las lágrimas conforme iban cayendo en las manos de Zaratustra, lanzando tímidos rugidos y gruñidos. Así se comportaban aquellos animales.

Duró todo esto largo o breve tiempo, que para cosas así no existe propiamente el tiempo en la tierra. Entretanto, en la caverna de Zaratustra se habían despertado los hombres superiores y formaron una comitiva para ir en busca de Zaratustra y cumplimentarlo; pues cuando se despertaron, habían comprobado que ya no se hallaba entre ellos. Pero cuando se asomaron a la entrada de la caverna y se les adelantó el ruido de sus pasos, el león se sobresaltó, se apartó de pronto de Zaratustra y se precipitó hacia la caverna profiriendo unos rugidos terroríficos. Y los hombres superiores, al oírlo rugir, gritaron todos a un tiempo y retrocedieron bruscamente, desapareciendo como por ensalmo.

Zaratustra, atolondrado y como fuera de sí, se incorporó de su piedra; miró en torno presa de asombro y meditó en soledad. «¿Qué es lo que acabo de oír? —dijo al fin, midiendo la frase—. ¿Qué me ha ocurrido hace un momento?».

Y de golpe recordó y comprendió todo lo que había sucedido desde el día anterior.

«Aquí está la piedra —dijo alisando su barba—: en *ella* estaba sentado yo ayer a la mañana. Y aquí se me acercó el adivino, y aquí oí por primera vez el grito que acabo de oír, el gran grito de socorro.

¡Oh!, hombres superiores, de *vuestra* angustia me habló ayer por la mañana aquel viejo adivino, a vuestra angustia quiso seducirme y tentarme; "¡Oh, Zaratustra! —dijo—, he venido a seducirte a tu último pecado."

¿A mi último pecado? —exclamó Zaratustra, riéndose colérico de su propia palabra—; ¿qué me está reservado como último pecado?».

Y una vez más se hundió en sí mismo y se sentó de nuevo en la gran piedra, abstraído en pensamientos. De pronto se incorporó de un salto.

—*¡Compasión! ¡La compasión con el hombre superior!* —gritó, y sus facciones se endurecieron como el bronce—. ¡Muy bien! *¡Esto* ha tenido su hora!

¡Qué importan mi sufrimiento y ni mi compasión!

¿Aspiro acaso a la *felicidad?* ¡Yo aspiro a mi obra!

¡Muy bien! Llegó el león, ya vienen mis hijos, mi hora ha llegado.

¡Esta es *mi* mañana, despunta mi día, *ahora te aguarda, gran mediodía!*».

Así habló Zaratustra y abandonó su caverna, ardiente y fuerte como el sol cuando sale detrás de pardas montañas.

Índice

Segunda parte

Tercera parte

Cuarta y última parte